高等职业教育铁道信号自动控制专业系列教材

铁路信号业务管理

（第三版）

林瑜筠◎主　编

田建兆　张道贤
刘永康　李　佳　宋超华◎副主编

胡细东◎主　审

中国铁道出版社有限公司

2023年·北　京

内容简介

本书为高等职业教育铁道信号自动控制专业系列教材之一。全书以现行规章为依据，并密切结合现场管理实际，全面系统阐述了铁路信号业务管理的基本知识，包括铁路电务部门的组织机构及职能作用认知、技术管理、设备管理、维护管理、质量管理、安全管理、施工管理、职工培训管理和检查与考核共九个项目。

本书为高等职业技术学院铁道信号自动控制专业、中等职业技术学校铁道信号施工与维护专业的学历教材，也可作为成人继续教育或现场工程技术人员和铁道信号设备维护、施工人员的培训教材或参考资料。

图书在版编目(CIP)数据

铁路信号业务管理/林瑜筠主编．—3 版．—北京：中国铁道出版社有限公司，2023.12

高等职业教育铁道信号自动控制专业系列教材

ISBN 978-7-113-30633-5

Ⅰ．①铁… Ⅱ．①林… Ⅲ．①铁路信号-业务管理-高等职业教育-教材 Ⅳ．①U284

中国国家版本馆 CIP 数据核字(2023)第 199544 号

书　　名：铁路信号业务管理
作　　者：林瑜筠

责任编辑：吕继函　　**编辑部电话：**(010)51873205　　**电子邮箱：**312705696@qq.com
封面设计：郑春鹏
责任校对：苗　丹
责任印制：赵星辰

出版发行：中国铁道出版社有限公司(100054，北京市西城区右安门西街 8 号)
网　　址：http://www.tdpress.com
印　　刷：天津嘉恒印务有限公司
版　　次：2008 年 12 月第 1 版　2023 年 12 月第 3 版　2023 年 12 月第 1 次印刷
开　　本：787 mm×1 092 mm 1/16　**印张：**11.5　**字数：**295 千
书　　号：ISBN 978-7-113-30633-5
定　　价：39.00 元

第三版前言

铁路信号设备是指挥列车运行、保证行车安全、提高运输效率、改善行车组织方式、实现行车指挥现代化的关键设施。电务部门必须贯彻国家有关政策、行业标准,坚持以运输生产为中心,做好维护管理工作,保证信号设备处于良好运用状态。

铁路现代化是现代化建设的重要组成部分和必要前提。铁路运输在向高速度、高密度及重载发展的今天,没有信号设备的现代化,铁路现代化是不能想象的,而现代化的生产技术,如果没有与之相适应的现代化管理,先进的技术就不能充分发挥作用,也就达不到预期的效果。

结合我国铁路电务信号部门的实际情况,广泛推行现代化管理,是现代化建设的需要。实现管理现代化,人才是关键。这就要求各级干部、专业人员和职工在掌握现代化技术的同时,认真学习现代化管理知识,尽快掌握现代化管理本领。努力培养和造就既懂技术又懂管理的新一代人才,是时代赋予我们的使命和任务,本教材就是出于这种目的而编写的。

本次改版主要根据《普速铁路信号维护规则　业务管理》《高速铁路信号维护规则　业务管理部分》,以及电务部门的管理实践。全书对铁路电务部门的组织机构、信号维护工作的原则、规章制度管理、联锁管理和联锁试验、维修工作计划、中修预算管理、施工与验交、测试管理、教育培训管理的有关内容进行了修改完善;增加了列控设备管理、信号安全数据网维护管理分工、跨局维修、委托维修等的内容;删除了技术进步、新设备的维护、安全生产整治等内容。

本书由南京铁道职业技术学院林瑜筠任主编,南京铁道职业技术学院田建兆,中国铁路济南局集团有限公司调度所张道贤,济南电务段刘永康、李佳,中国铁路广州局集团有限公司惠州电务段宋超华任副主编。中国铁路上海局集团有限公司上海电务段胡细东任主审。具体编写分工如下:林瑜筠对全书进行统稿并编写了项目1;田建兆编写了项目2、项目3;刘永康编写了项目4、项目5;张道贤编写了项目6;宋超华编写了项目7;李佳编写项目8、项目9。

由于编者水平有限,搜集资料不全且时间仓促,书中难免有疏漏、不妥之处,恳望读者提出批评意见,以不断提高教材质量。

编　者

2023年9月

第一版前言

本教材由铁道部教材开发小组统一规划，为铁路职业教育规划教材。本教材是根据铁路高职教育铁道信号专业教学计划“铁路信号业务管理”课程教学大纲编写的，由铁路职业教育铁道信号专业教学指导委员会组织，并经铁路职业教育铁道信号专业教材编审组审定。

铁路信号设备是组织指挥列车运行，保证行车安全，提高运输效率，传递行车信息，改善行车人员劳动条件的关键设施。铁路电务部门负责铁路信号设备的研究、设计、制造、施工及维护。电务部门必须以现代化建设为中心，贯彻国家技术政策，坚持以运输生产为中心，做好维护工作，保证信号设备正常使用。信号设备是铁路的主要装备之一，电务部门是铁路运输的重要生产部门，它直接参加铁路运输生产，和其他部门一起共同创造运输收入。

铁路现代化是现代化建设的重要组成部分和必要前提。铁路运输在向高速度、高密度及重载发展的今天，没有信号设备的现代化，铁路现代化是不能想象的。而现代化的生产技术，如果没有与之相适应的现代化管理，先进的技术就不能充分发挥作用，也就达不到预期的效果。

结合我国铁路电务信号部门的实际情况，广泛推行现代化管理，是现代化建设的需要。实现管理现代化，人才是关键。这就要求各级干部、专业人员和职工在掌握现代技术的同时，认真学习现代化管理知识，尽快掌握现代化管理本领。因而，在学习现代化技术的同时，学习现代化管理，努力培养和造就既懂技术又懂管理的新一代人才，是时代赋予我们的使命和任务。本教材就是出于这种目的而编写的。

管理现代化涉及面很广，内容非常丰富，因课时所限，只能用有限的篇幅简明介绍铁路电务部门组织机构和职能作用、技术管理、设备管理、维护管理、质量管理、安全管理、施工管理、职工教育管理、检查与考核方面基础知识。

本教材以《铁路技术管理规程》(以下简称《技规》)、《铁路信号维护规则 业务管理》(以下简称《维规》)、《铁路交通事故调查处理规则》(以下简称《事规》)为主要依据,也结合铁路电务部门业务管理的实际情况编写的。

在编写过程中,力图结合铁路电务部门业务管理的实际,体现现代化管理的基本精神,并期望本教材具有这一特点,取得良好的教学效果。

因篇幅所限,本教材不可能转摘有关规章的全部条文,也不可能列举众多实例,在教学中可参阅有关规章,并根据具体情况补充实例。

本教材由华东交通大学职业技术学院涂序跃、南京铁道职业技术学院林瑜筠主编,武汉铁道职业技术学院张仕雄主审,天津铁道职业技术学院苏浩参编。其中,涂序跃编写第一至四章,林瑜筠编写第五、八、九章,苏浩编写第六、七章。南京铁路电务段徐木根、吉善娣、芮宁斌提供了有关资料。

由于编者水平有限,搜集资料不全,且时间仓促,难免有错误、疏漏、不妥之处,恳望读者提出批评意见,以不断提高教材质量。

编 者
2008 年 12 月

目录

项目1　铁路电务部门的组织机构及职能作用认知

项目描述

本项目介绍铁路电务运营、科研、设计、工程、工业等部门的组成；铁路局集团公司电务部的设置和职责；电务段的属性和职责；各业务科、车间、工区的设置和职责；电务段与其他部门的关系；电务段与其他部门对行车设备的分工管理。

学习目标

了解铁路电务运营、科研、设计、工程、工业等部门的组成；了解铁路局集团公司电务部的设置和职责；了解电务段的属性和职责，各业务科、车间、工区的设置和职责；了解电务段与其他部门的关系；了解电务段与其他部门对行车设备的分工管理。通过以上学习，为今后的工作做好准备，明白具体工作应该找哪个部门。

典型工作任务1　铁路电务部门的组织机构认知

1.1.1　工作任务

了解铁路电务部门的组织机构。

1.1.2　知识链接

铁路电务部门按照其职能可分为运营、科研、设计、工程、工业等部门。

1. 铁路电务运营部门的组织机构

铁路电务运营部门负责保证铁路信号设备的正常运用及维护工作，铁路信号维护工作实行中国铁路××局集团有限公司（以下简称“铁路局集团公司”）、电务段分级管理。电务段实行段、车间、工区三级管理。加强电务专业管理，就是要增强电务部管理能力、电务段独立“作战”能力和车间自管能力。全面加强专业管理、提升管理能力、做好车间班组建设是电务部门的重要基础工作。

高速铁路信号设备实行属地化维护管理，由所在铁路局集团公司、电务段分级管理。

中国国家铁路集团有限公司（以下简称“国铁集团”）负责铁路信号的职能部门是国铁集团工电部。它除直接领导工电部内各业务处（通号处等）外，还对各铁路局集团公司电务部进行业务领导。国铁集团工电部各业务处对各铁路局集团公司电务部及其下设各业务科（信号科等）进行业务指导。各铁路局集团公司电务部除直接领导电务部内各业务科外，还对管内各电务段进行业务领导。电务部各业务科对电务段及下设业务科（信号技术科等）进行业务指导。

电务段长直接领导段内各业务科、各车间、各工区。电务段各业务科对各车间、各工区进行业务指导。如制定各种规章制度及进行考核、检查、验收、评比等。

电务部是铁路局集团公司实施电务专业管理的主管部门,承担更新改造工程、大中维修、安全管理、施工管理、生产调度管理、技术管理、质量管理、通信工作管理、设备动态检测管理、电务信息技术维护等职责。全路生产力布局调整后,电务部的管理职能实现了由宏观到具体,由间接到直接的根本转变。

铁路电务运营部门的基层单位是电务段,它负责信号设备的日常维修及中修。电务段的管辖范围,由铁路局集团公司根据信号设备的布局和维修生产的需要等条件确定。电务段是电务专业管理的责任主体。进入21世纪后,全路生产力布局进行了大规模的调整,先是2000年成立铁通公司,通信专业整建制从电务段划归铁通公司;然后是2005年撤销铁路分局,铁路局直管站段。通过内部资源优化整合,电务段予以合并,全路保留了约40个电务段。电务段数量大幅度减少,管辖范围和跨度越来越大,设备数量越来越多。2012年以后,根据加强安全管理和专业管理,实施生产力布局调整的要求,全路增设了一些电务段。全路电务段一览表见表1.1。

表1.1　全路电务段一览

电务段名称	所属铁路局集团公司	电务段名称	所属铁路局集团公司
哈尔滨电务段	哈尔滨局集团公司	武汉电务段	武汉局集团公司
齐齐哈尔电务段		襄阳电务段	
牡丹江电务段		信阳电务段	
海拉尔电务段		西安电务段	西安局集团公司
沈阳电务段	沈阳局集团公司	安康电务段	
大连电务段		宝鸡电务段	
长春电务段		济南电务段	济南局集团公司
锦州电务段		青岛电务段	
通辽电务段		上海电务段	上海局集团公司
吉林电务段		南京电务段	
北京电务段	北京局集团公司	合肥电务段	
北京西电务段		杭州电务段	
天津电务段		徐州电务段	
唐山电务段		南昌电务段	南昌局集团公司
石家庄电务段		福州电务段	
太原电务段	太原局集团公司	广州电务段	广州局集团公司
大同电务段		长沙电务段	
侯马电务段		怀化电务段	
呼和浩特电务段	呼和浩特局集团公司	衡阳电务段	
包头电务段		肇庆信号水电段	
郑州电务段	郑州局集团公司	海南综合维修段	
洛阳电务段		惠州电务段	
新乡电务段			

续上表

电务段名称	所属铁路局集团公司	电务段名称	所属铁路局集团公司
南宁电务段	南宁局集团公司	兰州电务段	兰州局集团公司
柳州电务段		银川电务段	
成都电务段	成都局集团公司	嘉峪关电务段	
重庆电务段		乌鲁木齐电务段	乌鲁木齐局集团公司
贵阳电务段		哈密电务段	
贵阳北电务段		库尔勒电务段	
达州电务段		西宁电务段	青藏集团公司
昆明电务段	昆明局集团公司	格尔木电务段	

另外，成都局集团公司有成都电务综合维修段，重庆北、宜宾、西昌、六盘水工电段；上海局集团公司有上海淮安高铁维修段；武汉局集团公司有宜昌综合维修段、襄州运营维修段；西安局集团公司有西安高铁基础设施段、绥德工电段、延安运营维修段；昆明局集团公司有广通工电段、普洱基础设施段；青藏集团公司有拉萨基础设施段；乌鲁木齐局集团公司有喀什、若羌等基础设施段。这些单位设有信号维护部门。

随着电务段数量的减少，车间在信号维护工作中的作用发挥和担负的责任就越来越大，是电务安全生产的实施主体。按照生产力布局调整的总体要求，完成车间的优化整合，重新组建了专业车间和现场车间，原则确定了现场车间的管辖里程和规模，实现了专业化生产，提高了修配和检修质量。

工区班组也进行了适应性调整。通过合理调整布局、优化资源配置、强化车间和班组安全管理，初步形成了安全生产靠前指挥、逐级负责的管理机制。

做好车间、班组建设以提升电务段管理能力，就是要把电务段打造成独当一面、进行安全生产组织指挥的责任主体，以安全、质量为目标，做好设备标准化和现场作业标准化，做好检查落实机制和职工队伍素质，不断夯实安全基础。管理的重心是加强对车间日常管理和指导，配强车间干部，加大专业技术和安全管理干部比重，以安全优质车间建设为载体，开展互检评比活动，加强对车间的检查指导，提高车间独立作战和自我管理的能力。建设好班组，就是要着眼于自控型班组建设的推进，要选好工班长，在岗位、作业、卡控等环节建立职责明确、标准规范、考核有效的机制。车间干部要深入一线，包保正线主要信号设备，加强关键设备抽验，增强车间安全、质量、施工和应急处理管控能力。

高速铁路建设全面启动，信号系统集成和运营维护工作，成为电务部门面临的重要任务，必须形成科学合理的面向高速铁路运营的维修体制、管理模式的维修体制。高速铁路采用昼间行车、夜间维修运营方式，有建立综合维修段和由属地电务段维护管理两种模式。在修制上，值班和检修由现场工区负责，设备修理由厂家或专业车间完成，厂家提供 24 h 技术支持。在修程上，以夜间天窗修为基础，建立高速铁路维修工作制度，做到管理界面清晰、技术标准明确、检修程序清楚、作业方法明了，做好图纸技术资料规范化管理。要强化动静态检测，以检测数据指导维护工作，对设备运用状态全面监控，提高检修工作的有效性和针对性。

电务运营部门应加强安全基础建设，强化专业技术管理，严格执行规章制度、技术标准和操作规程，认真落实标准化作业程序，保证行车、设备和人身安全。

电务运营部门要加强维护经验交流、推行工作,不断提高运用质量,提升信号设备维护工作水平。

2. 铁路电务科研部门的组织机构

铁路电务科研部门包括中国铁道科学研究院集团有限公司通信信号研究所、中国铁路通信信号集团有限公司研究设计院、各铁路局集团公司科研所、各有关高等学校,以及卡斯柯信号有限公司、和利时科技集团有限公司、河南辉煌科技股份有限公司等设备厂商,它们负责开发新技术,研究信号的新产品、新系统、新制式。

3. 铁路电务设计部门的组织机构

铁路电务设计部门主要包括中国铁路通信信号集团有限公司、各中铁勘察设计院集团有限公司、电气化局设计研究院等(表 1.2),负责铁路新线建设或既有线改造的信号工程设计。

4. 铁路电务工程部门的组织机构

铁路电务工程部门主要包括中国铁路通信信号集团有限公司所属各工程公司、各铁路工程局电务工程公司等施工企业(表 1.3),负责铁路新线建设或既有线改造的信号设备的施工。

表 1.2 铁路信号设计部门

设计院名称	所属机构	设计院所在地
中国铁路设计集团有限公司 (原铁道第三勘察设计院集团有限公司)	国铁集团	天津
北京全路通信信号研究设计院集团有限公司	中国铁路通信信号集团有限公司	北京
中铁二院集团有限责任公司	中国中铁股份有限公司	成都
中铁第六勘察设计院集团有限公司		天津
中铁第一勘察设计院集团有限公司	中国铁建股份有限公司	西安
中铁第四勘察设计院集团有限公司		武汉
中铁第五勘察设计院集团有限公司		北京
中国中铁电气化局集团有限公司		北京
中铁上海设计院集团有限公司		上海

表 1.3 铁路电务工程部门

总公司名称	下属集团公司	下属子公司	子公司所在地
中国铁路通信信号集团有限公司	—	北京、天津、济南、广州、深圳、长沙、昆明、沈阳工程分公司	—
	上海工程集团有限公司	—	上海
中国中铁股份有限公司	中国中铁一局集团有限公司	电务工程有限公司	西安
	中国中铁二局集团有限公司	电务工程有限公司	成都
	中国中铁三局集团有限公司	电务工程有限公司	晋中
	中国中铁四局集团有限公司	电气化工程有限公司	蚌埠
	中国中铁五局集团有限公司	电务工程有限公司	长沙
	中国中铁六局集团有限公司	电务工程有限公司	北京

续上表

总公司名称	下属集团公司	下属子公司	子公司所在地
中国中铁股份有限公司	中国中铁七局集团有限公司	电务工程有限公司	郑州
	中国中铁八局集团有限公司	电务工程有限公司	成都
	中国中铁九局集团有限公司	电务工程有限公司	沈阳
	中国中铁十局集团有限公司	电务工程有限公司	济南
	中国中铁电气化集团有限公司	—	北京
	中国中铁武汉电气化集团有限公司	—	武汉
中国铁建股份有限公司	中铁十一局集团有限公司	电务工程有限公司	襄阳
	中铁十二局集团有限公司	电气化工程有限公司	天津
	中国铁建大桥工程局集团有限公司（原中铁十三局集团有限公司）	电务工程有限公司	长春
	中铁十四局集团有限公司	电务工程有限公司	六盘水
	中铁十五局集团有限公司	电务工程有限公司	洛阳
	中铁十六局集团有限公司	电务工程有限公司	北京
	中铁十七局集团有限公司	电务工程有限公司	太原
	中铁十八局集团有限公司	电务工程有限公司	高碑店
	中铁十九局集团有限公司	电务工程有限公司	南宁
	中铁二十局集团有限公司	电务工程有限公司	咸阳
	中铁二十一局集团有限公司	电务电气工程有限公司	兰州
	中铁二十二局集团有限公司	电务工程有限公司	哈尔滨
	中铁二十三局集团有限公司	电务工程有限公司	天津
	中铁二十四局集团有限公司	电务工程有限公司	上海
	中铁二十五局集团有限公司	电务工程有限公司	广州
	中国铁建电气化局集团有限公司	—	北京

5. 铁路电务工业部门的组织机构

铁路电务工业部门包括中国铁路通信信号集团有限公司所属的各通信工厂、信号工厂、电缆厂，以及各铁路局集团公司的电务器材厂等。铁路电务工业部门各工厂见表1.4，负责生产信号器材。

表1.4 铁路电务工业部门各工厂

现 名	原 名	所 在 地
北京铁路信号有限公司	北京铁路信号工厂	北京
沈阳铁路信号有限责任公司	沈阳铁路信号工厂	沈阳
西安铁路信号有限责任公司	西安铁路信号工厂	西安
天津铁路信号有限责任公司	天津铁路信号工厂	天津
上海铁路通信有限公司	上海铁路通信设备工厂	上海
成都铁路通信设备有限责任公司	成都铁路通信设备工厂	成都
焦作铁路电缆有限责任公司	焦作铁路电缆工厂	焦作
天水铁路电缆有限责任公司	天水铁路电缆工厂	天水

典型工作任务 2　铁路局集团公司电务部认知

1.2.1　工作任务

了解铁路局集团公司电务部的设置和职责,以及下属电务检测所的职责。

1.2.2　知识链接

1. 电务部的设置

铁路局集团公司设电务部。电务部是铁路局集团公司实施铁路(包括高速铁路)电务专业管理的主管部门。电务部根据国铁集团的有关规定、铁路局集团公司核定的机构定编及专业管理需要设置的专业科室。根据高速铁路信号专业技术管理需要,铁路局集团公司电务部应设置相应高速铁路信号管理机构,负责高速铁路信号设备专业技术管理、设备维护工作。

电务部信号科是信号专业管理的主要科室,负责信号专业管理的各项具体工作。信号科设联锁管理工程师和信号中修工程师等。

电务部下属电务检测所。

2. 电务部的职责

电务部要结合本局集团公司实际情况,在整章建制的基础上,按照分层管理、逐级负责的原则,从管理层和执行层两个层面,建立、修订、完善、补充、细化各项管理办法、技术标准、设备标准、作业标准等规章制度,做到界面清楚、责任清晰、管理明确,针对性、可操作性要强,要有利于增强铁路局集团公司电务专业安全管理的能力。电务部要加大对电务段工作的指导力度,提高现场控制能力。

(1)贯彻执行国家有关法律法规、行业标准和国铁集团的规章制度、技术政策、技术标准,结合本局集团公司实际制定相应的规章制度、管理办法、技术管理标准、设备质量标准和维护作业标准,认真落实各项安全和专业规章制度。

(2)负责对本系统实施专业监督、检查和指导,定期检查管内信号设备运用状态,考核评价电务段安全生产情况。

(3)负责本系统安全生产管理,制定安全生产措施和应急处置预案并监督实施,组织指挥设备故障处理和应急处置;参与电务事故调查处理,对影响安全的突出问题及时组织专项整治。

(4)负责信号设备维修、中修、大修和更新改造管理,及列控车载设备的专业技术标准,并结合维修、中修、大修和更新改造积极推广应用新技术、新器材、新工艺和先进的检测、监测手段。

(5)参与电务安全技术装备开发、研制、试验、评审工作,并组织安排上道试验工作。

(6)负责信号联锁、电气特性和数据管理,负责电务检修基地建设和信号技术设备履历簿管理。

(7)负责电务安全生产调度指挥及信息管理工作。实时掌握安全生产情况,做到信息畅通、反应迅速;定期进行故障信息统计分析,通报安全生产情况。

(8)参与铁路工程建设信号技术方案论证、审查及竣工验收,并提出设备配置需求。

(9)负责电务施工安全管理,审核施工计划和施工安全措施,加强施工检查指导,实施有效监控。

(10)按照国家铁路运输生产企业审批、国铁集团CRCC认证及有关规定,建立健全设备使用监督、检查和评价制度,把好产品上道关。

(11)负责组织新技术培训,指导电务段技术业务培训工作。

(12)参与涉及本系统安全监察、计划、财务、劳资、人事、建设、物资、职工教育等业务工作,向有关部门提出意见和建议,沟通协调、解决本系统安全生产问题。

(13)协调解决专业间结合部存在的问题。

(14)负责列控数据管理工作,检查、指导电务段列控数据的运用维护工作,按规定审批高速铁路信号设备软、硬件变更方案。

(15)负责固定设备和移动设备的检测、监测管理工作,组织高速铁路信号设备动态检测,指导电务段做好监测数据分析及处理工作。

电务部应根据国铁集团、铁路局集团公司有关规章和管理制度,指导电务段结合实际制定相应的实施办法和管理制度,如结合部管理办法、天窗修管理办法、施工审批管理办法、安全考核管理办法、联锁安全管理办法、加强电务车间建设、建立健全电务应急预案制度、干部责任制考核制度等。

电务部应及时掌握大修、更新改造、中修和维修工作计划完成情况和质量状况,定期统计分析,加强监督检查,及时解决存在问题。

电务部联锁管理工程师职责为:

(1)负责铁路局集团公司联锁管理工作。

(2)贯彻执行国铁集团联锁管理有关规定,指导、监督和检查电务段联锁管理工作。

(3)解决联锁管理中存在的问题。

(4)掌握铁路局集团公司信号联锁设备运用状态,提出联锁设备更新改造及重点整治建议。

(5)按规定的程序权限审核联锁设备硬、软件变更及信号联锁关系及电路图的变更。

电务部信号中修工程师基本职责为:

负责全局集团公司信号中修管理工作。

3. 电务检测所

电务检测所是电务部的下属单位。根据工作需要在电务检测所内设置电务试验室、TDCS/CTC检修室、大修设计室等,以有利于专业管理。

(1)铁路局集团公司电务试验室

铁路局集团公司电务试验室的职责为:

①负责全局集团公司电务设备测试管理工作,指导和检查段电务试验室工作。

②根据上级有关要求和重点工作,编制年度工作计划,提出年度全局集团公司电务设备测试重点工作项目和要求,并监督检查落实情况。

③负责电务设备动态检测工作,运用电务检测车定期检查、考核管内电务设备运用质量。

④指导和检查电务段Ⅰ、Ⅱ级测试工作,针对存在问题,提出改进意见。

⑤负责全局集团公司信号集中监测管理工作,掌握系统运行和使用情况,分析监测数据和报警信息,了解信号设备运用质量,提出维修工作指导意见,指导电务段做好信号集中监测数据分析工作。

⑥参与新技术、新设备及科研、革新项目试验、测试等工作。

⑦参加信号设备疑难故障的分析,参与解决联锁电路中存在的主要技术问题。

⑧负责电务检测车管理工作,建立健全管理制度和岗位责任制。

随着远程监测技术的发展,智能化专用测试仪表的普及,铁路局集团公司电务试验室的职责重点放在测试管理、统一监测方法、确定年度重点测试项目、数据分析、动态监测和检查指导电务信号集中监测的使用、非电量关键参数测试,以及设备发生技术难题的测试和分析等方面。

(2)铁路局集团公司 TDCS/CTC 室

铁路局集团公司 TDCS/CTC 室的职责为:

①负责铁路局集团公司调度指挥中心 TDCS、CTC 系统设备的维护和全局集团公司 TDCS、CTC 网的正常运行。

②负责铁路局集团公司信号集中监测、电务管理信息系统中心机房设备维护及网络管理工作。

③指导电务段信息设备维护管理工作。

④制定管内 IP 地址分配和网络调整方案。

⑤配合国铁集团试验室、邻局集团公司检测所对管内系统设备进行测试、调试、数据信息核对及故障处理。

⑥审核通道变更、软件修改申请,并报主管部门审批。

⑦组织和协调有关单位处理系统故障。

⑧负责故障设备、器材的检修及入厂修管理工作。

⑨组织系统设备鉴定,提出设备质量提高计划。

4. 铁路局集团公司电务调度

铁路局集团公司电务调度是全局电务安全生产的调度指挥中心。

铁路局集团公司电务调度要加强与工务、机务、电力、供电等专业调度的日常工作联系,强化横向沟通。

典型工作任务 3 电务段认知

1.3.1 工作任务

了解铁路电务段的属性和职责,专业科室、车间、工区的设置和职责,电务段与其他部门的关系,电务段与其他部门对行车设备分工管理。

1.3.2 知识链接

1. 电务段的属性和职责

电务段是电务专业管理的责任主体,是铁路包括高速铁路信号设备维护管理的主体,电务段应建立健全维修组织,强化职能科室和车间管理,加强工区建设,适应维修生产的需要,进一步提升了电务段自我管理、独立作战能力。

电务段应结合本段运输情况和设备实际情况,按照《普速铁路信号维护规则　业务管理》规定的主要职责和铁路局集团公司制定的各项规章制度,从执行层的角度,从落实机制上,制定具体的细化措施和实施办法,落脚点是做好设备标准化和现场作业标准化;建立健全段、车间、工区三级安全生产管理体系,做到职责明确、标准规范、考核有效,重点是突出强化车间层次的安全生产管理和设备运用质量管理。

(1)电务段信号工作主要职责为：

①贯彻执行国家有关法律法规、国铁集团和铁路局集团公司有关规章制度、技术标准、管理办法，制定具体的实施办法、管理细则等，认真落实各项安全和专业规章制度。

②贯彻“安全第一，预防为主”的方针，加强信号设备维护管理，严格实行岗位责任制和质量验收制度，全面完成维修、中修、大修和更新改造及测试任务，提高设备运用质量。合理使用维修费用，保证设备投入，防止设备失修。减少设备故障，压缩故障延时，提高设备运用质量，保证安全可靠运用。

③建立健全段、车间、工区三级安全责任体系，落实各项安全生产制度和作业纪律，加强安全基础建设，强化现场作业控制，杜绝违章作业，确保行车、设备和人身安全。

④以规章制度和典型事故案例为重点，对干部职工进行安全教育，增强干部职工遵章守纪和安全生产的法制观念，提高职工安全作业互控、自控能力。

⑤落实段、车间、工区三级设备检查制度，及时发现安全隐患，解决存在的问题。

⑥负责安全生产信息管理工作，加强电务调度指挥平台建设，实行调度昼夜值班制度，随时掌握安全生产信息和设备运用状况，定期进行故障信息统计和安全分析，对存在的问题及时制定整改措施并组织解决。

⑦制定应急处置预案，建立应急抢修组织并定期进行演练，组织指挥事故抢险及故障处理。

⑧落实施工安全有关规定，对所承担的施工安全负直接责任，对其他施工单位在管内的施工负监管责任。

⑨负责信号联锁管理、数据管理、电气特性管理和信号技术设备履历簿编制工作。

⑩规范和加强车间专业技术管理，配齐专业技术人员，充分发挥车间管理作用，建设标准化车间。

⑪加强工区管理，严格落实标准化作业程序和安全卡控措施，建设标准化班组。

⑫负责职工培训和教育工作，加强实训基地建设，有针对性地开展以应知应会、实作技能、标准化作业程序和故障处理等为重点的实用性培训，不断提高职工技术业务素质和应急处理能力。

⑬落实安全生产责任，制定科室、车间、班组考核办法。定期组织开展管内设备质量互检活动，总结交流维护经验，促进设备质量和管理水平的提高。

(2)管理高速铁路的电务段(以及高铁综合维修段)，还应有以下职责：

①负责制定高速铁路信号设备维护工作计划并组织实施，积极开展各项重点工作和专项整治活动。

②参加高速铁路信号工程静态、动态验收，联调联试和工程验交等工作。配合列控工程数据表编制单位进行数据采集，以及列控系统生产厂家对地面设备硬件、软件、数据参数进行的更新、修改工作。

③组织实施列控车载设备软件、硬件更新、修改等工作。

电务段应加强车间、工区管理，定期进行检查考核，做到安全生产受控、设备质量受控、现场作业受控、管理工作受控。

电务段应设信号设备检修、修配、测试场所，配置相应的仪器仪表、工装机具及交通工具、应急通信设备等。电务段应在机务段内设机车信号检修、测试场所。设有车辆减速器的驼峰调车场应设驼峰机械修配场所。

为满足检修需要,应建立检修基地,设置检修、试验设备、运输工具、必要的生产辅助车间和生产房屋,并应储备定量的器材和备品,以备急需和替换时使用。储备的器材和备品动用后,应及时补齐。对各种设备应制定出检修、保养范围及安全操作规程。有关人员应做到正确使用、精心保养、细心检修,保持其良好状态。

2. 专业科室

电务段应根据国铁集团有关规定、铁路局集团公司核定的机构定编及专业管理需要设置专业科室。

各科室分别负责生产管理、技术管理、设备管理、质量管理、财务管理、劳动管理、物资管理、职工教育管理等专业管理和日常工作。各业务科室按业务性质分属段长、副段长领导。他们是电务段生产经营指挥系统的最高管理层。

对于管理高速铁路的电务段(以及高铁综合维修段),根据高速铁路信号专业技术管理需要,应设置相应高速铁路信号管理机构,负责高速铁路信号设备专业技术管理、设备维护工作。

(1)信号技术科

信号技术科是电务段进行技术管理的主要科室,其设置有两种情况:一种是设信号技术科,全面进行地面信号设备的技术管理;另一种是分设普铁信号技术科和高铁信号技术科,分别对普速铁路的地面信号设备和高速铁路的地面信号设备进行技术管理。

在信号技术科中有专人从事高速铁路地面信号设备的技术管理(如果管内有高速铁路)。

在信号技术科和普铁信号技术科中有专人从事驼峰信号设备的技术管理(如果管内有驼峰信号设备)。

①电务段联锁主任(工程师)职责为:

a. 负责电务段信号联锁管理工作。

b. 贯彻执行国铁集团、铁路局集团公司联锁管理有关规定,负责电务段联锁管理工作,指导检查车间联锁管理。

c. 组织工程施工联锁试验和年度联锁试验工作。

d. 掌握管内联锁设备运用状态,处理联锁电路疑难故障,反映和解决联锁中存在的问题。

e. 按规定的程序和权限审核联锁设备软、硬件修改申请,审核施工联锁关系检查试验方案。

f. 组织信号设备电路图、配线图核对工作。

g. 及时报告联锁管理中存在的问题,提出联锁电路修改方案并组织实施。

②电务段信号中修工程师基本职责为:

a. 负责全段中修管理工作。

b. 贯彻落实上级有关中修的规定和要求,拟定中修承包责任制实施细则,建立健全中修管理资料及台账,对中修车间进行技术业务指导。

c. 编制中修作业程序、工艺规程,并组织贯彻执行。

d. 组织中修调查,编制信号中修周期计划表和年度信号中修工作明细表。

e. 参加中修施工,掌握中修进度,抽查中修质量,分析质量问题,制订整改措施。

f. 组织中修质量验收、等级评定,做好资料汇总工作,提出下年度中修重点工作计划,上报铁路局集团公司。

(2)信息技术科

信息技术科负责全段电务车载设备(包括 ATP、LKJ、CIR、机车信号、GYK、STP 等)的生产组织和维护管理工作，具体负责：管内车载设备的维护检修计划管理、质量管理、技术管理、设备管理、施工管理、成本管理；掌握管内车载设备的安装使用及其质量技术状态；向铁路局集团公司提报车载设备大修、技术改造项目的建议；制订车载设备应急预案；组织 LKJ 基础数据编制、模拟检验、换装、维护管理；车载控制软件及相关软件的维护管理；车载设备运行记录数据的分析；制订段、车间、班组车载设备维护工作检查制度；开展车载设备安全生产隐患排查；车载设备技术资料管理；与相关单位签订跨局、跨段涉及车载业务的合作协议；建立健全车载专业工作协调机制；车载设备的鉴定；车载设备的维修体制改革推进工作等。

(3)电务试验室

从有利于专业管理角度考虑，根据测试工作需要设电务试验室。电务段电务试验室职责为：

①负责全段电务设备测试管理工作，指导和检查Ⅰ级测试工作。

②根据信号设备测试项目及周期表的规定和上级要求，编制年(月)度工作计划，完成Ⅱ级测试任务。

③负责集中监测数据分析管理工作，掌握系统运行和使用情况，分析监测数据和报警信息，提出维修工作建议，指导车间、工区集中监测数据分析工作。

④负责全段防雷工作。

⑤统计汇总全段测试资料并组织分析，提出分析报告。

⑥参加信号设备疑难故障的查找和分析，解决设备存在的技术问题。

⑦完成基建、更新改造、大修、中修工程验交时的设备测试任务。

(4)电务调度指挥中心

电务调度是电务安全生产的关键岗位，在安全生产中起着重要的指挥和协调作用。必须加强电务调度队伍建设，配齐、配强调度人员及硬件装备。电务调度实行三班轮流值班制度，实时掌握安全生产情况和设备运用状态，做到信息畅通、反应迅速，有效地指挥设备故障处理和应急抢险。

电务调度对测试和分析工作的职责为：

①负责监测数据分析管理工作，掌握监测系统运行和使用情况，分析监测数据和报警、预警信息，提出维修工作建议，指导车间、工区监测数据分析工作。

②通过监测、检测系统分析设备故障数据，判断故障原因，指挥现场进行应急处理。

3. 车间

在生产力布局调整后，车间已成为现场作业控制、加强班组管理、车机工电协调，以及故障处理、启动应急预案的一级重要生产组织。车间是加强电务安全生产的关键环节。

电务段根据维修工作需要合理设置现场车间、专业车间。车间设主任、副主任(按生产、技术、安全职责分工)，设负责维修、施工、安全、技术、联锁(数据)、列控质量验收、职教培训及监测分析等专业技术人员。

对于管理高速铁路的电务段(以及高铁综合维修段)，应根据高速铁路信号专业技术管理需要，合理划分高速铁路信号车间的跨度和设备维修范围。高速铁路信号车间地点应根据车站位置、交通条件、生活设施等因素综合考虑，并按规定为维修人员提供生产、生活所需的设施、交通工具和设备，以满足设备维修需要。

应明确车间岗位职责，赋予车间一定的安全生产指挥、班组管理、奖金分配等权利，做到责、权、利相统一。车间要定期组织班组互检，车间干部要包保正线设备的运用质量。

电务段应配齐、配强车间管理人员和工程技术人员，加强车间一级的专业技术管理和安全生产管理，以车间为单位建立信号应急抢修机制，提高车间应急抢修信号故障能力，基本达到反应灵敏、出动迅速、措施有力，发挥车间在电务日常安全生产中的重要作用，使车间真正成为在技术、管理、安全等方面，能够独立作战、稳定一方的组织机构。要增强车间独立组织施工、横向协调、施工配合、设备监护、作业控制的能力，要逐步把故障抢修任务重点放在车间，配置必要的交通工具、应急抢险器材、测试仪器仪表、检修工装机具等，细化应急抢险预案，明确各类故障处理程序和方法，建立起车间快速反应机制。

电务部、电务段要加强对车间管理的监督和指导，特别要注意加强对异地边远车间、班组的检查指导。对发现的问题要及时帮助整改，保证车间管理高效、有序，同时要防止车间管理机关化。

(1)现场车间

现场车间是负责信号设备维修工作的基层生产管理组织，主要负责现场信号设备的维修，负有安全、技术、维修、施工、质量、设备及综合等管理职责，实行昼夜值班制度，直接组织、指挥现场生产、应急处置和管辖范围内的各项管理工作。

现场车间应按照管理跨度适度、人员数量适中、设备数量适当、有利于现场控制和故障处理，并兼顾生产、生活设施、设备的原则设置。对于普速铁路复线区段管辖里程一般在 100 km 左右；单线区段管辖里程一般在 150 km 左右；枢纽地区车间设置以设备数量为依据，管辖设备数量一般应不少于 1 200 组换算道岔；路网性和区域性编组站，可单独设立驼峰车间。现场车间设置数量根据电务段的实际情况确定。对于高速铁路，有砟区段管辖里程一般在 150 km 左右，管辖设备数量一般不少于 1 500 组换算道岔；无砟区段管辖里程一般在 200 km 左右，管辖设备数量一般不少于 2 000 组换算道岔；枢纽地区车间设置以设备数量为依据，管辖设备数量一般不少于 2 500 组换算道岔。

承担动车组列控车载设备一、二级检修任务的电务段，根据检修量(检修量在 20 组以上时)可设置列控车载设备车间；承担动车组列控车载设备三、四级检修任务的电务段可设置列控车载设备高级检修车间。车间应设在动车段或动车所等其他便于与车辆部门联合作业的地点。

现场车间管内设信号工区。

①现场车间主要职责为：

a. 贯彻执行国家有关法律法规和国铁集团、铁路局集团公司、电务段有关规章制度、技术标准、管理办法、实施细则，认真落实专业管理职责。

b. 负责管内生产组织工作，参加管内天窗修，指导、检查工区检修工作质量，全面完成维修等生产任务，保证设备安全可靠正常运用。

c. 负责车间安全管理、技术管理、计划管理、质量管理、设备管理、施工管理、材料管理、生产调度及其他工作。

d. 负责安全生产信息管理工作，实行干部昼夜值班制度，及时掌握安全生产信息，定期进行故障信息统计和安全生产分析，采取有效措施，及时消除安全隐患。

e. 负责信号集中监测信息分析工作，掌握设备特性变化规律，有针对性地组织维修，预防设备故障。

f. 负责管内年度联锁关系检查试验和车间组织的施工联锁关系检查试验。参加车间管内基建、更新改造、大修、中修等工程联锁关系检查试验工作。

g. 负责组织设备质量鉴定，针对设备质量状况，提出并落实设备质量提高计划，及时克服设备缺点。

h. 负责组织和参加管内设备故障处理和应急抢险。

i. 落实设备检查制度，每季对管内主要设备进行一次检查，每月对正线设备检查一次，及时解决设备存在的问题。车间无法解决的，应及时采取防范措施并上报电务段。

j. 落实施工安全有关规定，对所承担的施工安全负直接责任，对其他施工单位在管内的施工负监管责任。

k. 落实各项安全生产制度和作业纪律，强化现场作业控制，杜绝违章作业，确保行车、设备和人身安全。

l. 每季组织开展一次互检活动，总结交流维修经验，促进设备质量提高。

m. 监督、检查工区管理工作，每月对工区进行考核。

n. 组织职工业务学习，开展岗位练兵活动，提高职工技术业务素质，突出反违章教育，增强职工的法律意识和安全意识。

②现场车间主任基本职责为：

a. 负责车间全面工作。

b. 做好生产管理、技术管理和安全管理，加强对现场的作业控制，组织并参加管内主要生产活动，每月深入现场检查设备和解决问题的时间不得少于月度工作计划的2/3。

c. 负责组织编制维修工作计划，并监督检查工区计表执行情况。

d. 落实设备检查制度，每季对管内主要设备进行一次检查，并安排车间干部每月对正线设备检查一次，及时解决设备存在问题。车间无法解决的，应及时采取防范措施并上报电务段。

e. 每月召开一次工长会和安全分析会，分析安全生产情况，针对存在问题，制订整改措施并组织实施。杜绝违章作业，防止行车及人身伤亡事故。

f. 组织并参加管内施工，监督落实各项施工安全措施，确保施工安全和施工质量。

g. 落实车间干部值班制度，实时掌握安全生产情况和设备运用状况，保证信息畅通。负责启动应急抢修预案，组织指挥管内设备故障处理和应急抢险。

h. 组织并参加管内天窗修，监督检查检修工作质量，提高维修天窗利用率。

i. 每月对管内机车信号、地面信号显示及电缆线路进行一次检查。

j. 每季组织开展一次互检活动，总结交流维修经验，促进设备质量提高。

k. 组织设备质量鉴定，针对设备质量状况，提出并落实设备质量提高计划，及时克服设备缺点。

l. 组织职工业务学习，开展岗位练兵活动，提高职工技术业务素质。突出反违章教育，增强职工的法律意识和安全意识。

m. 每月对车间人员和工区进行考核。

n. 搞好联劳协作，解决结合部设备存在的问题。

③现场车间维修、安全、联锁工程师基本职责为：

a. 指导工区编制维修工作计划，并监督检查计表执行情况。

b. 落实设备检查制度，参加设备质量检查，分析设备运用状态，解决生产中的技术问题。

c. 负责车间天窗修日常管理工作,参加管内天窗修。

d. 负责规章制度、设备台账、技术文件和技术资料等技术管理工作。

e. 指导工区做好监测数据统计分析,掌握设备电气特性变化规律,科学指导维修工作。

f. 在段联锁主任(工程师)的指导下,负责管内日常联锁管理和年度联锁关系检查试验工作,参加管内工程验交联锁试验。

g. 制订车间施工安全措施,参加管内各项施工。

h. 负责车间安全信息管理工作,保证信息畅通,实时掌握安全生产情况和设备运用状况,定期进行故障统计分析。

i. 指导并参加设备故障处理,查明故障原因,制订防范措施。

j. 负责职工安全教育和业务学习工作,提高职工检修作业水平和故障处理能力。指导工区质量管理小组活动。

④车间联锁工程师职责为:

a. 贯彻执行上级联锁管理有关规定。

b. 负责车间联锁管理工作。

c. 负责管内年度联锁关系检查试验和车间组织的施工联锁关系检查试验,参加车间管内基建、大修、更新改造、中修工程联锁关系检查试验工作。

d. 掌握管内联锁设备运用状态,参加联锁电路疑难故障处理,完成上级下达的联锁电路修改任务。

e. 负责管内联锁设备档案和联锁资料修订核对,负责管内信号设备电路图、配线图核对。

(2)专业车间

专业车间是负责信号设备入所检修、修配及入厂修等工作的基层生产管理组织,负有安全、技术、质量、施工及设备等管理职责,并对周期内设备检修质量负责。

电务段根据维护工作需要和管理区域实际情况可设信号检修、电子设备、信号中修、车载设备等专业车间,车间内设专业工区,实现信号设备检修专业化、规模化。根据管理区域实际情况,应设调度指挥、监测分析、RBC、CTC中心等维护机构。

专业车间建设要做到工作规范化、作业标准化、检测现代化、管理科学化,以全面提高器材出所质量,从源头减少设备故障的发生。

从以下方面加强专业车间建设:

整合检修、修配资源,优化配置,提高专业车间装备水平。加大投入,配备各类器材的专用检修设施和工具,以高精度、智能化的测试设备控制出所检修质量。根据新设备、新技术需要,补充技术力量,更新检测、检修仪器仪表和工装。

树立精细检修的理念,对故障多发器材组织攻关,积极采用先进、成熟、有效的检修、修配工艺,全面细化和完善器材入所修作业标准,根据各类器材入所修内容,制订严格的检修作业流程,对流程中每一项作业进行规范,大力提高器材出所质量。

建立健全各项管理制度,明确分工界面,特别要完善器材履历管理,推行器材对号、对位管理和全寿命管理,完善出所质量检验验收标准,实行专职验收员制度,建立可追溯的质量追究考核制度,降低出所设备返所率,保证出所器材质量可靠地运用至下一周期。

中修工作继续坚持整修、补强、恢复、改善的原则,要结合大修和工程改造,落实中修标准,要把专项整治要求纳入中修内容。

专业车间主要职责为：

(a)贯彻执行国家有关法律法规和国铁集团、铁路局集团公司、电务段有关规章制度、技术标准、管理办法、实施细则，认真落实各项安全和专业管理职责。

(b)负责全段信号设备入所修、中修及入厂修工作，并对周期内设备检修质量负责。

(c)负责车间安全管理、技术管理、计划管理、质量管理、设备管理、施工管理、材料管理及其他工作。

(d)根据设备中修周期、入所修周期和管内设备、器材状况，组织编制中修计划、入所修计划，经批准后组织实施。

(e)负责编制检修作业程序、检修工艺规程，经电务段批准后执行。

(f)负责新购设备、器材质量测试、检查和验收工作。

(g)定期检查入所修设备、器材检修质量，对发现的质量问题，及时组织分析并制订整改措施。

(h)教育职工严格执行安全操作规程和安全生产有关规定，杜绝违章作业，防止行车、人身伤亡事故。

(i)组织职工业务学习，开展岗位练兵活动，提高职工技术业务素质。

(j)学习先进管理经验，运用现代管理手段，不断提高管理水平。

专业车间主任基本职责为：

(a)负责车间全面工作。

(b)根据设备入所修周期，组织编制入所修计划、年度生产财务计划，经批准后组织实施。

(c)定期检查入所修设备、器材检修质量，对发现的质量问题，及时组织分析并制订整改措施，负责车间全面质量管理工作。

(d)教育职工严格执行安全操作规程和安全生产有关规定，杜绝违章作业，防止行车及人身伤亡事故。

(e)结合生产实际，组织开展技术比武和技术革新活动。

(f)学习先进管理经验，运用现代管理手段，不断提高管理水平。

(g)做好联劳协作工作。

专业车间工程师基本职责：

(a)负责车间技术管理工作。

(b)掌握管内设备、器材入所修状况，合理编制车间生产计划。

(c)熟悉设备及器材性能、原理、技术标准和检测方法，负责编制检修作业程序、工艺规程，经电务段批准后执行。

(d)负责技术资料、各类报表的管理和分析工作，组织开展质量管理、技术革新和合理化建议活动，对关键及疑难技术问题组织攻关。

(e)定期抽验器材质量，了解掌握器材运用质量信息，提出改进措施。

(f)负责设备、器材的定置管理工作。

(g)推行科学的检修方法，改进检修工艺，不断提高检修质量。

(h)深入现场车间、工区征求意见，了解掌握设备、器材的运用状况。

专业车间质量验收员基本职责为：

(a)负责入所修设备、器材质量检查、测试和验收工作。

(b)根据检修、修配技术标准和质量要求，对出所的设备、器材逐台进行验收。

(c)配合车间工程师,定期进行质量分析,对发现的问题,提出改进措施。

(d)负责入所修设备、器材检测记录的保管工作。

①信号检修车间

信号检修车间主要负责机械、电磁类设备器材,包括道岔转换设备、色灯信号机灯组、继电器、变压器、整流器、电源设备、闭塞设备、道口设备、防雷设施及驼峰专用设备等入所修工作,基本履行原信号检修所、修配所的职责;承担新购设备、器材的测试、检查工作。

信号检修车间根据电务段的实际情况可设置继电器检修工区、道岔转辙设备检修工区、电源屏、变压器等检修综合工区、自闭设备检修工区等。

②电子设备车间

电子设备车间主要负责信息设备,包括计算机联锁、机车信号、列车运行控制系统(CTCS)、列车调度指挥系统(TDCS)、调度集中系统(CTC)、ZPW-2000 系列无绝缘轨道电路、信号集中监测、驼峰自动化控制系统等电子设备、器材入所修和入厂修管理;承担各类外围器材、接口部件和通用电子产品保修期外的修理及机车出、入库检查、测试工作;指导现场车间、工区进行计算机联锁、信号集中监测、TDCS、CTC、CTCS 等设备的维护和应急处理。

电子设备车间根据电务段的实际情况可设置电子器材检修工区、电子维修工区等。

对于信息设备,电子设备车间的职责为:

a. 负责管内 TDCS、CTC、信号集中监测、电务管理信息系统和 CTCS 地面设备的维护管理工作。

b. 负责故障设备、器材检修及入厂修管理工作。

c. 组织完成维修生产任务,定期进行设备检查,指导信号工区信息设备日常维护工作。

d. 负责组织和配合故障处理。

e. 配合铁路局集团公司检测所对管内系统设备进行测试、调试、信息核对工作。

f. 配合设备供应商、电信运营商进行设备维护和故障处理。

g. 组织系统设备鉴定,提出设备质量提高计划。

③信号中修车间

信号中修车间主要负责现场信号设备的中修。车间根据中修工作的需要,合理设置工区(工班)。

a. 中修车间主任基本职责为:

(a)负责车间全面工作。

(b)参加中修调查,提报中修施工计划,组织完成中修任务。

(c)严格执行中修有关规定,制订并落实中修施工安全措施,定期召开安全分析会,及时总结经验,保证安全生产。

(d)认真执行中修承包责任制。

(e)组织和参加中修施工,检查施工质量,及时组织处理施工中存在的问题,搞好联劳协作。

(f)组织中修自验,参加段组织的验收交接工作。

(g)组织职工技术业务学习,开展岗位练兵,不断提高职工技术水平和生产技能。

(h)关心职工生活,及时解决和反映职工生活中的实际问题。

b. 中修车间工程师基本职责为:

(a)负责车间技术管理工作。

(b)负责编制中修工作计划。

(c)负责中修调查,确定中修工作量。

(d)参加中修施工,协助车间主任定期分析中修施工质量,针对存在的问题提出改进措施,并组织实施。

(e)监督检查技术标准、作业标准、工艺标准执行情况。

(f)负责全面质量管理和技术革新工作,组织技术业务学习,交流施工经验,开展技术革新和攻关活动。

(g)参加中修自验和验收交接工作。

(h)负责竣工资料整理。

④车载设备车间

车载设备车间主要负责机车信号车载设备和列车运行监控装置的检修、入所修,履行原机车信号检修所的职责。车间根据实际需要可设置检修工区、测试工区等。

4. 工区

电务段根据维护工作需要和管理区域在车间管内设信号工区、专业工区。

对于管理高速铁路的电务段(以及高铁综合维修段),应根据高速铁路信号专业技术管理需要,合理划分高速铁路信号工区的跨度和设备维修范围。高速铁路信号工区设置地点应根据车站位置、交通条件、生活设施等因素综合考虑,并按规定为维修人员提供生产、生活所需的设施、交通工具和设备,以满足设备维修需要。

(1)信号工区

信号工区是负责现场信号设备维修工作的基本生产组织,承担管内信号设备日常养护和集中检修工作,实行昼夜值班制度,及时处理设备故障。编组(区段)站以上车站应分设值班工区和检修工区,实行值班与检修分开。其他有条件的车站,也可分设值班工区和检修工区。值班工区原则上负责管内设备的日常养护工作和室内设备的检修工作;检修工区负责室外设备的集中检修工作,实行设备检修质量包保责任制。

工区设置数量根据电务段的实际情况确定。

①信号工区工长基本职责为:

a. 负责工区的全面工作。

b. 组织工区开展生产活动,完成维修生产任务,认真填写工作日志。

c. 负责工区维修计划编制工作,并组织实施。检查职工计表执行情况,教育职工并带头执行标准化作业。

d. 加强工区管理,落实各项管理制度,创建自控型班组。

e. 每月组织对管内主要设备进行一次全面检查,及时克服设备缺点和隐患,做好考核工作。

f. 组织开展设备质量互检活动,交流维修经验,促进设备质量提高。

g. 对工区的行车、设备和人身安全负责,每月召开一次安全分析会,查找问题,制订措施,预防设备故障和人身伤亡事故的发生。

h. 组织处理各类报警信息,分析监测数据,掌握设备电气特性变化规律,指导设备维修工作。

i. 负责职工安全生产教育,以遵章守纪、应知应会和实作技能为重点,经常组织职工学习技术业务知识和安全规章制度,不断提高职工业务素质和应急处理能力。

j. 组织或配合管内施工,把好施工安全和施工质量关。

k. 加强民主管理,搞好联劳协作。

②对于联锁,信号工长及信号工职责为:

a. 负责日常维修工作中的联锁试验。

b. 参加年度联锁关系检查试验和各类工程施工联锁试验。

c. 经常访问使用人员,发现问题及时登记并上报。

③对于信息设备,信号工区的职责为:

a. 负责管内 TDCS、CTC、信号集中监测、电务管理信息系统、CTCS 地面设备的日常养护、集中检修工作。

b. 在铁路局集团公司检测所、电务段电子设备车间的指导下,进行车站信息设备故障处理和器材更换。

c. 在铁路局集团公司检测所、电务段电子设备车间的指导下,进行车站信息设备复位、开(关)机、倒机及器材更换,处理告警信息和简单故障。

d. 配合设备供应商、电信运营商进行设备维护和故障处理。

工区应实行岗位责任制。信号工对分管的设备质量与安全负责,并应遵守各项规章制度,严格执行标准化程序,杜绝违章作业。

电务段应建立班组核算制。工区、车间应按月掌握任务、安全、质量、经济指标完成情况,及时总结上报。

工区应认真做好基础管理工作,做到资料齐全、填记及时、记载准确、保管完好,并应健全民主管理制度,做到事事有人管,人人有其责。

工区应定期徒步检查地面信号显示状态,及时调整显示距离不合格的信号机。

工区应备有与车间相同的业务管理资料。

(2)专业工区

专业工区是负责信号设备、器材入所修工作的基本生产单位,承担管内信号入所修设备、器材的检修工作。

专业工区包括:继电器检修工区、道岔转辙设备检修工区、电源屏工区、变压器等检修综合工区、自闭设备检修工区、电子器材检修工区、电子维修工区、机车信号检修工区、机车信号测试工区等。

5. 电务段与其他部门的关系

(1)电务段与调度所的关系

电务段为调度所提供调度集中、铁路调度指挥系统的运用,电务段必须保证上述设备的良好运用。

遇有大型施工计划,由电务段申报,铁路局集团公司运输部审批下达,纳入车站日间作业计划,电务段按调度命令按时施工,按时交付使用。

(2)电务段与车站的关系

电务段为车站提供信号设备的运用,必须保证它们的良好运用状态。车站在开启和使用加封加锁设备时要进行登记,使用后及时通知信号维修人员加封加锁。

有关行车的新设备开通使用前,电务段有责任对车站有关人员进行操作、使用、保管等方面的业务技术培训。

在日常维修工作中，电务人员利用列车间隙进行检修或要点检修，均需通过车站值班人员同意，双方履行登记确认手续，并及时通告、检查，共同保证安全。

大型封锁施工停点需经铁路局集团公司运输部审批纳入车站日间作业计划，电务部门在车站派人配合下按时施工。在编组站、电气化区段、干线，铁路局集团公司运输部和车站在编制运行图和列车工作方案时，要安排停轮和开天窗，给电务维修工作提供保证。

电务设备发生故障时车站应及时通知电务维修人员赶赴现场排除故障或采取其他措施。

电务段须及时向车站(车务段)提供《车站行车工作细则》(以下简称《站细》)有关的技术资料。车站应将《站细》有关内容摘录分发给电务部门。在车站参加作业的有关电务人员，须熟悉和执行《站细》的有关规定。

(3)电务段与机务段的关系

电务部门为机车乘务员提供正确的地面信号和机车信号显示。遇有故障和显示不良时，机务部门应及时通知信号工区进行修理。

电务部门要维护机车信号和列车运行监督记录装置，在入所修、出所测试检查和段修拆装等工作中加强与机务段的配合。

(4)电务段与工务段的关系

信号设备和工务设备紧密相连，如道岔、轨道电路等，特别需要工务、电务双方密切配合，共同做好维护工作。在每月末提出下月配合计划，通知双方做好人员、材料、工时的准备和安排。

在道岔、轨道电路、车辆减速器维修和更换钢轨时，按双方分工密切配合。电务段按分工负责区间道口信号设备的维护，供工务部门使用。

(5)电务段与供电段的关系

电力部门必须保证集中联锁、自动闭塞、调度集中和铁路调度指挥系统、驼峰信号设备等的供电，计划停电倒闸时，要提前通知电务部门以采取措施。对电源引入设备，供电和电务部门按规定分工负责，保持良好。

在电气化区段，电务维修人员在轨道上作业时，要保证牵引电流畅通，不得随意断开回流连接线，更换附有吸上线回流板条的两相邻扼流中心连接线时，要通知供电段派人监护，共同保证安全。

要处理好电务部门与其他部门之间的关系，必须处理好以下问题：

①树立为运输服务的思想，急运输之所急，想运输之所想，千方百计满足运输部门提出的各种合理要求和服务方式。宁可自己多承担风险和困难，也要为其他部门创造方便条件，扩大服务范围。

②处理好联劳协作的关系，重点是处理好与车站、机务、工务部门之间的联劳协作。协作计划应协商研究，主动征求意见。作业前主动登记，加强联系；作业中主动配合，相互帮助；作业完毕后，主动要求验收，复查确认。经常主动交换意见，听取反映，并取得其他部门对电务工作的支持。

③处理好质量与安全的关系，电务部门为其他部门提供服务，必须以不断提高质量为根本，确保安全为前提，讲究实效为目的，着眼于“信誉第一”，使其他部门真正体会到电务部门对他们所起的作用。

6. 电务段与其他部门对行车设备分工管理

要加强结合部管理，颁布电务与车务、工务、供电、机务、通信等部门结合部管理制度，细化标准、清晰界面、明确责任、加强考核。

加强结合部管理,可减少外界妨害。一要建立结合部管理的规章和协调机制,定期召开各层次的协调会,集中研究解决结合部出现的问题。二要明确界定结合部各方面的职责、分工。三要进一步理顺结合部管理流程,提高管理效能。四要强化考核、监督制度,奖罚并重,真正形成合力,管好结合部。结合部管理的重点是开展好工务、电务道岔、轨道电路联合整治及信号设备防盗治安管理。

(1)对手摇把的保管。

转辙机手摇把,要实行统一编号,集中管理,建立登记制度。

国铁集团对保管手摇把的规定为:有信号工区的车站,手摇把实行统一编号、统一装箱、双方加锁、电务加封、车站保管制度。大站可分场、分区保管,设置在车站(场)运转室或值班区;无信号工区的车站实行统一编号、统一装箱、车站加锁、电务加封、车站保管。

国铁集团对使用手摇把的规定为:电务人员需要使用手摇把时,首先向电务段调度请求使用命令,命令下达后在车站登记要点,电务、车务有关人员分别在电务“使用道岔手摇把命令簿”上双方签字后,才可打开双锁,取出手摇把;车务人员需要使用手摇把时,直属站需向站调请求命令,其他车站须向所属车务段值班室请求命令,命令下达后,车务、电务有关人员分别在车务“使用道岔手摇把命令簿”上双方签字(无信号工区的车站,车务人员单方签字)后才可使用。

(2)电务与车务部门对行车设备的清扫、注油及调整的分工。

电务段应根据计划表周期项目,对设备进行全面清扫、调整和注油。

车务部门每日应负责对各种计算机联锁、TDCS、CTC 设备显示器及鼠标、控制台、矮型色灯信号机、转辙机的外部的清扫工作。

(3)电务部门与工务部门对行车设备养护维修的分工。

①道岔转换及锁闭装置

电务部门负责如下工作:

密贴调整杆(包括嘴唇铁及其紧固螺栓)、尖端杆(包括 L 铁)、道岔安装装置、提速道岔的锁闭杆、锁闭销、锁闭框、连接铁、表示杆的维修。轨道电路及道岔安装装置的钻孔工作。电务部门在道岔转换处作业,影响工务设备时(如道岔装置的安装或更换等),工务部门应予配合。

②密贴调整工作

工务部门负责联锁道岔转辙部分的轨距及基本轨的移动不超过限度,基本轨不横移,尖轨转动灵活、不偏斜及前后爬行不超过 20 mm。

电务部门负责联锁道岔的密贴调整工作。

③轨道电路

a. 轨道绝缘处的部件更换时的分工

电务部门负责轨端绝缘、绝缘垫、绝缘圈的维修及所需材料。信号工区按计划表的规定,对钢轨间绝缘性能进行定期测试,如发现绝缘不良,应联系有关养路工区进行维修,但信号工区不得拆卸接头夹板螺栓。

属于工务段维修的带绝缘的轨距杆及尖轨联结杆等设备,工务、电务部门每季应进行定期联合测试,并将测试结果做成书面记录,如发现绝缘性能不良时,工务段应迅速更换。

需进行钢轨绝缘的更换、分解或检查,以及更换伤损接头夹板或接头夹板螺栓时,养路工区和信号工区应共同商定更换检修的日期和时间。由养路工区负责拆装钢轨零件(接头夹板、接头夹板螺栓等)和施工防护。信号工区负责绝缘件安装工作。在钢轨绝缘接头和接头夹板卸下后，基本轨因曲线或温度关系有变化，造成钢轨间隙不足 6 mm 或间隙过大接头夹板安装不上时，由养路工区负责解决。

b. 钢轨胶接绝缘接头的分工

胶接绝缘接头属于电务轨道电路设备，电务部门按规定对胶接绝缘接头处钢轨间绝缘性能进行测试，如发现绝缘不良，经工务、电务部门双方确认后，由工务部门负责更换或处理，电务部门配合并测试验收。经电务部门检查发现绝缘失效时，工务部门必须及时申请封锁区间，进行更换作业。

c. 在轨道电路区段，工务部门进行线路大修或维修工作需更换钢轨或道岔时，对轨道电路导接线的更换和钻孔等工作的分工在轨道电路区段，工务部门进行大修换轨、更换道岔等工程任务中，有关电务部门维修的项目，应由工务部门负责提出和备料，委托电务部门设计并施工。

在轨道电路区段，工务段在日常维修中需更换钢轨或道岔时，电务段应根据工务段的施工计划，负责导接线更换和钻孔工作。

如由于道床不清洁，致使轨道电路道砟电阻不够 1 Ω · km 时，电务段应在每年九月底前将需要清筛道床数量与处所，提交工务段列入次年计划进行清筛。

④车辆减速器

电务部门负责制动轨、内外制动钳、连杆、支座等制动设备及制动部分动力设备的维修。

(4)进路表示器、发车表示器由电务段负责维修。有联锁的道岔表示器由电务段负责维修；无联锁的道岔表示器(包括转辙装置和导管装置)由工务部门负责维修，电灯座线由电务段负责维修(电源由供电段负责供应)，段管线、专用线内无联锁道岔由签订合同的单位负责维修。

安装在有联锁的脱轨道岔、脱轨器上的脱轨表示器由电务段负责维修。

(5)固定信号标志、四显示机车信号接通(断开)标、轨道电路调谐区标志由电务部门负责设置、更换和维修。

电缆标由所属电缆设备单位负责设置、更换和维修。

(6)信号、联锁、闭塞、信息系统设备由供电段负责供应电力，电路分工如图 1.1 所示。

在断路器(闸刀)下部引出线 100 mm 以后的信号设备，由电务段负责维修。

(7)机车信号、列车运行监控装置和列车无线调度通信设备(简称三项设备)和平面调车灯显装置的管理分工。

电务部门负责机车信号装置、列车运行监控装置及地面信号信息发送设备的检修和拆装；向机务部门书面提供地面信号机种类、公里标资料，当发生变化时必须提前 15 天通知。

(8)列控车载设备结合部分工管理。

列控车载设备主机、速度传感器、雷达、STM 天线、BTM 天线、GSM-R 天线、DMI 等属于列控车载设备部分，由电务部门负责维修。列车运行监控装置由电务部门负责维修。列车接口、车体操作盘、车体配电盘、车辆 NFB 盘等属于车辆设备部分，由车辆部门负责维修。

(9)电气化铁路区段电务、工务、机务、供电部门对行车设备维护管理分工的规定。

①工务与电务部门间维护管理分工

a. 工务部门需更换钢轨、辙叉心、接头夹板等工作时，必须事先联系电务部门配合，并由工务部门负责预先对需断开处进行“两横一纵”连接；更换工作结束后，应得到电务部门同意后才可拆除“两横一纵”连接线，以确保牵引电流能正常通过。

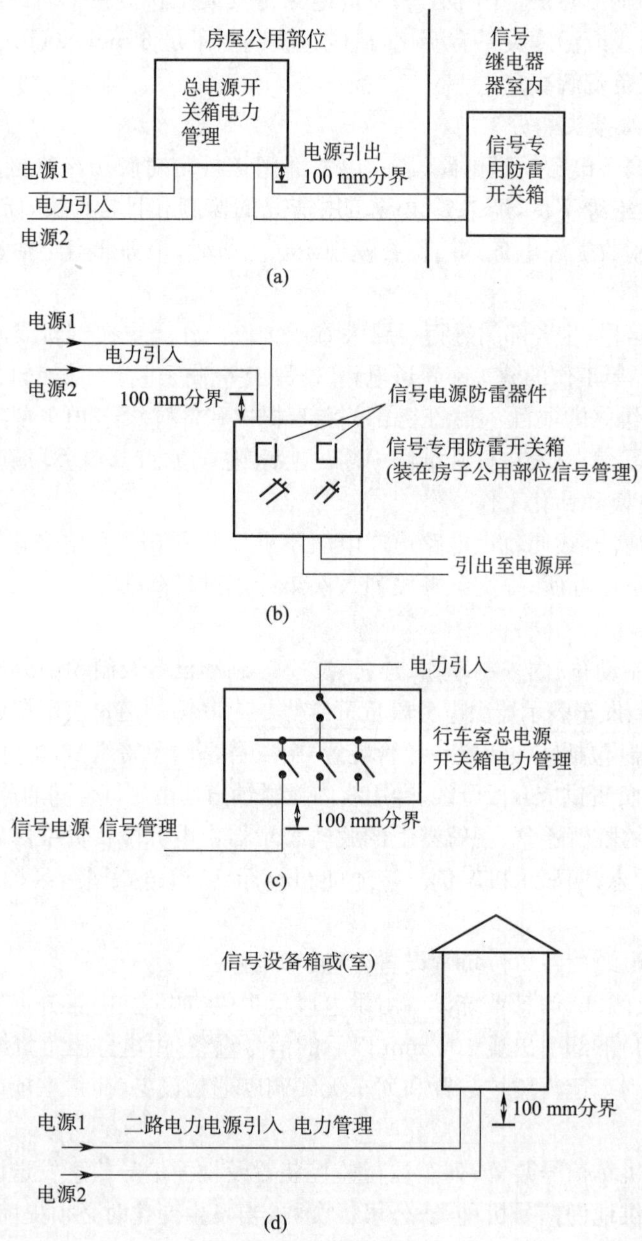

图 1.1　信号设备供电电路分工

b. 电务部门在配合工务更换钢轨、辙叉心、接头夹板等设备时,应得到工务部门同意后,才可拆除轨道接续线、引接线等器材;工务部门更换钢轨、辙叉心、接头夹板等工作结束后,电务部门应及时连通有关轨道接续线、引接线等器材,并检查确认良好后才可通知工务部门拆除“两横一纵”连接线。

②电务与供电部门间维护管理分工

a. 电气化供电的吸上线与扼流变压器(含空扼流变压器及区间轨道电路空芯线圈)相连时,轨道电路用的扼流变压器中心连接板及区间轨道电路空芯线圈由电务部门维护管理;吸上线及吸上线与扼流变压器中心连接板、区间轨道电路空芯线圈中心抽头相连的螺栓由供电部门维护管理。

b. 电务部门在维护过程中，如需拆装或更换连有吸上线的扼流变压器中心连接板、区间轨道电路空芯线圈时，应预先联系供电部门配合。

(10)TDCS/CTC 维护管理分工。

各电务段要加强对 TDCS/CTC 设备运用情况的监测和日常检查，定时对设备的运行情况进行巡视、检查并做成记录。TDCS/CTC 工区负责每天上午 9:00 对系统服务器时间与北京时间进行一次校核。

通信段与电务段间维修界面划定：无线车次号校核系统车站设备、TDCS 分机/CTC 自律机插座为分界点，TDCS 分机/CTC 自律机插座由电务段维护管理，插座以外包括插头、传输电缆及 TDCS 无线车次号接收器等由通信段维护管理；系统传输信道界面，各站通信信道接至信号分线柜（或机柜内接点）的，其养护、维修分界点在信号分线柜接点（或机柜内接点）下 100 mm 处。

(11)信号安全数据网维护管理分工。

列控中心、联锁、RBC 和 TSRS 都通过交换机电接口接入到网络中进行数据通信。信号安全数据网由通信段提供的线路左、右两侧主干网光缆构成。光缆中的光纤接入到在每个车站和中继站的 ODF 架上，在车站的 ODF 子架安装在信号机械室中。

列控中心和通信的接口界面如图 1.2 所示。列控中心相关的光纤在通信机房进行熔接，通过 ODF 架光缆终端盒与 4 条 8 芯光缆熔接后，4 条 8 芯光缆直接接到信号机械室的信号 ODF 子架上成端，列控中心通过尾纤从 ODF 子架上接入。

信号机房内设置的 ODF 子架由信号专业负责设置，虚线框中的通信机房内设备和接口，以及光缆由通信专业负责。

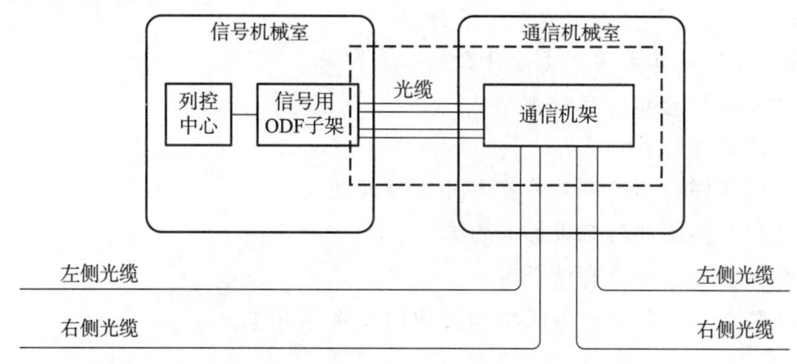

图 1.2 车站信号机房设备信号安全数据网接口

项目小结

铁路电务部门按职能分为运营、科研、设计、工程、工业等部门。铁路电务运营部门负责保证铁路信号设备的正常运用及维护工作，实行铁路局集团公司、电务段分级管理。电务段实行段、车间、工区三级管理。科研部门负责开发新技术，研究信号的新产品、新系统、新制式。设计部门负责铁路新线建设和既有线改造的信号工程设计。工程部门负责铁路新线建设和既有线改造的信号设备的施工。工业部门负责生产信号器材。它们构成完整的保障体系，共同保证铁路信号系统的正常运转和不断发展。

电务部是铁路局集团公司实施铁路(包括高速铁路)电务专业管理的主管部门。电务部要加大对电务段工作的指导力度，提高现场控制能力。电务检测所是电务部的下属单位，设置电务试验室、TDCS/CTC检修室、大修设计室等，以有利于专业管理。

电务段是电务专业管理的责任主体，是铁路(包括高速铁路)信号设备维护管理的主体。电务段设置专业科室，实现各项管理。电务段根据维修工作需要合理设置现场车间和信号检修车间、电子设备车间、信号中修车间、车载设备车间等专业车间。电务段根据维护工作需要和管理区域在车间管内设信号工区、专业工区。信号工区承担管内信号设备日常养护和集中检修工作，实行昼夜值班制度，及时处理设备故障。专业工区承担管内信号入所修设备、器材的检修工作。

电务段与调度所、车站、机务段、工务段、供电段、通信段等关系密切，必须处理好联劳协作的关系，共同为运输生产服务。要加强结合部管理、细化标准、清晰界面、明确责任、加强考核。

复习思考题

1. 简述铁路电务部门的组织机构组成情况及职能作用。
2. 铁路局集团公司电务部主要职责有哪些?
3. 电务检测所的主要职责是什么?
4. 电务段有哪些主要职责?
5. 电务段从事信号技术管理的主要是哪些科室?各承担什么职责?
6. 简述车间在电务管理中的地位和作用。
7. 现场车间如何设置?其主要职责是什么?
8. 专业车间如何设置?其主要职责是什么?
9. 工区如何设置?其主要职责是什么?
10. 负责信号联锁的部门有哪些?
11. 负责中修的部门有哪些?
12. 电务部门与哪些部门有关系?有什么样的关系?
13. 电务部门与其他部门对设备如何分工?
14. 电务部门与哪些部门有结合部?
15. 简述铁路电务运营部门各级机构之间的关系和分工。

项目2 技术管理

项目描述

本项目介绍信号技术管理的基本要求;联锁管理的内容和制度、联锁纪律、联锁试验和计算机联锁管理的方法;技术政策、新技术开发、技术革新、技术改造的内涵和组织;标准的分级、分类,标准化工作的意义、内容和要求,作业标准分类、用途、基本性质和过程、基本关系、制定、贯彻落实;计量和计量工作的内涵,铁路计量管理和电务段的计量管理,计量单位制、计量技术、计量器具、计量检定、计量法制、计量规章制度的基本知识。

学习目标

通过学习,了解信号技术管理的基本要求,掌握联锁管理的基本方法,了解技术进步的内涵和有关做法;掌握标准化工作、计量工作的基本知识和方法。

典型工作任务1 信号技术管理的基本要求认知

2.1.1 工作任务

了解信号技术管理的基本要求。

2.1.2 知识链接

1. 必须贯彻执行有关规章制度

电务部门应认真贯彻执行《铁路安全管理条例》《铁路技术管理规程》(含高速铁路部分和普速铁路部分,以下简称《技规》)、国家和国铁集团有关技术标准及规章制度。铁路局集团公司应根据具体情况制定技术实施细则及操作规程。

2. 设计、施工必须由具有相应资质的单位承担

信号设计、施工必须由具有相应资质的单位承担。设计文件须经有关部门审查或鉴定。设计单位变更设计,应提供完整的设计图纸。施工单位应根据设计文件进行施工。

3. 设备产品认证

铁路使用的产品须符合国家、铁路行业技术标准。铁路重要产品须按照国家和国铁集团有关规定,实行行政许可管理或产品强制认证。

铁路运输企业应严格控制进入铁路的产品质量,建立必要的检验制度,不得使用监督抽查、验收不合格和产品认证未通过的产品。产品检测、检验报告必须由符合国家规定条件的专业检测、检验机构出具。

依据有关条例,设定铁路运输基础设备生产企业审批。许可名录由国家铁路局发布。

铁路运输基础设备生产企业主要包括:道岔设备生产企业;列车调度指挥、列车运行控制、计算机联锁、自动闭塞、道岔转辙设备等信号控制软件和控制设备生产企业;铁路有线、无线专用通信设备生产企业;供变电、接触网及远动设备等牵引供电设备生产企业等。

国家铁路局发布了铁路产品认证目录;国铁集团发布了铁路专用产品认证采信目录。两种目录均对产品名称(类别)和产品范围进行了详细介绍。

4. 遵守技术装备相关规定

(1)电务安全技术装备开发、研制以及上道试验,必须执行国家、国铁集团有关规定,新设备、新器材必须经过上道试验,按管理权限取得批准后,才可正式上道使用。

(2)未经国铁集团批准,不得在信号安全设备上添装其他设备。

(3)各种信号设备、器材均应设置相应的标识,以满足设备检修、测试、故障处理识别需要。标识的设置应符合行业标准、国铁集团有关规定,国铁集团未规定的,由铁路局集团公司确定。

(4)器材投入使用前,电务段必须按标准对产品技术性能、技术指标及外观等进行检查、测试,合格的才可使用。

5. 提高信号设备雷电防护能力

提高信号设备雷电防护能力是保证信号设备安全运用的基础工作,应严格执行国家、国铁集团有关铁路信号设备雷电及电磁兼容综合防护的规定,定期对防雷装置、元件进行检查、测试和整治。

要加强对电子设备的雷电防护及电磁兼容防护工作,逐步建立雷电预警系统,提高设备抗御电磁干扰能力,减少或防止雷电等自然灾害对设备的影响。

6. 高速铁路有关技术要求

高速铁路信号系统各设备之间相互连接必须满足接口协议的标准,有关单位不得擅自变更。高速铁路信号系统中 CTC、RBC、TSRS、TCC、ZPW-2000 系列、计算机联锁、电源屏、列控车载设备、机房专用空调等设备的供应商应对现场建立 24 h 技术支持及应急响应机制。

7. 提供完备的技术资料

新设备(包括改造后的设备)投入使用前须有操作规程、竣工图纸等技术文件和保证安全生产的办法与管理细则,经过技术测验合格并对有关人员进行培训后,才可使用。

产品和系统投入使用前,供应商应向设备维护管理单位和使用单位提供正式的维护手册、使用手册、说明书等技术资料,数量不少于 6 份。技术资料应规范、完整并装订成册。施工单位应向设备维护管理单位提供成套竣工图纸,数量不少于 6 份。

典型工作任务 2　联锁管理

2.2.1 工作任务

了解联锁的基本要求,熟悉联锁管理的内容、信号联锁管理制度,牢记联锁纪律,掌握联锁试验和计算机联锁管理的方法。

2.2.2 知识链接

1. 联锁的基本要求

联锁是指通过技术方法,使信号、道岔和进路必须按照一定程序并满足一定条件,才能动作或建立起来的相互关系，必须以技术手段实现这些规则。例如：进路空闲、道岔位置正确、敌对进路未建立是车站信号联锁必须遵循的联锁规则，继电集中联锁是通过继电器电路来实现的，计算机联锁是通过采集执行器件状态使用软件运算来实现的。

(1)确保联锁关系正确是信号设备设计、制造、施工、维护应遵循的基本原则

该原则要求车站信号、区间闭塞、驼峰信号、机车信号、道口信号、行车指挥和列车运行控制系统，以及信号组成设备、参与联锁的信号产品，在设计、制造、施工、维护各个环节中必须严格遵循。只有从源头到过程严格卡控，才能确保联锁万无一失。

相关单位在进行信号维修、中修、大修及更新改造等工作时，必须严格执行联锁管理规定，保证联锁关系正确。

(2)信号设备机械强度和电气特性是保证联锁关系正确的基本条件

信号联锁与设备机械强度、特性参数有着密切的联系。在设计、制造、施工、维护各个环节中，机械强度、电气特性和其他特性参数均应满足技术标准，反之将导致设备故障和联锁错误，严重的会导致联锁失效。

(3)联锁错误或失效将直接危及行车安全

联锁错误或失效将直接危及行车安全，因此，其在设计时必须满足"故障—安全"的要求。

(4)信号联锁设备必须符合"故障—安全"原则

必须满足《技规》《铁路信号设计规范》，以及铁路有关行业标准的要求。对于信号设备维护部门，"故障—安全"原则重点是防止设备在运用过程中，由于设备机械强度、特性参数发生变化和变更电路结构而出现违背"故障—安全"原则的情况。信号设备常用的"故障—安全"原则主要有：采用"故障—安全"设备，冗余防护，信号降级措施，电路采用N型（重力式）继电器（当采用非安全型继电器时，应采用有效的防护措施），断线、混线、短路或接地防护，轨道电路瞬间分路不良产生非安全后果等。

2. 联锁管理的内容

信号联锁管理是信号技术管理的重要内容。信号设备维护及各类工程改造必须严格执行联锁管理的有关规定，严禁擅自改变电路结构、变更联锁软件、修改基础数据等。

信号联锁管理工作主要包括：日常联锁管理、工程验交联锁管理、联锁关系(电路)变更、信号联锁软件变更，以及科研项目试验的联锁管理等。

(1)日常联锁管理

日常联锁管理指信号设备在日常维修过程中的联锁管理。

(2)工程验交联锁管理

工程验交联锁管理指各类信号工程(包括大中修、基建、更新改造)施工全过程的联锁管理。

(3)联锁关系（电路)变更联锁管理

联锁关系（电路)变更联锁管理指信号维护和施工过程中变更联锁图表、电路图、信号显示方式及器材规格等的联锁管理。

(4)科研项目试验的联锁管理

科研项目试验的联锁管理指新技术、新设备、新器材投入运用前进行上道试验的联锁管理。

将列控中心纳入联锁管理。列控中心是CTCS-2级列控系统的重要组成部分，既和联锁

设备存在逻辑关系,又和CTC、信号集中监测存在信息关系。要与信号联锁管理的要求一样,对列控中心也进行严格管理。

3. 信号联锁管理制度

信号联锁管理实行国铁集团、铁路局集团公司、电务段分级管理。铁路局集团公司电务部设联锁管理工程师,电务段设联锁主任(工程师),车间设联锁工程师,负责信号设备的联锁管理工作,实行岗位负责制。

要加强联锁管理人员的技术业务培训,全面加强联锁管理人员队伍建设。信号联锁管理人员和试验人员须经联锁试验资格培训,并取得联锁试验资格证,持证上岗。逐级组织信号联锁试验人员的资格培训。车间联锁工程师及联锁试验人员由电务段负责培训;电务段联锁主任(工程师)由铁路局集团公司负责培训;铁路局集团公司电务部联锁管理工程师由国铁集团负责培训。铁路局集团公司应每两年对电务段联锁主任(工程师)进行一次培训。

4. 联锁档案管理

电务段应建立联锁档案,联锁档案应包括联锁电路图、联锁进路表、工程开通联锁试验记录、联锁修改申请及批复等有关技术资料,以及侵限绝缘、带动道岔、防护道岔、延续进路和技术设备维护过程中的注意事项等资料。基建、工程更新改造工作,凡涉及联锁关系变化的,联锁档案应及时进行修订。联锁档案包括年度联锁试验记录和日常联锁试验记录。

信号联锁设备供应商也应建立相应的联锁档案。

5. 联锁纪律

全体信号工作人员都必须严格执行联锁纪律,杜绝违章封连电气接点等破坏联锁关系的行为。信号设备维护及各类工程改造,必须严格执行联锁管理有关规定,严禁擅自改变电路结构、联锁软件等。

(1)在信号设备上进行试验,变更联锁图表及软件、电路图、信号显示方式及器材规格时按下列规定办理:

①改变主要器材规格、变更信号显示方式、接口规范,改变国铁集团颁布的标准设计,须经国铁集团批准。

②变更信号设备联锁关系、修改电路图及联锁软件、(高速铁路)变更联锁电路接点组,须经铁路局集团公司电务部批准。

③计算机联锁软件功能超出制式检测范围时,应重新进行联锁软件检测。

④变更接点组(不改变联锁条件)、配线图由电务段批准。

⑤电路修改后,电务段应及时修改图纸并存档。

未经规定程序和权限办理审核、批准手续时,任何单位和个人不准进行信号电路和联锁软件的修改工作。

(2)信号设备联锁关系的临时变更或停止使用,须经铁路局集团公司批准。

(3)铁路车站联锁进路,必须符合联锁表的规定,不得存在联锁表规定进路以外的任何进路。

(4)各种监测、报警电路等必须与联锁电路安全隔离,不影响设备的正常使用。

(5)严禁在信号联锁设备上使用无关软件;严禁与其他网络和非专用计算机相连;严禁使用非专用存储介质进行数据导入、导出;未经国铁集团批准擅自扩大用户范围及接入其他系统。

(6)铁路局集团公司、电务段应建立审批、试验和开通把关制度,规定程序审批,不准进行信号电路修改和各类信号软件变更。

(7)防止联锁失效的关键，具体如下：

①防止联锁试验不彻底，造成的联锁失效。

②防止尚未纳入联锁的设备与既有联锁设备连接，造成的道岔错误转动、信号错误开放。

③防止道岔配线错误，造成道岔错误表示。

④防止挤切销非正常折断，造成道岔机械锁闭失效。

⑤防止信号电缆绝缘不良，造成接地、混线。

⑥防止室内外设备状态(位置)表示不一致。

⑦防止电源对地漏电流超标。

⑧防止轨道电路调整不当导致分路残压超标。

⑨防止分路不良管理制度不落实，造成联锁失效。

⑩防止软件(数据)版本不一致或错误使用，造成联锁失效。

(8)发现联锁电路和联锁软件存在问题，电务段应书面通知设计单位和设备供应商，并向电务部报告，重大问题电务部应及时向国铁集团报告。

(9)铁路局集团公司应加强轨道电路分路不良区段管理，坚持定期测试、登记制度，制订严格的卡控措施，落实轨道电路分路不良区段整治工作，确保行车安全。

(10)营业线站场改造工程中，凡所接入或移设道岔，必须按信号过渡工程设计、施工，将道岔表示纳入车站联锁后才可开放相应的信号机。严禁进路有关道岔未纳入联锁时开放信号。

(11)既有设备改造时，相关图纸必须及时修改，确保图纸正确，图实相符。

(12)对信号电路图进行修改时，应在修改处加盖图纸修改专用章，注明修改文号、修改人、修改日期等内容。

(13)信号机械室内拆、改、配线须执行以下规定：

①信号机械室内拆、改、配线作业必须在施工点内或天窗点内进行。

②拆、改、配线作业必须由车间及以上技术人员组织，严禁工区擅自实施。

③拆、改、配线作业必须实行双人卡控、一人作业、一人监控(复核)。

④拆、改、配线作业前必须进行图纸、设备核对，作业后必须进行联锁试验和电气特性测试。

⑤拆、改、配线作业必须按审核批准的施工图纸实施。图纸应由电务段及以上或有相应资质设计部门编制，并经电务段审核批准。

⑥故障处理需在信号机械室内拆、改、配线作业时，必须经电务段调度指挥中心同意，由电务段值班干部盯控。

6. 联锁试验

设备开通前，必须按规定进行彻底试验，试验正确后，才可投入使用。

(1)联锁试验分级

联锁关系检查试验(以下简称“联锁试验”)分为施工联锁关系检查试验、年度联锁关系检查试验和日常维修联锁关系检查试验。

施工联锁试验由电务段、车间负责；年度联锁试验由车间负责；电务段重点参加联锁关系复杂的年度联锁试验；日常维修联锁试验由工区或车间负责。

这里的Ⅰ、Ⅱ、Ⅲ级施工是指电务内部施工。对于铁路局集团公司规定的Ⅰ、Ⅱ、Ⅲ级施工的联锁试验,Ⅰ、Ⅱ级应由电务段负责,Ⅲ级可根据各铁路局集团公司制订的Ⅲ级施工内容由各铁路局集团公司结合电务内部施工确定。

(2)联锁试验管理办法

铁路局集团公司应在联锁管理有关办法中明确试验分工、试验程序、试验方法、试验标准用语及注意事项等。

联锁试验应按车站联锁设备维护相关管理办法规定进行,明确试验负责人,并严格执行专人指挥、专人操作、专人监督的试验制度。

电务段负责的联锁试验,试验方案由段联锁主任(工程师)制订,经主管副段长组织审核并批准后实施;车间负责的联锁试验,试验方案由车间联锁工程师制订,经段联锁主任(工程师)审批后实施。

(3)联锁试验有关要求

①联锁试验必须在天窗内进行。同时影响上、下行正线的联锁试验,必须在垂直天窗内进行。

②联锁试验时应按照《车站联锁设备维护管理办法》规定填写试验记录。试验结束后,有关人员应在试验记录上签字。

③试验中发现的问题应及时解决,无权处理的问题应及时上报,危及安全的应及时采取措施。

④计算机联锁系统应在双套(系)设备同步的情况下进行联锁试验,并应进行同步故障倒机及人工切换试验。

(4)联锁试验纪律

严格执行联锁试验纪律,坚决杜绝联锁试验不彻底和联锁失效。

①各项施工方案及联锁试验项目,电务段技术科必须集体研究,主管段长参加,联锁工程师、技术科长、主管段长联名签字。

②各项施工必须由有资格的联锁工程师进行试验,并有专人进行监护,包括车间Ⅱ级施工。

③所有联锁试验,必须表格化、规范化,所有简化试验程序及项目的技术违章,均列入电务恶性违章范围,严肃处理。

④所有改动配线的故障处理,必须进行规定的联锁试验,经调度确认后,才准销记。

⑤所有施工图纸变更,必须由施工单位、段联锁工程师及技术科长签认,并经设计单位签批。

(5)施工联锁试验

施工联锁试验要区分拆除既有联锁重新安装新设备的试验和既有联锁设备进行局部改造的试验设备联锁试验,包括模拟联锁试验(计算机联锁仿真试验)和开通联锁试验,由电务段联锁主任(工程师)负责。

施工联锁试验有关规定:

①设备开通使用前,施工单位应对联锁电路进行导通试验,达到设备与图纸相符,并确认联锁关系无误后,才可交电务段复查试验。

②电务段在施工单位完成联锁试验的基础上,应首先对配线进行全面核对,做到图实相符,并进行全面的模拟联锁试验;与设备连接后,应进行完整的联锁核对试验。驼峰联锁试验

还应包括模拟溜放和实车溜放试验。

③车站信号设备施工，必须进行全面的联锁试验，确认联锁关系无误后才可开通使用，涉及列车进路使用的设备严禁利用列车间隔进行联锁试验。

④严禁以施工单位的联锁试验代替电务段的联锁试验。

⑤施工验交联锁试验由电务段联锁主任(工程师)负责，按联锁设备维护管理规定要求逐一进行彻底的试验，并认真填写记录资料。

(6)年度联锁试验

年度联锁试验有关规定：

①电务段每年组织进行年度联锁试验、检查核对，并认真做记录。年度联锁试验资料一式两份，由电务段、车间统一保管。

②年度联锁试验内容除允许结合列车运行观察记录的项目外，其他项目必须按联锁试验的相关规定在天窗内进行。

③车间应按联锁试验方案和项目进行试验，试验结果应及时汇总上报。

④年度联锁试验除按有关规定做好试验资料统计上报外，电务段、车间还应填报"信号联锁试验汇总表"。

(7)日常维修联锁试验

日常维修联锁试验是指故障处理、设备损坏修复、设备冗余补强、新技术设备器材上道使用、单项设备整治、更换配线后，涉及联锁电路和联锁关系的项目应进行联锁试验。

这里的设备损坏修复、新技术设备器材上道使用是指不涉及联锁根本、配线变化较少、规模很小的单项设备损坏修复和对联锁影响较小的新设备器材上道使用的联锁试验，如损坏单个变压器箱、电缆盒，更换智能点灯单元、室内器材等。

日常维修联锁试验是检修工作的内容之一，由信号工区负责进行试验。如更换转辙机后的位置核对试验，更换继电器后的排列进路试验，整治信号机配线后的点灯试验，计算机联锁更换输入、输出接口板块等。

(8)高速铁路联锁关系检查试验规定

①故障处理、设备损坏修复、设备冗余补强、新技术设备器材上道使用、单项设备整治、更换配线后，涉及联锁电路和联锁关系的项目应进行联锁试验。

②每年进行一次联锁关系检查试验。

③充分利用CTC、信号集中监测、DMS、列控车载设备、检测车和车务、机务等部门的日常行车信息，定期进行监测和数据分析，检查联锁关系的正确性。

④联锁关系检查试验发现问题应及时解决，涉及系统软件时，电务段应及时按规定联系设计单位、生产厂家进行处理。

⑤联锁软件更换前须完成仿真、模拟联锁试验。

7. 计算机联锁管理

日常工作中，要加大计算机联锁技术管理力度，整体提高计算机联锁装备的技术水平。繁忙干线铁路及其他铁路自动闭塞区段，采用二乘二取二硬件安全冗余结构的系统；健全计算机联锁技术标准；推进二乘二取二计算机联锁国产化进程，试点全电子化计算机联锁，探索工厂化施工方案；建立健全电务段、车间联锁设备管理制度，规范计算机联锁设备的联锁试验和应急处理等管理办法。

(1)计算机联锁设备供应商对联锁软件的安全性终身负责,保证软件联锁关系、数据参数的正确性。

计算机联锁不同于继电联锁,其联锁关系的实现由软件完成。软件的编制依据是研制生产厂商以工程设计单位提供的信号平面布置图、信号联锁图表、特殊站场信号显示关系和设计技术说明书等。联锁关系的正确性和软件的安全性是通过仿真试验验证的。

①计算机联锁系统上道使用前,生产厂商必须取得国家铁路局的行政许可证和国铁集团的制造特许证、制式检测合格证、国铁集团技术鉴定证书或通过国铁集团技术审查。计算机联锁系统制式监测由符合国家法定条件的上海计算机联锁检验站进行,检验合格后颁发制式检测合格证。对于取得制式监测合格证的厂商,由上海计算机联锁检验站提供该型号制式检测装置及监测软件,供生产厂商对出厂的计算机联锁系统进行出厂检测。

②计算机联锁系统实行产品合格证制度,出厂前必须进行安全监测。对产品质量全面监测合格的系统,由制式检测装置生成统一编号"产品合格证标牌"及"出厂检测结果证书",在系统上道后,交由电务段存档,作为检查计算机联锁功能的依据。"出厂检测结果证书"须由出厂检测装置自动打印,人工填写无效。

③计算机联锁软件功能超出制式检测范围时,应重新进行检测,这主要是针对计算机联锁系统研制单位提出的要求。对于系统维护单位来说,修改、升级的软件功能超出制式检测范围时,研制单位须出示制式检测证书,同时存档备案。否则,研制单位不得进行软件修改、升级。

④生产厂家必须落实信号联锁软件(含数据)编制、复核及仿真试验程序,保证联锁关系正确。设备管理单位应落实仿真试验和现场试验验收程序。生产厂家和设备管理单位应严格联锁软件版本管理,确保现场运用版本与模拟试验最终版本一致。

(2)计算机联锁在现场模拟联锁试验之前,电务段应进行全面的联锁仿真试验,并认真做好试验记录。

为确保联锁关系的绝对正确,除研制生产厂商在编制软件时进行的仿真试验外,规定在现场模拟联锁试验之前,由设备维护单位(电务段)按照设计联锁图表再进行一次仿真试验,以防联锁关系存在问题。仿真试验时,电务段可派人在研制生产厂家进行,也可在具备仿真试验条件的现场进行。仿真试验是计算机联锁系统上道使用前联锁关系检查核对的重要环节,电务段必须高度重视,并认真做好试验记录归入联锁档案。不能以模拟联锁试验代替仿真试验。

(3)联锁软件修改由供应商负责。

运用中的计算机联锁软件、硬件需要修改时,如研制生产厂商为完善系统功能对软件进行修改,研制供应厂商必须向所属铁路局集团公司提出申请;站场增加信号机、道岔、分割轨道区段等引起的联锁软件修改,电务段必须向电务部提出软件修改申请。不论是哪方提出的修改申请,由供应商拟定修改方案,说明修改原因、修改内容、影响范围、联锁试验要求等,经电务部批准后才可实施。

(4)软件修改后应进行全站仿真试验,试验正确后才可置入系统,并对修改所涉及的部分进行联锁试验,认真做好试验记录,试验结果须经供应商和电务段双方签认,归入联锁档案。

(5)供应商和电务段均应备份软件。

加强软件版本信息的动态管理,供应商和铁路局集团公司应同时对开通后的计算机联锁软件进行多种形式的备份,备份软件须标注明显的版本信息。

典型工作任务3 技术进步

2.3.1 工作任务

了解技术政策,了解新技术开发、技术革新和技术改造的内涵和步骤。

2.3.2 知识链接

1. 技术政策

技术政策是指导技术进步的纲领、方针和原则,它明确了技术发展的方向。制定正确的技术政策是关系技术发展的重大问题。《铁路主要技术政策》对明确铁路技术发展方向、推动技术进步,起到了积极作用。随着铁路运输事业的发展、铁路产业的技术升级和新技术的开发、应用,原技术取策的某些部分已不适应铁路发展的需要。为了进一步明确我国铁路的技术发展方向,指导技术进步,推动铁路运输、生产、建设的发展,国铁集团根据情况对技术政策进行了补充、修改。

2. 新技术开发

(1)新技术及其开发

新技术是指在一定时空范围内初次出现的技术,或是原来有过而现在经过改进革新在性能上有所突破、有所进步的技术。从广义上说,它不仅包括各种新工艺、新设备、新材料,还包括与之有关的新系统、新管理方法。

新技术是一个历史性的概念,前一时期的新技术随着科学技术的发展,会被更新的技术所代替。同时,它也有空间相对性,有世界范围内的新技术,在一个国家、一个行业、一个企业范围内也有其相对的新技术。

人们在进行科学技术的基础研究和应用研究的基础上,将新的科研成果应用于生产实践的过程称为新技术开发。企业只有依靠新技术开发,不断采用新技术,才能适应经济发展的要求。电务部门是技术密集行业,只有不断开发新技术,才能发挥优势,为铁路安全、扩能、提效,实现现代化创造物质条件。

新技术的开发应用是电务部门的发展重点,应实行“提高与普及相结合,领先技术的试点和适应技术的推广相结合,近期需要与远期发展相结合,立足国内和引进相结合的原则”,真正做到技术上可行,经济上有利,财力上允许,上得去,靠得住,用得起。

新技术开发包括基础研究、应用研究、开发研究、工程技术、制造、推广六个相互衔接的阶段。国家的新技术开发由科学技术部统一规划和领导。铁路的新技术开发由国铁集团科技和信息化部统一规划和领导。铁路局集团公司的新技术开发由总工程师室负责。电务段的新技术开发由总工程师负责。

(2)新技术评价

新技术评价是将新技术与国内外类似的技术进行对比,从社会、经济、技术等方面进行全面审查、综合分析和比较鉴别,为新技术的采用、改进、应用和推广提供科学依据。

新技术的社会评价指新技术的采用、改进、应用和推广是否符合国家的方针、政策和法令,是否有利于国家的安全和防卫,保护环境和生态平衡,是否有利于社会发展、劳动就业、社会福利、人民生活、健康和文化技术水平的提高,以及是否合理利用自然资源。

新技术的技术评价指其应具有先进性、可靠性和实用性。狭义的技术评价是对新技术的技术性能和使用效果进行具体评价,有些指标可做定性分析,如使用维护方便、适用性等;有些指标可做定量分析,如劳动生产率、质量等。广义的技术评价是指在引入和发展一项新技术时,不仅着眼于新技术带来的有利因素,同时还要考虑它所造成的不利影响,特别要查明非容忍性影响,并对其发展进行预测性评价。

新技术的经济评价指采用新技术后是否能带来经济效益。评价时要与原有技术进行比较,要在满足需要、消耗费用、价格指标、时间因素等四方面进行比较。

(3)新技术鉴定

新技术鉴定是指通过对新技术项目的全面审查、测试、对比、讨论,对其技术性能和使用价值做出确切的评价和结论的整个工作过程。

我国采用分级鉴定的方法,按项目的重要性和涉及面大小,分为:①国家鉴定,由科学技术部组织鉴定,特别重大的项目鉴定后报请国务院批准;②部鉴定,由主管部委组织鉴定;③地方鉴定,由省、自治区、直辖市人民政府组织鉴定,或委托所属科委、有关厅(局)组织鉴定;④基层鉴定,由企业、研究设计机构等基层单位组织鉴定,铁路部门由国铁集团、铁路局集团公司、研究院、设计院等组织鉴定。

新技术鉴定的主要工作是:①审查该项新技术的文件资料是否齐全;②对新技术的主要指标和其他指标,由技术鉴定会的测试小组进行反复测试验证和准确记载,如需与国内外同类产品比较,要注意对比对象的可比性、先进性,并写明产品的国家、年代、型号、指标等;③评价新技术的价值,按其在生产使用过程中创造的财富、节约的费用和减少的劳动力、提高的质量等而定;④讨论新技术存在的问题、改进办法和处理意见;⑤需安排投产的科技成果应制定新产品标准草案,报送有关标准管理部门批准试行;⑥向有关部提出新技术推广范围、效果的建议;⑦起草并通过新技术鉴定证书。

经过鉴定的新技术,由组织鉴定的单位发给新技术证书。没有通过技术鉴定的初期成果,不能盲目试用,更不能作为科技成果上报。

(4)新技术推广

新技术推广是对经过试点和科学鉴定,在技术上切实可行、经济上合理的新技术成果,推广为普遍使用的一项技术普及活动。

新技术推广的形式有:①企业在生产过程中推广使用通过技术革新所取得的成果,这是最基本的推广形式;②企业结合生产需要,从国外引进的新技术成果在生产中推广使用,或经消化改进后推广使用;③由国家有组织、有计划地向企业推荐国内外一些新技术成果,再由企业在生产中推广使用。

在推广新技术活动中,一般要做好以下工作:①不断提高操作者的技术水平,发挥新技术促进生产发展的作用;②不断发现和研究新技术的缺陷,使新技术日益完善;③把新技术纳入有关技术标准和技术规程中,这是新技术推广的技术保证;④根据推广新技术的要求,组织好原材料、元器件的供应工作;⑤企业管理工作要有同新技术相适应的改进;⑥分析新技术的技术、经济效果和科学价值,总结新技术推广工作中的经验和教训。

电务部门要积极采用新技术、新材料、新工艺,积极支持新技术开发及现场试验工作。

3. 技术革新和技术改造

技术革新和技术改造是企业挖掘潜力,改进设备,改变技术落后状况,增强生产能力和提高产品质量，实现以内涵为主、扩大再生产、全面提高经济效益的主要手段和重要途径。

(1)技术革新和技术改造的意义

技术革新指生产技术上的不断改进和提高，包括产品设计的改进、生产工具和装备的改进、工艺的改进、原材料的改进等。技术改造则是对生产设备进行改造，使设备和技术装备为之更新。两者是相互关联，不可分割的，都是为了增强生产能力，提高生产技术。

目前，我国铁路现场仍然有些设备陈旧的铁路信号，效率低且不安全，急需更新改造。为了改变这种状况，必须开展技术革新，积极进行技术改造，以改进落后的生产环节，提高设备自动化程度，推广使用新材料、新工艺、新技术，降低消耗，提高质量，提高劳动生产率和经营效益。

开展技术革新和技术改造也是扩大再生产的主要途径，因为从内涵而不是外延上扩大再生产，这是我国，特别是现阶段发展生产的主要形式。事实证明，进行技术革新和技术改造，形成新的生产能力，具有投资省、周期短、收效大的优越性，是提高经济效益的主要途径。

(2)技术革新和技术改造的内容

技术革新和技术改造的内容极其广泛，主要有以下方面：

①产品的更新换代。不断改进老产品、发展新产品是技术改造的重要内容。

②生产工艺的改革。改进工艺，采用新的工艺方法和工艺流程是降低消耗、提高产品质量和经济效益的重要途径。

③设备的改造与更新。设备是现代化生产的物质技术基础，对现有设备的改造与更新是提高生产技术水平的重要环节。

④节约原材料。从改造设备和生产工艺等方面着手，提高能源和原材料的利用率，开展综合利用，采用新型材料和代用品。

⑤工作场地、设施的改进。随着产品的更新换代和工艺改革，要按工艺布置、环境保护和技术安全的要求调整工作场地，改造必要的设施。

(3)技术革新和技术改造的基本原则

①采用适合我国情况的先进技术，进行技术革新和技术改造，必须立足自力更生，大力采用国内的科研成果，同时有针对性地引进急需而适用的国外先进技术。

②社会经济效益在首位，局部利益服从全局利益。在制定、分析与评价技术革新和技术改造项目时，不能只从本身或局部出发，而应从整体(如地区、系统以至整个国民经济)出发，在国家指导下通盘考虑，将社会效益放在首位。

③贯彻“三结合”原则。实行领导干部、工程技术人员、工人三结合，以及改造施工单位、使用单位和设备管理单位三结合。

(4)技术革新和技术改造的组织工作

技术革新和技术改造是影响大、涉及面广的工作，必须把各个环节严密地组织起来，才能取得良好的技术经济效益。

①建立健全组织领导机构

企业的技术革新和技术改造工作应置于企业的技术负责人(总工程师)领导之下，设立日常办事机构(国铁集团科技和信息化部及工电部、铁路局集团公司电务部、段总工程师室)，指定专职人员负责。

②调查研究，制定规划

认真开展企业内外生产技术状况的调查，分析科技新成果、新动向，分析本企业的技术、生产状况,找出薄弱环节。在此基础上,制定企业的技改规划,要把长期规划和短期目标结合起来,有重点、分阶段地逐步改变企业的生产技术状况。

③做好可行性研究和经济效益的评价

为了提高经济效益,要对拟定的技术改造项目及其达到目标的措施、所需投资的资金来源和效益,进行全面的调查研究,通过技术经济论证分析和综合评价,提出可行性研究报告,供决策部门和决策者进行判断、筛选,从中选择最佳方案。评价经济效益是决定技改方案取舍的重要依据,要做到:技术与经济相结合;定性分析和定量分析相结合;当前与长远相结合;局部与整体相结合。

④广泛发动和依靠群众

广大工程技术人员和工人最了解本企业生产技术和设备的状况,也积累了丰富的实践经验,要广泛发动和依靠群众,尊重群众的首创精神,帮助他们总结成果,对任何革新、改造的建议要及时处理。

⑤重视研究试验工作

一切革新、改造项目,都须经过设计、试验、鉴定、推广使用等阶段,技术成熟的项目也要经过试用才能推广。对一切革新、改造措施,都要进行技术经济分析,既要技术先进,又要有经济效益。

⑥妥善安排技改所需资金、设备、材料、设计和施工力量

所需材料设备应尽量利用企业库存物资,无法解决的部分应提出申请,纳入物资分配计划。还要组织好设计、施工力量,以利有计划、有重点地进行技改工作,迅速取得较好的经济效益。

⑦做好技改后出现的编余人员的安置和陈旧设备的处理工作

随着技术改造的进行,生产必然向自动化、专业化方向发展,将会出现一批编余人员,做好这些人员的安置工作是巩固技改成果的重要方面。对拆除的陈旧设备要根据不同情况区别对待,恰当处理,如个别情况予以降级使用、降价处理、利旧利废。

典型工作任务4 标 准 化

2.4.1 工作任务

了解标准的分级、分类,标准化工作的意义、内容和要求,作业标准分类、用途、基本性质和过程、基本关系、制定、贯彻落实。

2.4.2 知识链接

1. 标准与标准化

(1)标准

标准指衡量事物的准则或可供同类事物比较核对的尺度。为了取得国民经济的最佳效果,根据科学技术和实践经验的综合成果,在充分协商的基础上对经济技术活动中具有多样性、相关性特征的重复事物,以特定程序和特定形式颁发的统一规定,叫作标准。标准主要分为技术标准和方法标准。我国的标准以技术标准为主体。

①技术标准和方法标准

技术标准是对技术活动中需统一协调的事物制定的技术准则。它的对象既可以是物质的

(如产品、材料、工具),也可以是非物质的(如程序、方法、图形、符号)。技术标准是人们从生产实践中总结出来的,也是人们在生产活动中必须遵守的准则和技术法规。技术标准分为基础标准、产品标准、辅助产品标准、原材料标准、工艺标准、工艺装备标准。

方法标准是为提高工作效率,保证工作结果必要的准确一致,对生产、技术和组织管理活动中最佳的方法所做的统一规定。根据特性,方法标准可归纳为作业标准和管理标准。

②标准的分级

标准按适用领域和有效范围进行分类,称为标准的分级。我国规定有国家标准、行业标准和企业标准三级。下级标准不得与上级标准相抵触。

国家标准是指对全国经济技术发展有重大意义而必须在全国范围内统一使用的标准,是国家最高级的规范性的技术文件,是一项重要的技术法规。国家标准由国家标准局颁发。

行业标准是没有国家标准而又需要在全国某个行业范围内统一的标准。在公布国家标准后,该项行业标准即行废止。铁道行业标准由国家铁路局颁发。

国家标准、行业标准分为强制性标准和推荐性标准。保障人体健康、人身、财产安全的标准和法律、行政法规规定强制执行的标准是强制性标准,其他标准是推荐性标准。国家标准的代号为 GB。

企业标准是在未公布国家标准和行业标准的情况下,或在保证贯彻执行国家标准、行业标准的前提下,为满足使用要求或提高产品质量指标而补充制订在企业内部执行的标准。它对企业生产技术组织工作具有重要意义,因而需要统一。国铁集团、铁路局集团公司标准就属于这一级。

铁道行业标准的代号为 TB,在文件上编制的形式为:

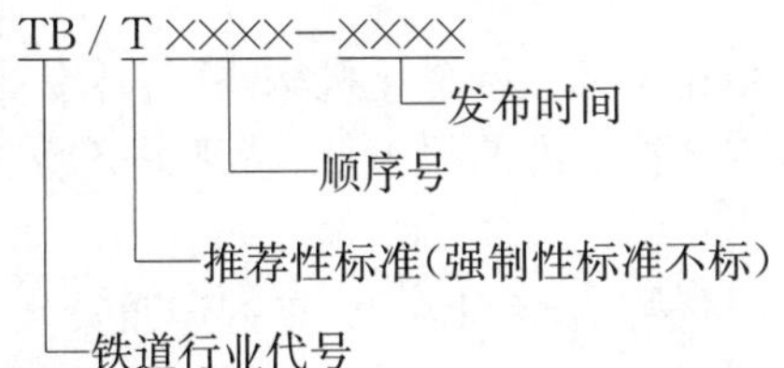

例如 TB/T 1122—2019,是铁道行业标准《铁路信号符号》,其中 1122 是标准的顺序号,发布时间是 2019 年。

企业标准代号为 Q,国铁集团代号为 Q/CR。各铁路局集团公司都有其相应代号。

铁路企业标准编号如下。

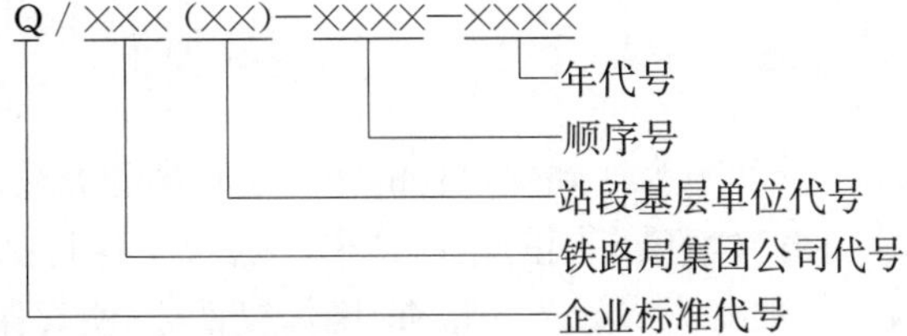

例如,《铁路信号集中监测系统技术条件》(Q/CR 442—2020)是国铁集团企业标准,顺序号为 442,2020 年公布。

在铁路运输系统,各项标准主要由一系列规程、规范、规则、条例、细则、守则或有关制度来规定,例如《技规》是铁路技术管理的基本规程,是铁路各部门在集中统一指挥下必须共同遵守的原则。除了各部门的大量有关设备、产品、运用的技术标准外,还有大量概念标准化方面的名词、术语、符号、代号、标志及计量单位等的标准,方法标准化方面的作业标准和管理、劳保、环境标准等。

铁道行业标准由国家铁路局制定,企业标准由国铁集团和铁路局集团公司制定,基层站段根据本单位具体情况制定的为站段级的标准。上一级标准是下一级的依据,下一级标准是上一级标准在具体条件下的补充。一般来说,下一级标准的要求应高于上一级标准,以保证上一级标准的实现。

(2)标准化简述

标准化是对重复性事物和概念通过制订、发布和实施标准,达到统一,以获得最佳秩序和效益。

①标准化工作的意义

标准化是国家的一项重要技术政策,有助于国民经济的发展。标准化工作是组织现代化生产的重要手段,有利于组织专业化生产,便于协作配套和使用维修。

②标准化工作的内容

从狭义上讲,标准化工作包括产品的系列化、零部件的标准化、通用化。从广义上讲,标准化工作不仅包括技术标准的研究、制订与贯彻,而且还包括标准化作业,标准化管理,标准化政策理论研究,标准化工作方法的总结、宣传与普及推广,以及各标准间的协调等。

③标准化工作的要求

我国的标准大多是强制性的,标准一经批准颁发,即为技术法规,各单位必须严格贯彻执行,不得擅自更改或降低标准。因违反标准而造成不良后果时,根据情节轻重给予处分,直至追究法律责任。

为贯彻执行标准,企业必须建立健全标准化机构,并培养专业标准化队伍。

在贯彻标准化的过程中,应维护标准的严肃性,特别是各级领导要以身作则,模范地遵守和认真执行各项标准。

从事标准化工作的人员,应选择有组织能力、有一定政策水平和技术水平的技术人员担任,要经常进行专业知识培训,不断提高他们标准化工作的业务水平。

所有工程技术人员、工人、管理人员都有责任贯彻执行标准,应教育全体职工认真学习有关标准化的知识,自觉遵守有关规定。

2. 作业标准化

“干标准活,说标准话,上标准岗,交标准班”,这概括地表述了在作业过程中要认真执行标准的思想。

(1)作业

作业是现场职工在一定岗位上为达到规定目的按一定程序和方法进行的各种有目的的活动。铁路运输生产活动中有各种性质不同的作业,电务运营部门则主要是检修作业。检修作业是通过使用仪器、机具和材料等完成设备的检查、维修等任务,使其保持或恢复应有功能。

(2)作业标准及其分类和用途

①作业标准

作业标准是以职工所从事的各种作业为对象而制订的标准,它属于方法标准的范畴。

作业标准是以具有重复特征的作业程序、作业方法及有关事项为对象,以科学、技术和实践的综合成果为基准，经有关方面协调一致，由主管领导批准，以特定形式发布的统一规定。它是现场作业的一种直接依据，每个岗位均制订标准化作业程序。

作业标准的主要内容是作业方法，但也不忽视作业用语、机具设备、作业质量、时限、条件等事项。特定形式指作业标准的形式必须符合有关标准编写格式和程序的规定。

在作业标准化工作中应优先选择重复频率高、作业量大的作业制订标准。对那些具有周期性重复特征的作业更应重视，因其作业标准覆盖率高，效益明显。在生产过程中有时发生一些意外情况，如因自然灾害损坏信号设备、突然停电使信号设备停止工作或发生紧急故障需抢修等，这类事件数量不大，重复率不高，但时有发生，可视为特殊情况下具有重复特征的事件。将这类事件的基本处理程序和方法加以标准化也具有特殊意义。

②作业标准的用途

a. 作业标准中规定的方法是经分析比较和优化，在质量、效率和经济方面最优的方法，据此作业可获得最优效果。

b. 将实际工作中的技术或技巧纳入作业标准，就成为企业的财富，并以标准的形式相传。将某些惯性事故的防范措施纳入作业标准，对后人是宝贵的经验，也属于技术积累。

c. 以作业标准作为教材，其内容和方法稳定可靠，便于现场职工自学，易取得学以致用的效果。

此外，作业标准还为质量管理、维护管理、设备管理等创造了条件。

(3)作业标准化及其基本性质和过程

①作业标准化是研究、制订、实施、评价作业标准的全部活动过程。通过作业标准的实施和作业程序、作业方法的优化等，以求得最佳的作业质量和效率。

作业标准化是一个动态过程，必须统筹其全部活动。作业标准化的核心是作业标准。作业标准化的直接目标是在一定层次上统一和优化作业程序、作业方法。

②作业标准化的基本性质

a. 综合性

作业标准是以科学、技术和实践经验的综合成果为基础的。

b. 变换性

变换性就是将理论、技术、原则、方法等加以研究、吸收、消化，将适用部分吸收到作业标准中。

c. 扩散性

扩散性就是将作业标准向所有同类作业标准化对象扩散，即向适用范围内的大量同类作业扩散。

③作业标准化的基本过程

根据作业标准化活动规律，一项作业标准化活动的基本过程可以分为调查研究、制订作业标准、实施作业标准、效益评价四个阶段，不可忽视其中任何一个阶段。效益评价中发现的问题要相应地向前三个阶段反馈，以提高作业标准和作业标准化活动的质量。

我国铁路一向重视作业标准化。现在，已经有了层次完备的作业标准：适用于基层站段的、适用于铁路局集团公司的、适用于全路的。实践证明，铁路运输生产需要作业标准化。

(4)作业标准化中的几个基本关系

①作业标准化与技术发展的关系

作业标准化建立在科学技术和实践经验的基础上，作业标准内容必须随技术的发展而发展，但由于作业标准化需相对一个稳定的时期,因此,作业标准与技术发展不能总处于吻合状态。

②作业标准构成要素及其关系

任何一项作业标准都有标准对象、标准内容、标准等级三个要素。

标准对象就是要运用标准化原理和方法对其做出统一规定的作业。对一个作业标准对象,可制订若干单项作业标准,以增强针对性,便于贯彻执行。

标准内容就是标准中对什么做了规定和做出了怎样的规定。由于各类作业性质不同及每项标准的目的不同,内容也不同,一般包含用语(术语)、程序、项目、方法、时限、质量、作业条件、机具和材料、作业安全等。较高层次(或等级)的作业标准内容应具有概括力。

(5)作业标准的制订

制订作业标准是开展作业标准化的前提。制订作业标准要按统一、简化、协调、优化原则进行。信号设备标准化作业程序由铁路局集团公司统一制订,并贯彻执行,电务段补充局集团公司规定以外的作业程序。

①制订的过程

a. 为保证作业标准化活动有组织、有计划地开展,应编制作业标准体系表,并编制相关规划。每年据此提出"制订修订作业标准计划",并报上级主管部门备案。

b. 确定组织形式以便确立承担单位,有以下形式:由承担单位负责组织编制小组;委托下属单位编制;由下一层次的标准直接升级为上一层次的标准;直接引进国际标准或国外一些先进标准。

c. 程序作业标准的编制是根据作业标准化工作计划的要求进行的。

d. 标准的文本及有关文件。标准的征求意见稿是向有关方面征求意见的文本,同时应附编制说明,说明编制目的、依据、技术问题的处理等。

标准的送审稿是征求意见后经修改提供标准审查会议的文本,同时应附编制说明、试验验证报告、征求意见及处理汇总表。

标准的报批稿是经审查会议讨论、修改、通过后报上级主管部门审批的文本,同时应附编制说明、试验验证报告、送审意见及处理汇总表、审查会议纪要等。

②标准的形式、内容及样式

标准的发布必须执行国家标准局的统一规定。标准内容及基本要求应参照国家标准局发布的《标准化工作导则　编写标准的基本规定》进行。标准内容一般由概述、正文(技术要求)、补充三部分组成,应按章、条、款、项(如 1、1.1、1.1.1、…)进行叙述,一般不宜超过四级;如不够使用时,可在项上再划分小项。必要时增加附录。

③试验验证

作业标准的试验验证工作是在标准编制或发布前进行的有计划、有组织的具有科学实验性质的活动。试验是在标准制订前或制订过程中,为优化标准进行的活动。验证是在标准制订后为检验标准的适应性和各项规定的可行性,确认其实际效果是否达到预期目标,根据需要安排的活动,目的是认定标准能否发布实施。

(6)作业标准的贯彻落实

作业标准化活动的关键是作业标准的实施。

①加强对标准化工作的领导

a. 建立组织保证体系。要建立自上而下的标准化工作组织保证体系,建立标准化工作组织机构，设置专兼职人员。电务段由一名副段长专门负责领导标准化工作，并成立标准化领导组织，全面负责作业标准的编制、修订、宣传、检查和日常指导工作，分工包干。

b. 制订工作计划。各层次都要制订标准化工作的长期和近期计划，明确作业标准的制修内容、负责单位和负责人及时间要求等；提出作业标准化活动规划；确定安全、质量、效率的递进目标值。

②强化作业标准意识

a. 进行标准化基本知识教育，要使职工了解标准化的目的意义及作业标准化的作用，对标准化工作有完整的认识。这是奠定职工以作业标准来约束个人在生产中的行为的思想基础。

b. 进行作业标准化的法制教育。发布作业标准时，行政主管部门要下正式文件，要求严肃认真地贯彻执行。说明作业标准属于法制性标准，具有约束性、强制性、权威性，无论何人都要以作业标准为作业行动的准则，违反了作业标准，都要根据情节轻重程度受到不同的处罚。

c. 要反复进行劳动纪律和作业纪律教育。保证作业标准的贯彻落实，要制订相应章法，对违纪者要根据情节予以处理，对屡教不改或严重违犯者要采取果断措施，以教育群众。

d. 进行群众的自我教育。要注意教育方式的灵活多样，如开展丰富多彩的宣传活动；建立事故通报和班前预想、班后总结制度；开展作业标准化和安全生产月末大检查；开展达标选优活动；总结推行作业标准化经验等。

③反复贯彻作业标准

a. 学标背标，只有熟知作业标准才能认真执行，因此要做好经常性的标准学习，做到一个程序不漏。一个项目不丢，一个内容不少，一句话不错，一个字不差地背出来。

b. 岗位演练。大力提供干中练、练中干的岗位练功法，建立健全班组演练、车间验收、段评比制度，促进标准的落实。

c. 模拟表演。按作业标准的技术要求，假设或设置简易技术设备，给定符合实际的作业条件，配备规定工种的人数，进行标准化操作表演。通过模拟表演，理论联系实际，使作业人员逐步达到会背、会讲、会干，做到“一口清、一手精”。

d. 定期考核。在实施新作业标准前都要进行考试，至少每半年进行一次作业标准化理论考试和实际作业考核。考核要坚持高标准、严要求，防止搞形式、走过场。对补考不及格者，要撤下岗位，组织脱产学习。

④检查落实作业标准

a. 实行关键点控制

影响和制约作业质量的关键点有关键人、关键班组、关键作业环节、关键作业部位、关键作业时间五种类型，应通过定性和定量分析确定关键点。对关键点的控制方法是：关键人要有专人帮助；关键班组要有分工干部包干，帮助转化；关键作业环节、部位要有抓住要害的控制措施，并落实到人；关键作业时间值班干部必须上岗检查指导工作。

b. 作业质量检查要做到有计划、有组织，形成检查网络

作业质量检查制度一般采用每隔一定时间或空间间隔进行取样的系统抽样方法，有作业系统随机抽样检查制、作业程序随机抽样检查制、关键点随机抽样检查制等。

c. 实行三级动态考核

三级动态考核是以作业标准为主要依据、以作业质量为主体的段对车间考核、车间对工区

考核、工区对个人考核。后者在自检、互检、专检的基础上进行。

d. 实行全面考核

制订作业标准化工作的管理办法,把职工的标准化实绩纳入经济责任制的考核标准中去。

3. 标准化工作

(1)完善各种技术标准和技术条件

必须完善各种技术标准和技术条件,尤其是新设备。

(2)标准化检修基地建设

提高设备运用质量,做好设备源头质量非常重要。在做好厂家的生产工艺和生产质量、加强行政许可和CRCC认证的同时,按照“以电务段为专业修主体”的要求,开展了标准化检修基地的建设,提高轮修器材的出所质量。在专业化、规模化、集中化整合电务段检修基地的基础上,按照设备系统化、流程标准化、管理自动化的要求,建立由检测系统、数据管理系统和终端查询系统三部分组成的“检修基地综合管理系统”,完成设备检修、测试、验收及计划、统计、查询、报警等管理功能,做到全寿命管理和对号、对位管理。加大投入,提高检修基地装备水平,配备各类器材的专用检修、拆卸设施和工具,以高精度、智能化的测试设备控制出所检修质量。标准化检修基地建设已经实施。

(3)标准站建设

在中修工作中积极开展信号设备标准站建设,加快推进设备标准化。各铁路局集团公司根据自己的实际情况,制订设备标准化要求,纳入中修内容,实现设备标准化。

对于其他提速安全标准线建设,制订了提速安全标准线建设标准,内容主要包括安全标准、质量标准、装备标准、整治标准、管理标准五个方面。

典型工作任务5　计 量 管 理

2.5.1　工作任务

了解计量和计量工作的内涵,铁路计量管理和电务段的计量管理,掌握计量单位制、计量技术、计量器具、计量检定、计量法制、计量规章制度的基本知识。

2.5.2　知识链接

1. 计量和计量管理

(1)计量

计量是保证单位统一、量值准确可靠的测量。计量不同于一般的测量,必须是全国范围内保证单位统一、量值可靠准确的测量,以实现产品零部件互换、商品交换和信息交流。

(2)计量工作

计量工作的基本任务是保证全国测量统一,使国民经济实现最佳经济效益,为此要加强计量管理。为保证单位统一,国家规定统一的单位制;为实现量值准确,国家组织建立法定计量单位的计量基准和各级标准;研究科学的测量方法,制订计量器具的检定规程;组织计量技术在生产经济活动中的推广应用,以及组织全国计量网和实施计量器具的强制管理。

企业计量工作是全国计量工作的组成部分,是企业生产和经营活动的重要环节。企业计量工作的内容分为计量技术和计量管理两个相互统一的方面,一般包括:①科学配备和正确使用计量器具;②计量器具的检定;③计量器具的修理及报废;④计量器具的妥善保管;⑤革新计量器具和测量技术;⑥建立健全计量标准;⑦研究解决新产品研制中的计量技术问题;⑧推广应用计量新技术;⑨合理配备计量人员。

(3)铁路计量管理

铁路计量工作由国铁集团科技和信息化部统一归口管理。铁路局集团公司有相应的计量机构或在归口职能机构中设专人统一管理本局集团公司的计量工作。工作计量器具在300台件以上的段,有与生产管理相适应的计量机构,统管本单位的计量工作。工作计量器具单一、分散或不足300台件的单位可在归口职能机构中设专(兼)职人员负责本单位的计量工作。

中国铁道科学研究院集团有限公司标准计量研究所负责铁路专用量具的计量管理及技术工作。铁路专用量具的最高计量标准器由国家计量局考核建立。铁路局集团公司的最高计量标准器及实行强行检定的计量标准器由铁路局集团公司计量机构所在的省、自治区、直辖市政府计量部门考核建立。铁路局集团公司的铁路专用量具的最高标准器由国铁集团与省、自治区、直辖市计量局共同考核建立。铁路局集团公司下属单位的最高计量标准器(包括铁路专用量具的最高标准器)及实行强制检定的计量标准器,由省、自治区、直辖市计量局授权铁路局集团公司考核建立,或由铁路与地方政府计量部门共同考核建立。

(4)电务段的计量管理

电务段应设计量室(工区),配备专职或兼职计量工作人员负责管内计量器具的管理、检定及开展计量检查工作,是本段实施计量法和计量监督的职能机构,主要任务是:

①负责管内各类计量器具的统一管理。

②建立健全各项计量标准器和计量器具的技术档案,并按规定统一编号。

③根据计量检定规程的规定检定计量器具。

④牵头段内计量器具的调拨、调剂、降低、报停、封存、报废,会同有关部门统一办理。

⑤年末按检定周期编制次年的月度检定计划,每月下旬填写“送检通知单”发至各车间,由车间兼职计量管理员按“送检通知单”要求将管内计量器具统一送计量室检修或校对,并负责计量器具的检修,统一办理委外送检送修。

⑥牵头会同技术科定期编制“计量器具配备规划”,并落实款源。同时注意管内调配,以布局合理,最大限度地发挥已有计量器具的作用,避免积压浪费。

⑦制订计量器具的流转检定制度、周期检定制度及使用、维护、保养制度等管理制度,并贯彻执行。

⑧组织各专业仪表的使用培训,教育职工正确掌握仪表使用方法及维护技术。

2. 计量单位制

计量单位制是指对应于某一量制的一组基本单位和导出单位的总体。国际单位制的国际符号为“SI”。我国的计量单位一律采用《中华人民共和国法定计量单位》。

3. 计量技术

计量技术又称测量技术,是为确定物理量大小所进行的实验过程中的技术。它是计量学的组成部分,包括测量方法和测量误差的分析处理。

一切测量都是相互比较的实验过程,有时还包括被测量所需的数据处理。测量方法可分为:直接测量法、间接测量法、闭环组合测量法、基本测量法、比较测量法。

测量误差是测出的结果与被测量的实际值之间的差。按定义方式,测量误差分为绝对误差(测得结果与被测量值之差)和相对误差(绝对误差与用以计算该误差值的被测量之商)。按形成原因测量误差分为:(1)系统误差,是在相同条件下多次测量某一量的过程中每次都同样产生误差,其绝对值和符号或者不变,或者按某确定规律变化的误差部分。凡可用计算方法或实验方法确定的系统误差应通过修正予以消除或减少。(2)随机误差,是在相同条件下多次测量同一量值时,绝对值和符号均无法预计的误差部分。它的出现不可预计,但多次测量有一定的统计规律,如正、负值的误差机会相等,误差值大的出现机会少于误差值小的出现机会。一般取多次测量结果的算术平均值来减少这一误差。(3)寄生误差,是由于未正确进行测量所产生的误差,如读数错误、设备不正常等引起的误差。寄生误差的出现是偶然的,误差值的大小不符合随机误差的统计规律,通过统计运算可发现并剔除之。

4. 计量器具

用以直接或间接测出被测对象量值的量具、计量仪器(仪表)和计量装置统称为计量器具。计量器具是以实物为基础的专用计量工具,有长度、热学、力学、电磁学、无线电、时间频率、电离辐射、光学、声学、化学等各类专门使用的计量器具系列。

(1)计量器具的分类

①按结构分

a. 量具,是以固定形式复现量值的计量器具,有砝码、标准电池、标准电容器等单位器具,毫米分度的线纹尺等多值量和砝码组等成套量具。量具一般没有指示器,或在测量过程中没有可以运动的测量元件,属于被动测量的计量器具。

b. 计量仪器(仪表),是将被测量转换成可直接观测的指示值或等效信息的计量器具,其按结构又可分为:指示式、记录式、积分式、比较式、调节式、自动测量仪器等。它本身不能直接复现某一量值,一般应有转换器将被测量转换为直接观测的指示值或等效信息,属于主动测量的计量器具。

c. 计量装置,是确定被测量值所必需的计量器具和辅助器具的组合体,包括计量仪器(仪表)、量具、测量夹具、测量转换器、辅助设备和电源等。

②按用途分

a. 计量基准,分为国家基准、副基准和工作基准。国家基准是用来复现和保存计量单位,具有现代科学技术所能达到的最高准确度,经国家鉴定并作为统一全国计量单位量值的最高依据的计量器具。副基准是通过直接和间接与国家基准对比来确定量值,并经国家鉴定批准的计量器具。工作基准是经与国家基准或副基准校准或对比,并经国家鉴定合格实际用以检定计量标准的计量器具。

b. 计量标准,是按国家规定的准确度等级作为检定依据用的计量器具。

c. 工作用计量器具,是不用于检定只用于测量的计量器具。

(2)计量器具的性能

①准确度,表示计量器具给出的示值接近被测量的真值的程度。它是计量器具的总的品质,指在规定正常工作条件下的总误差。计量器具可按准确度大小划分等级。

②灵敏度,指计量器具对被测量的变化的反映能力。对于给定的被测量值,灵敏度用被观察量的增量与其相应的被测量增量之商来表示。

③稳定度,指计量器具在规定的工作条件下某些性能随时间保持不变的能力。它是计量

器具的计量性能和使用寿命的重要特征。

(3)计量器具的配备

各单位应根据需要合理选择和配备相适应的计量器具和检测设施。选择和配备计量器具必须根据生产需要,按各生产环节的测量要求,编制计量检测点网络图,并考虑测量效率、测量可靠性、操作方便、维修容易、使用安全等因素,还应根据需要配备计量标准器和必要的测试设备。

5. 计量检定

计量检定指计量人员利用计量标准器对新购置的、使用中的和修理后的计量器具进行一系列实验技术操作,以判断其性能是否符合规定,是否可供使用。计量检定分为周期检定和辅助检定。计量检定必须执行计量检定规程。

(1)周期检定

周期检定是对使用中的计量器具经过一段时期后按有关规定进行的周期性检定。国家计量局在检定有关规程中所规定的检定周期,是计量器具允许使用的最大极限时间。企业应从实际情况出发确定各种计量器具的检定周期,该周期应短于检定规程规定的周期,确定检定周期时应考虑生产的精度要求、使用环境的影响、使用频率程度和磨损程度等影响。制订周期检定计划时应考虑:每季、月生产对计量器具的使用要求,承担检定的计量器具的种类和数量,计量标准送上级计量机构检定的时间,检定力量的适应强度和本地区适宜检定的季节。

(2)辅助检定

辅助检定指对使用中的计量器具除了周期检定外,保证其合格率保持在最佳水平的检定,包括:①入库检定,外购和自制自用的计量器具需经检定合格后才可入库保存;②发放检定,入库半年以上及超过检定周期的计量器具须再检定合格后才准发放使用;③返回检定,借用的计量器具交还后须经检定合格才准再借出;④修后检定,不合格的计量器具须经修复并检定合格后才能交付使用;⑤现场检定,对高精度设备和关键工艺流程上使用及固定安装的计量器具,根据需要和可能在现场检定;⑥临时检定,计量器具在有效使用周期内发生故障须进行临时检定,以确定其是否准确可用;⑦仲裁检定,因计量结果发生争执的双方要求计量机构对计量器具进行技术鉴定时的检定;⑧强制检定,为保证某些计量器具,如与人民生活、健康、安全有关和用于计量能源的计量器具准确可靠,由计量管理部门规定进行的检定。铁路局集团公司所属基层单位对内部使用的强制检定计量器具申请授权检定,由省、自治区、直辖市计量局授权铁路局集团公司考核确定或由铁路局集团公司与地方政府计量部门共同考核确定。

6. 计量法制

计量法制是国家在计量方面制订、颁布的具体法律、法令和法规性的正式文件及其组织实施。加强计量法制,对实现计量活动的国家监督,保证国家计量制度的统一和全国量值的准确可靠,保障社会生产的正常进行,促进科学技术进步,具有重要作用。

计量立法的指导思想是从我国实际出发,在总结国内外实践经验的基础上,实行"统一立法,区别对待,合理分工,各尽其责"的原则。计量工作都要受法律的约束。企业内部建立的各项最高计量标准须向各地政府计量管理部门备案,其准确度高于或相当于国家计量标准的须事先经国家计量管理部门审批。

为了维护国家计量法制的严肃性和应有的约束力,计量立法还规定有法律责任,对违法及因计量工作管理不善、失误,给生产造成损失的单位和个人,根据情节严重程度给予惩处,对计量工作做出贡献的应予奖励,以保证计量法律、法令、法规真正发挥作用。

7. 计量规章制度

为保证计量工作的正常进行,企业各级领导和有关人员必须严格遵守计量法律、法令、条例、规程、实施细则和其他有关规定,建立健全各项规章制度。

(1)计量人员岗位责任制

计量人员岗位责任制是指企业计量管理人员、检定人员、调整修理人员的职责和履行自己职责必须遵守的各项规定。计量人员应由热爱本职工作、积极钻研技术业务、工作踏实、具有相当文化程度的人员担任。各单位计量人员的配备应与本单位生产经营管理相适应。

计量管理人员应在企业负责人或总工程师的领导下,在上级计量部门指导下,组织贯彻执行计量工作的政策、法令和有关规定,建立各项计量管理制度并监督检查执行情况;组织计量人员及时检定或修理计量器具;向主管领导和上级计量部门反映计量工作的情况和存在问题,推广计量人员先进的检定或修理经验等。

计量检定人员指经上级计量部门考核合格、持有计量检定证件的人员(铁路上使用频率、电平、衰减的计量检定人员由国铁集团电务试验室考核发证)可独立从事检定工作,有权签发检定合格证。计量检定人员应严格执行国家计量法令和技术法规;维护和正确使用计量基准、标准仪器,做好计量检定、修理、测试工作;按检定规程检定计量器具;深入班组处理生产中的测量技术问题;对违反计量技术法规造成的损失或引起的争端,有权提出仲裁的技术依据。

计量器具调整修理人员指承担计量器具调整修理的工作人员,负责计量器具的调整、修理等工作,保证调修质量并做好调修记录;向计量器具使用人员宣传使用、维护、保养知识,注意保证计量器具的准确可靠;修理后的计量器具经自检合格后要交检定人员检定,不能直接交使用者使用。

(2)计量实验室制度

计量实验室是保存计量标准仪器设备和计量人员从事检定、修理,进行精密测量和有关工作的场所。高精度的计量仪器设备应按检定规程的要求在符合条件的环境内保存和进行工作。实验室内的温度、湿度要符合规定,远离振源,并有防震、防尘、防干扰、防腐蚀措施;室内应保持清洁卫生;应建立仪器保管和使用制度、检定校核制度、技术资料档案制度。未经批准的非计量人员不得进入实验室。

(3)计量器具管理制度

对使用单位,计量器具管理制度主要是使用中的计量器具检定制度。

项目小结

电务部门应加强安全基础建设,强化技术管理,严格执行规章制度、技术标准和操作规程,认真落实标准化作业程序,保证行车、设备及人身安全。

信号联锁管理是信号技术管理的重点,贯穿于信号大修、中修、维修及基建更新改造工作的全过程之中,要把联锁管理当作信号技术管理的首要任务。各级电务部门必须高度重视联锁管理工作。信号设备维护及各类工程改造,必须严格执行联锁管理有关规定,严禁擅自改变电路结构、联锁软件等。通过加强信号联锁管理,坚决杜绝联锁试验不彻底和联锁失效问题。

标准化是组织现代化生产的重要手段,标准化工作是现代企业管理的基础工作之一。

计量水平反映了一个国家在一定时期内的科学技术和经营管理水平。计量工作是国民经济一项综合性的技术基础工作，它对于促进技术进步具有重要意义。计量管理是技术管理重要组成部分。

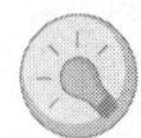 复习思考题

1. 信号技术管理有哪些基本要求？
2. 为何要实施设备产品认证制度？如何实施？
3. 对信号技术装备有哪些相关规定？
4. 对联锁管理的基本要求有哪些 ？
5. 联锁管理包括哪些内容？
6. 有哪些联锁纪律？为什么要严格执行联锁纪律？
7. 联锁试验如何分级？对联锁试验有哪些要求？联锁试验纪律有哪些？
8. 对施工联锁试验、年度联锁试验、日常维修联锁试验各有哪些规定？
9. 对计算机联锁管理有哪些规定？
10. 何谓技术进步？包括哪些内容？
11. 何谓新技术？新技术开发包括哪些内容？
12. 技术革新和技术改造有何意义？包括哪些内容？
13. 何谓标准？技术标准和方法标准各包括哪些内容？标准分为几级？如何分级？
14. 何谓标准化？标准化工作有何意义？包括哪些内容？有哪些要求？
15. 何谓作业标准？如何分类？有何用途？作业标准有哪些构成要素？为贯彻落实作业标准要做好哪些工作？
16. 何谓计量？它与一般的测量有何不同？
17. 计量工作的任务和内容有哪些？简述铁路计量管理的情况。
18. 计量采用何种单位制？
19. 计量技术有哪些方法？计量器具如何分类？应具有哪些性能？怎样配备计量器具？
20. 计量检定有哪几种？如何进行？计量法制和规章包括哪些内容？

项目3　设 备 管 理

项目描述

本项目介绍设备的分类和编号、信号设备的寿命管理、信号设备的日常管理、信号设备的资产管理、设备的更新改造、新设备的管理等日常管理的规定和方法；介绍铁路信号技术设备履历簿管理和技术图表及业务管理资料管理的规定和方法；介绍对电务信息设备、设备维修协议、信息设备的维护管理权限、信息设备修程、信息设备维护管理、软件管理、计算机与网络安全管理、报文数据管理、电务管理信息系统的规定和方法。

学习目标

了解信号设备的日常管理、设备技术档案管理和电务信息设备管理的规定，掌握信号设备的寿命管理、日常管理和资产管理的方法，了解设备的更新改造、新设备的管理的要求；了解铁路信号技术设备履历簿管理和技术图表及业务管理资料管理的要求；了解电务信息设备维修协议、信息设备的维护管理权限、信息设备修程、信息设备维护管理、软件管理、计算机与网络安全管理、报文数据管理、电务管理信息系统的规定。通过学习，掌握设备管理的知识，具有初步从事设备管理的能力。

典型工作任务1　设备日常管理

3.1.1　工作任务

了解设备的分类和编号、信号设备的寿命管理、信号设备的日常管理、信号设备的资产管理、设备的更新改造和新设备的管理的有关规定。

3.1.2　知识链接

1. 设备的分类和编号

(1)设备的分类

根据国家规定，企业设备一般分为生产设备和非生产设备。生产设备又分为主要生产设备和非主要生产设备。根据铁路运输生产的特点和信号设备的情况，又可按工艺、使用和管理三种属性进行分类。

①按工艺属性分类

每种设备都能承担某种独特的技术操作，按这种操作的工艺性质的归属进行分类称为工艺属性分类。这种分类法便于观察和分析设备的性质及其构成情况。

按工艺属性，信号设备分为：

a. 运输生产设备，指直接用于运输生产的设备，包括车站联锁、区间闭塞、道口信号、调度指挥、机车信号、列车运行控制、驼峰控制设备等。

b. 机械设备，指对原材料进行机械加工的设备，包括金属切削机床、冲压、锻造设备、木工加工设备等。

c. 仪器仪表与试验检验设备，包括电工仪器仪表、电子测量仪器、材料试验设备及各种专用检修机具等。

d. 动力设备即产生动力、变控、传输和供应动力的设备，如电动机、供电变压器等。

e. 不属于上述四类但属于固定资产的其他设备，如交通运输工具及生活福利、印刷、消防用的设备。

②按使用属性分类

按生产和非生产的使用属性来划分设备称为使用属性分类。这种分类法主要用来区别和反映企业生产装备的规模、能力和水平。

a. 生产用设备，指直接用于生产的设备及辅助生产和为生产过程服务的设备。

b. 非生产用设备，即不直接用于生产的设备，如行政管理、文化教育、生活福利、基本建设等方面的设备和装置。

③按管理属性分类

按管理属性分类，即按设备在企业管理中所起的作用分为，固定资产和低值易耗品。凡单位价值在 5 000 元以上、使用年限一年及以上、在使用过程中保持原有物质形态的设备列为企业的固定资产。

下列情况例外：设备价值虽低于 5 000 元，但仍属于主要生产设备，应列为固定资产。使用年限较短、数量较多、更换频繁的设备，虽符合固定资产条件，但不列入固定资产而作为低值易耗品。同型号、同规格的低值易耗品，虽然由于各种原因使单价达到固定资产限额，也按低值易耗品管理。

(2)设备的编号

为了避免设备之间的混淆，便于设备的登记、统计和管理，对企业的所有设备进行分类编号，其方法由各主管部门统一规定。

国铁集团按设备的结构和性能，将设备分为十四类，其中通信信号设备为第四类，机械动力设备为第七类，运输设备为第八类，仪器、仪表为第十一类，工具及器具为第十二类，其他固定资产为第十四类。

信号设备又分为联锁设备、闭塞设备、机车信号、列车运行控制、驼峰控制、行车调度指挥、道口信号、信号集中监测等。每项设备再按固定资产名称分类，如闭塞设备分为自动闭塞、半自动闭塞、自动站间闭塞等。

2. 信号设备的寿命管理

(1)信号设备、器材实行使用寿命管理

设备、器材的寿命分为自然寿命和技术寿命。自然寿命也称使用寿命，指设备从投入使用到报废的全部时间。延长设备的自然寿命，可通过掌握其磨耗规律，做好设备的使用、维修工作，提高设备的制造质量等途径来实现。技术寿命也称有效寿命，指原设备的自然寿命虽未结束，但由于更先进合理的新设备的出现，使原设备被淘汰，从设备投入到由此而淘汰所经历的时间。

寿命管理主要是掌握使用期限和刚要失去机能的时机,其方法有:规定寿命、全数检查、抽样检查及综合方法等。规定寿命是在设备安装前事先规定额定寿命,在刚达到额定寿命时进行更换,在此以前不需判断其是否达到寿命期的一切检查。对因数据不足、不能定量掌握寿命的,就不得不根据检查结果判断其是否因老朽接近于丧失机能。这种检查也要在估计接近于老朽期,也可在装设以前不进行检查,经过一段时间后进行抽样检查。根据检查结果,进行必要的全数检查、修理和更换。有条件的应尽量采用寿命管理方式。

使用寿命期限按产品标准执行,已达到寿命期的信号设备和器材不得继续上道使用。这绝不是说电子类设备、器材使用寿命为 10 年,机械、电磁类设备、器材使用寿命为 15 年,更不能产生以铁路信号维护相关规则寿命管理一栏内的年限为寿命期的错误认识。铁路信号维护相关规则中的年限是指寿命管理期限,不是设备、器材的寿命期。寿命管理期限是设备反复修理达到的使用寿命年限,达到该年限的设备、器材必须进行强制报废。如无极加强继电器电寿命次数为 20 万次就是寿命期,而寿命管理期限为 15 年,超过电寿命次数必须入所进行修理,更换不良配件,才能达到寿命管理期限。在没有继电器动作次数记录的情况下,根据现场运用经验,合理确定设备器材检修周期,进行入所检修,确保设备器材使用不超过本身的寿命。

主要信号设备、器材寿命期限见表 3.1。

表 3.1 主要信号设备、器材寿命期限

设备类型	设备、器材	寿命(年)	设备类型	设备、器材	寿命(年)
机械继电器材	安全型继电器	15	TCC	工业控制计算机	8
	变压器、整流器、接触器	15		其他模块、板件	15
	断路器	15	显示器、打印机	显示器	5
	智能点灯装置	10		打印机	5
	道岔外锁装置及杆件	15		绘图仪	5
	插接式阻容件	8	空调	工业空调	8
	融雪加热条	8	网络设备	协议转换器、路由器	8
ZPW-2000 设备	室内各种盘(器)	15		集线器、交换机	8
	调谐单元、匹配变压器、空芯线圈	15		防火墙	8
	调谐区轨道等阻引接线	8		其他网络设备	8
	补偿电容	5	调度集中 CTC	驱动板、采集板、I/O 板、CPU 板	15
	通信柜模块、接口板件等	15		电源模块、通信板、接口板	15
	其他室内外器材、配件	15		其他模块、板件	15
计算机联锁	驱动板、采集板、I/O 板、CPU 板	15		服务器、工业控制计算机	8
	电源模块、通信板、接口板	15		PC 计算机	5
	其他模块、板件	15		其他设备、器材	5
	工业控制计算机	8	RBC、TSRS	通用服务器	8
TCC	驱动板、采集板、I/O 板、CPU 板	15		电源模块、通信、接口板	15
	电源模块、通信板、接口板	15		其他模块、板件、单元	15
	LEU	15	电源系统	各种电源模块	15
	计算机(VC)	15		蓄电池组、3 kV·A 以下 UPS 电源	5

续上表

设备类型	设备、器材	寿命(年)	设备类型	设备、器材	寿命(年)
电源系统	其他配件、模块、单元	15	列控车载设备	速度传感器	2～4
列控车载设备	车载安全计算机(VC)	10		DMI 整机	4
	各种控制单元	10		专用继电器	6
	蓄电池	2		雷达	10
	轨道电路信息接收模块 (轨道电路信息读取器)	10		其他设备、器材	按高级检修规程执行

(2)主要设备和器材实行统一回收、集中销毁制度

加强对报废信号器材的管理,防止废弃器材流入铁路信号市场。特别是安全型继电器,属于严格控制管理的重要信号产品。国铁集团工电部对报废继电器统一回收做了如下规定:

①严把继电器采购关

各铁路局集团公司要建立严格的铁路信号安全型继电器采购制度,凡不是定点生产厂家生产的产品,一律不得采用,否则发生故障和事故,要追究单位和个人的责任,性质严重的追究法律责任。

②建立严格的运用管理制度

对运用中的继电器必须逐台建立台账,要有入所检修次数记录,为实行寿命管理积累数据。同时,不得将报废继电器随意处理给个人或单位。

③加强报废继电器的管理

报废继电器由国铁集团指定的单位统一回收、集中销毁,任何单位和个人均不得随意处理。

3. 信号设备的日常管理

信号设备、器材、配件的管理、报废、更新和补充按照有关规定执行。

(1)信号设备、器材、互换配件必须逐台建立台账

设备台账应准确反映设备类型、数量、安装位置、使用年限、更换时间、生产厂商、出厂时间及编号等信息。

(2)备用设备的管理

为保证信号设备轮修(互换修)的正常进行和满足应急抢修的需要,必须针对管内运用设备情况,在电务段、车间、工区备用适量的信号设备和器材(含高价互换配件)。现场备用设备按运用设备维护管理。

普速铁路备用数量规定如下:

①轮修(互换修)的设备、器材,按其运用设备、器材总数的 5%备用;驼峰道岔转换设备按运用数量的 30%备用。

②实行故障修和入厂修的器材,按其运用器材总数的 5%备用;机车信号主机、GYK 主机备用量为运用总数的 30%。

③现场应急备用设备、器材每站每种型号备用量应不少于 1 个,道岔转换设备应急备用量,现场车间每种型号备用 1 台,修配车间每种型号应至少备用 1 台。

④TDCS/CTC、计算机联锁、信号集中监测等系统的关键板卡、模块等备用量按运用总量的 10%配备。

⑤特殊道岔转换设备、电源屏、车辆减速器等大型信号设备,电务段应至少备用1套。

⑥其他未明确的、运用数量较少的设备、器材,其应急和备用数量由铁路局集团公司规定。

⑦各类工程在发生新增设备及器材时,应按规定配备设备和器材。

高速铁路信号地面设备备用设备、器材配置原则如下:

①转辙机、安装装置、外锁闭装置、密贴检查器等备品备件应以电务段为单位配置。

②信号整机设备的关键板卡和模块宜以车间为单位,根据整机设备中的关键板卡和模块数量按比例配置。

③应答器、补偿电容、防雷单元等易损设备或器材宜以车间为单位,根据使用总量按比例配置。

④应答器电缆、铝护套数字内屏蔽电缆、铝护套综合扭绞信号电缆等宜以车间为单位,按实际使用最多芯线数配置。

⑤继电器、变压器宜以车站、中继站、线路所为单位,按固定数量配置。

⑥轨道电路发送及接收等电子器材、扼流变压器、调谐匹配单元宜以车站、中继站、线路所为单位,按固定数量配置。

⑦新建的调度中心、无线闭塞中心、临时限速服务器、信号集中监测系统总机应按照通用的服务器或关键板卡进行配置。

⑧配置数量按表3.2执行,其他高速铁路信号设备、器材按现场运用数量的10%配备。

表3.2 主要信号设备、器材备品备件配置数量

序号	备品备件名称	备品备件数量
1	CTC关键板卡、模块(主控板、显卡、接口板、通信模块、通道防雷板等)	按车间管辖范围内整机数量的10%备用
2	计算机联锁关键板卡、模块(CPU板、电源板、通信模块、接口板等)	按车间管辖范围内整机数量的10%备用
3	列控中心关键板卡、模块(CPU板、电源板、通信模块、接口板、交换机等)	按车间管辖范围内整机数量的10%备用
4	电源屏关键板卡、模块(主要的电源模块、控制板、电源板、电压电流采样板等)	按车间管辖范围内整机数量的5%备用
5	信号集中监测关键板卡、模块(电源板、CPU板、主要的采集模块、通信模块等)	按车间管辖范围内整机数量的5%备用
6	道岔转换设备(转辙机、密检器、安装装置、外锁闭装置)	按电务段每类型备用1套
7	轨道电路1(发送及接收等电子器材、扼流变压器)	按每车站/中继站/线路所各1台配置
8	轨道电路2(调谐匹配单元)	按每车站/中继站/线路所各型号各1台配置
9	继电器、变压器、断路器等	按每车站/中继站/线路所每类型配置1套
10	信号易损器材(应答器、补偿电容、防雷单元等)	按车间管辖范围内总量的2%~3%备用
11	应答器电缆、铝护套数字内屏蔽电缆、铝护套综合扭绞信号电缆	按车间管辖范围内实际使用最多芯线数,每车间各200 m配置
12	集中新建的CTC、RBC 、TSRS、信号集中监测系统总机	按有关中心配置1套通用服务器或关键板卡

高速铁路列控车载设备备用设备、器材配置原则如下:

列控车载设备整机每种型号每个维修点备用1套,运用数量40套以上,后续列控车载设备每增加20套,增加应急备用1套;除整机外,常用组匣不少于1套,DMI显示屏、传感器、插接件、接收天线、测速雷达等易损配件每种型号每处(所)不少于2个。

(3)设备、器材的返厂修理

返厂修理的设备、器材,修理时间不得超过 1 个月,修理时间超过 1 个月的,生产厂家应提供相应备品。返厂修复的设备、器材质量由生产厂家保证。

保修期内质量出现问题,生产厂家必须负责维修或更换。部分设备因受工装设备和技术限制,铁路局集团公司根据实际情况可采用委托维修方式。

(4)应急设备、器材的管理

应建立应急设备、器材管理制度和台账,明确备用型号及数量、存放地点及位置等,定期进行检查,保证其处于良好状态。

(5)特殊设备的管理

各种机械、动力、起重、消防设备和压力容器等特殊设备的管理,应严格执行国家和国铁集团的有关规定。

(6)新购设备、器材的管理

新购设备、器材须进行质量验收,合格后才可接收入账。工程所用主要设备和器材,须经电务段外观检查或测试,合格后才可安装使用。

(7)仪器仪表和工具设备的管理

为满足信号维护工作的需要,电务段应根据设备、器材在技术、工艺规定要求,配齐满足生产需要的工装器具、仪器仪表、交通工具等,并按下列规定进行管理:

①配备的仪器仪表和工具设备,其性能、精度等应与设备技术、工艺要求相匹配,并在作业中严格按操作规程执行。

②应建立仪器仪表、工具设备保管制度。

③对于纳入计量管理的仪器仪表,应按规定定期进行计量检定和校准工作,检定、校准应有详细的记录。

(8)国铁集团、铁路局集团公司配备的电务检测车,电务段配备的检修作业车、应急抢修车、器材取送车,以及各种检修机具和仪器仪表等,均应精心维护,保持良好的运用状态。

4. 信号设备的资产管理

设备的资产管理主要指设备的选择、安装、移交、验收、封存、报废等工作。

信号设备、器材及为保证维护需要所配备的检测车、仪器仪表、工装设备、交通工具等是电务部门的重要资产,必须依据有关法规、规章进行实物资产的严格管理。各级应建立设备管理制度,采用现代管理手段,加强设备管理,保证其正常使用。

(1)信号设备在固定资产管理的表现形式

信号设备在铁路固定资产管理上有两种表现形式,一种是面向铁路以信号系统整体形式表现,另一种是面向信号系统的构成以个体形式表现的信号器材。

信号系统包括联锁、闭塞、机车信号、列车运行控制、驼峰控制、调度指挥、道口信号、信号集中监测等。

信号器材包含在信号系统整体形式之中,包括控制台(显示器)、电源屏、计算机终端、信号机、轨道电路发送器和接收器、转辙机、机车信号主机、变压器、继电器等。信号器材一般不单独纳入固定资产管理。

(2)高价互换配件的管理

铁路信号维护工作中,高价互换配件是为信号设备修理而储备(备用)、单位价值在 5 000 元以上、使用期限超过一年且可反复修理使用的互换设备或器材。高价互换配件在购入时作为固定资产核算,在预计可使用年限内按类别计提折旧。

高价互换配件的概念是针对铁路信号维护工作,明确指出的。

高价互换配件的管理、报废、更新和补充按要求,结合电务部门实际,规定如下:

①信号修理高价互换配件,指修理信号设备用互换配件,主要包括电动(液)转辙机、移频发送器、移频接收器、半自动闭塞机、道口控制器、道口报警器、车辆减速器、继电器等,折旧年限为5年。

②针对信号设备专业化和集中修不断发展的特点,铁路局集团公司应结合检修能力和现场的实际需要,合理核定信号设备修理高价互换配件的种类及数量,并根据情况变化及时调整,以提高使用效率。

③高价互换配件应按规定地点妥善存放,电务段负责动态数量台账管理和现场分存的数量管理;电务部应建立技术台账,负责种类和储备定量的核定、修改,并组织对高价互换配件的报废及鉴定;铁路运输企业的计划部门负责补充、更新款源;财务部门负责金额核算。

④符合下列条件之一的高价互换配件,可以申请报废:主要结构和部件损耗严重,无法修复或修复费用过大的;因事故或自然灾害造成严重损坏,无法修复的;因能耗过大或环境污染超过标准,无法改造,继续使用得不偿失的;因技术进步被淘汰,不能继续使用的;国家强制报废的;因运输设备转型等,造成该类高价互换配件无使用价值和转让价值的;法律、法规规定的其他情形。

(3)信号固定资产的启用、调拨、移设、封存、报废

信号固定资产的启用、调拨、移设、封存、报废由铁路局集团公司负责,调拨的固定资产应保持完整,有关附属设备、备件及技术资料应一并调拨,不得拆用。

5. 设备的更新改造

设备在日常运行过程中,零部件的磨损及性能变化将直接影响设备的运用质量和生产效率。随着科学技术进步,性能更完善、效率更高的新设备不断涌现,设备陈旧化的速度越来越快。因此,设备更新改造是生产发展的要求。

(1)设备更新改造的意义和内容

由于科学技术的发展,不断涌现新设备,在这种情况下如果企业不能及时更换陈旧的设备,就不能取得较好的技术经济效果。为了经常保持设备的现代化水平,必须十分重视设备的更新改造。这已成为保证企业生产发展和扩大再生产的必不可少的条件。

(2)设备更新改造的内容

设备更新指用较先进、较经济的设备代替不能继续使用的或从技术经济上衡量不宜继续使用的设备。确定设备是否更新,既要考虑其自然寿命,又要考虑其技术寿命和经济寿命。

在设备的使用后期,由于其老化必须支付较多的维修费用以维持其使用寿命,这种根据维修费用所决定的寿命称为经济寿命。

在设备更新工作中要先做好调查工作,根据实际情况和需要制订更新计划,以有计划、有步骤、有重点地安排设备的更新,并注意克服薄弱环节,力求提高企业的生产能力。要将设备的更新和现有设备的技术革新、技术改造结合起来。设备更新资金主要来源于企业固定资产的折旧资金,还可从生产发展基金中筹集。对替换下来的设备应妥善处理,充分利用其残余价值,区别情况予以安排。

设备改造是指对设备进行技术革新,实质上是设备的局部更新。在进行设备改造时要采取

慎重态度，经过技术经济论证和反复试验，确有把握后才能进行。要从生产需要出发，从薄弱环节入手，要注意学习国内外已推广应用的新技术，从现有设备的实际情况出发，结合本企业的生产特点努力创新。设备改造要坚持自力更生的方针，注意专群结合，充分调动群众的积极性。

(3)信号设备的更新改造

随着铁路的发展，信号设备进行着大规模的更新改造，项目很多，主要有：

铁路电气化改造时信号设备的适应性改造，主要是将交流连续式轨道电路改造为 25 Hz 相敏轨道电路。

遇有铁路提速改造、修建双线、扩能改造、电气化改造、设备大修时，将继电联锁改造为计算机联锁、ZD6 系列转辙机改造为 S700K 型、ZDJ9 型或 ZY(J)7 型转辙机、普通电源屏改造为智能电源屏、透镜式色灯信号机改造为组合式色灯信号机等。

根据统一自动闭塞的要求，自动闭塞由三显示改造为四显示，将其他制式改造为 ZPW-2000 系列移频轨道电路。

单线铁路扩能改造时，增加计轴设备，将半自动闭塞改造为站间自动闭塞。

根据相关部门的安排，进行机车信号低频信息码改造，于 2006 年全路实现了机车信号信息的统一，使得机车信号车载设备在我国铁路成为通用设备，不受地域、线别限制，可以在全路范围灵活运用。同时，机车信号在事实上已经成为行车凭证，成为行车安全重要装备，对机车信号车载设备又全部进行了 JT_1-CZ2000 型改造。

在提速改造中，轨道电路电码化由切换方式改造为叠加方式。

在建设 TDCS 时，对调度监督进行入网改造。

在进行编组站现代化改造时，将半自动化驼峰改造为自动化驼峰。

6. 新设备的管理

随着信号设备发展，新设备大量上道使用，必须规范电务新设备上道管理。

(1)严格执行行政许可的规定，未经技术审查、企业认定、产品认证的设备绝对不允许上道使用。

(2)及时制定维护管理标准，完善规章制度，做好技术培训。

例如，对于列控设备，必须加强管理，确保动车组安全运行。①要按建设全路统一的应答器数据管理系统，为列控数据管理、列控数据下载和统计分析提供技术平台。扩大列控动态监测装置安装范围，并纳入信号集中监测体系，保证列控设备良好运用。②要完善应答器报文管理。电务部是铁路局集团公司应答器报文管理责任主体，应设专人负责对应答器报文进行管理，健全管理制度，比照联锁软件进行报文管理。电务段是应答器报文使用单位，应设专人负责管内应答器报文读写，严格执行有关应答器报文的管理规定。③认真做好动车组 ATP 设备维护管理工作，完善出、入库联检工作机制，根据运用情况和动车组三级修程做好月(年)检修、库检测、日接送。与相关电务段和 ATP 设备厂家签订代维协议，厂家健全技术支持机制，确保 ATP 正常运用质量。

典型工作任务 2　设备技术档案管理

3.2.1　工作任务

了解铁路信号技术设备履历簿管理和技术图表及业务管理资料管理的有关要求和方法。

3.2.2 知识链接

1. 铁路信号技术设备履历簿管理

铁路信号技术设备履历簿是全面反映铁路信号设备、器材状况的基础台账,是记载电务设备数量及运用状态的重要资料。铁路局集团公司电务部、电务段要高度重视,应指定专人负责铁路信号技术设备履历簿管理工作,设备变化后应及时订正,保证准确完整。铁路信号技术设备履历簿按机密资料保管。

铁路信号技术设备履历簿及有关图表每年修订一次。电务段于1月底前编制一式两份报电务部,电务部审核汇总后,于2月底前报国铁集团工电部。

(1)电务技术设备履历簿的主要内容

电务技术设备履历簿主要包括信号组织示意图(电务段、车间、工区等机构的分布、管界示意图及其人员数量),信号、联锁、闭塞装置示意图(包括管内各种信号、联锁、闭塞设备的类型及数量示意图),自动闭塞区段信号设备示意图(管内自动闭塞区段信号设备的类型及数量示意图),各种主要信号设备数量表及按规定上报的技术图表(包括管内各站信号联锁图表、信号设备平面示意图、信号电路图册等)。

对于高速铁路,电务段应按照一车一档建立列控车载设备技术履历。列控车载设备技术履历应准确反映列控车载设备类型、主要技术参数、检修情况等。

(2)编制原则

①凡管内有固定资产卡片和电务部门维护的全部运用和备用设备均应填入数量表;电务机械设备及仪表每台价值5 000元以上的统计填写,不足5 000元的不做统计。

②填写数量、规格等应正确,切实反映管内设备运用状况,各分类项目的顺序、内容应与汇总表一致;设备命名、分类应与铁路信号维护相关规定一致。

③为统计方便,各种信号设备应按一定的换算方法和折算系数折合为道岔组数。换算办法按国铁集团文件规定,折算系数按国铁集团规定或各铁路局集团公司修订的系数,由各段进行计算后填入表内。

④图表中反映数量的计量单位、图例均应符合国铁集团统一规定。

(3)修订方法

电务段应经常掌握管内设备动态,及时做好设备变更记录,作为年度修订或编制技术履历簿的依据,按验交技术资料进行全面调查后才能编入履历簿,做到设备数量、图纸与现场实际完全相符。修订时由修订者盖章,五年后归档保存。

(4)送审手续

铁路信号技术设备履历簿及有关图表每年修订一次。电务段于1月底前编制一式两份报电务部,电务部审核汇总后,于2月底前报国铁集团工电部。

(5)具体要求

①做好信号设备履历簿的制作

要在完成“信号站场平面图”的基础上,高质量地完成“五图一表”的制作,进一步增加履历簿的信息量,提高实用性,不断提升设备管理水平。

②提高准确性,确保图实一致。要通过加强履历簿管理,促使技术管理的精细化,不断提高履历簿数据的准确性。

电务部门各级机构应建立健全设备管理台账和技术档案，及时修订技术资料和图纸，保证图纸完整、图实相符，并积极采用计算机技术进行管理。现场信号技术图纸、设备台账、履历簿、基础数据应适时更新。

2. 技术图表及业务管理资料管理

铁路信号设备投入使用前，建设单位、施工单位、生产厂家必须向设备接管单位移交竣工资料、配套的系统或设备技术资料、开通运用必需的备品备件、仪器仪表、维修工器具、交通工具等。技术资料包括使用说明、维护手册、图纸等。

电务部门各级机构应具备规定的技术图表及业务管理资料见表3.3，信号技术资料、图纸必须保持准确、清楚、完整，并与实际设备相符，电务部门各级机构应妥善保管。设备发生变化时，应及时修订图纸和技术资料。新出厂和调拨动车组的列控车载设备须经铁路局集团公司验收合格后，才可办理交接手续，应随动车组进行设备履历的交接。新造动车组出厂时还应随车移交使用说明、维护手册、图纸等技术资料。

表3.3 信号技术资料及图表

序号	资料及图表名称	应备单位及数量				备注
		工区	车间	段	局集团公司	
1	联锁图表	1	1	2	1	铁路局集团公司档案馆存
2	信号电路图	1	1	2	1	铁路局集团公司档案馆存
3	信号配线图	1	1	2		
4	信号楼设备平面示意图	1	1	2		
5	站场平面设备示意图	1	1	2	1	
6	双线轨道电路示意图	1	1	2		
7	信号电缆径路图	1	1	2		
8	信号联锁闭塞装置示意图	1	1	2	1	绘制管内示意图
9	自动闭塞区段信号设备示意图	1	1	2	1	成段绘制管内示意图
10	信号设备管辖示意图		1	2	1	绘制管内示意图
11	信号设备建筑限界	1	1	2	1	见铁路信号维护相关规则的表格
12	信号设备台账	1	1	2		见铁路信号维护相关规则的表格
13	道口信号示意图		1	2	1	绘制管内示意图
14	网络拓扑结构示意图	1	1	2	1	绘制管内示意图
15	网络通道示意图		1	1		
16	软件(数据)管理台账		1	1		
17	信号集中监测采集电路图	1	1	2		
18	电源屏说明书	1	1	2		
19	计算机联锁特殊设计说明	1	1	2		
20	列控车载设备原理图	1	1	2	1	
21	联锁、CTC、列控、CSM等系统的维护和操作手册	1	1	2	1	
22	行车安全数据网络图	1	1	2	1	

普速铁路的车间、工区应备有下列业务管理资料：

(1)《铁路技术管理规程(普速铁路部分)》。

(2)《铁路交通事故调查处理规则》。

(3)《普速铁路信号维护规则　技术标准》。

(4)《铁路电务安全规则》。

(5)《普速铁路行车组织规则》。

(6)信号设备图册及设备使用说明。

(7)管内各种道岔安装装置及外锁闭装置图册(车间)。

(8)电缆径路图。

(9)信号设备建筑限界资料(保存1年)。

(10)信号显示距离资料(保存1年)。

(11)设备质量鉴定资料(保存1年)。

(12)电气特性测试资料(保存2年)。

(13)信号设备检修标准化作业程序。

(14)信号事故、故障原始记录资料(保存2年)。

(15)上级颁发的规章制度、命令、标准及其他技术资料。

高速铁路的车间、工区应备有下列业务管理资料：

(1)《铁路技术管理规程(高速铁路部分)》。

(2)《铁路交通事故调查处理规则》。

(3)《高速铁路信号维护规则　技术标准部分》。

(4)《铁路电务安全规则》。

(5)《高速铁路行车组织细则》。

(6)高速铁路信号设备检修标准化作业程序。

(7)信号设备图册及设备使用说明。

(8)管内各种道岔安装装置及外锁闭装置图册(车间)。

(9)电缆径路图。

(10)信号设备建筑限界资料(保存1年)。

(11)信号显示距离资料(保存1年)。

(12)设备质量鉴定资料(保存1年)。

(13)电气特性测试资料(保存2年)。

(14)信号事故、故障原始记录资料(保存2年)。

(15)上级颁发的规章制度、命令、标准及其他技术资料。

3. 列控车载设备履历管理

新造和调拨动车组的列控车载设备须经电务段验收合格后，才可办理列控车载设备交接手续，设备履历应随动车组交接。新造动车组出厂时，列控车载设备制造企业还应随车移交使用说明、维护手册、图纸等技术资料。

典型工作任务3 电务信息设备管理

3.3.1 工作任务

了解电务信息设备管理的规定和方法,包括《技规》等对铁路信息系统的规定、电务信息设备的组成、设备维修协议、信息设备的维护管理权限、信息设备修程、信息设备维护管理、软件管理、计算机与网络安全管理、报文数据管理、电务管理信息系统的组成。

3.3.2 知识链接

1. 铁路信息系统的有关规定

(1)铁路信息系统是铁路运输生产和经营管理的重要手段。信息系统的建设应坚持统一领导、统一规划、统一标准、统一资源、统一管理的原则,做到资源集中、互联互通、信息共享、应用集成、业务协同、安全可靠。新建和改建的铁路建设项目应同期建设配套的信息系统,并同期交付使用。国铁集团、铁路局集团公司信息化管理部门负责信息化建设与管理,信息、技术部门负责信息系统的运行维护工作;站、段由信息技术部门或专职人员负责信息系统的运行维护工作。

(2)铁路电务信息设备必须具备高可用性、高可靠性。

服务器端设备、网络设备和不间断运行的客户端设备等应具有高可用性和高可靠性,采用冗余和备份配置,采用监控诊断、数据备份与恢复、安全防护等技术措施和设备;应提供7×24 h技术支持与维护服务,保证系统安全可靠运行。设备的功能、性能和容量应满足当前需要并考虑适量预留。

(3)铁路信息系统投入使用前应按规定进行严格的测试、评审。投入使用后的系统变更及应用软件修改应按规定程序审批、测试、验证,并建立档案实行版本管理。

(4)铁路信息系统网络按应用分为安全生产网、内部服务网、外部服务网。

禁止安全生产网和内部服务网直接与互联网联接。安全生产网、内部服务网和外部服务网之间,实行安全隔离。禁止外部服务网用户和设备直接访问安全生产网、内部服务网资源。

(5)铁路信息系统的数据应保证安全、真实、准确、完整、有效,并建立数据的保存、备份、查询和销毁制度。

应确定合理的数据保存周期。重要数据的备份应异地存放。

(6)铁路信息系统的机房建设应符合国家相关标准,机房温度、湿度、防尘、防火、防雷、防电磁、防静电应达到有关标准。应采用机房专用空调。采取机房环境及电源监控手段,对机房的温度、湿度、空调、UPS等状况进行统一监控,设置机房门禁系统。重要机房UPS、空调设备应冗余配置,采用一级负荷供电满足运用及检修需要。信息配线及设备间应按机房标准建设。

(7)铁路信息系统运行维护工作包括:运行调度、系统监控、网络维护、设备维护、软件维护、数据维护、技术支持和资产管理等。

应实行预防性维修、适应性维修,配备必要的检测设备和工器具。建立完整的技术文档和台账。

应建立运行维护体系,制定运行维护管理制度,实施专业化运维管理。软件纳入资产管理。重要信息系统停机检修和系统切换应制定严密的实施方案,做好风险评估和应急预案,并履行报批手续。投入运行的铁路信息系统设备不得兼做新项目的开发、测试环境。

2. 电务信息设备

铁路电务信息设备主要包括 TDCS、CTC、CTCS、CSMIS(电务管理信息系统)、信号集中监测系统等,是用于铁路运输生产和管理且不间断运行的设备。铁路电务信息系统是集计算机技术、现代控制技术与数据传输技术于一体的综合控制和管理系统,是铁路信息化的重要组成部分,具有数字化、网络化、智能化、综合化的特点。

直接涉及行车安全的 TDCS、CTC、CTCS 等系统,在系统工作的连续性、安全性、可维护性等方面,必须满足如下要求:

(1)分别组网,自成体系(指硬件、软件及网络传输通道),封闭运行,严禁与其他系统直接联网,不得在车站层面向其他系统开放接口。

(2)防止系统在使用过程中,发生网络传输中断和设备故障对运输生产安全的影响,TDCS、CTC、CTCS 应具备冗余功能,局部故障不能影响到整个系统的使用。

(3)与其他系统共享信息需要联网时,为确保系统的运行安全,须采取技术手段进行安全隔离,不得直接接入网络。

(4)重点做好维护人员和开发人员的计算机使用管理,防止病毒带入网络。

(5)完善网管系统功能,网络管理要增加设备及应用程序状态监督、软件版本管理、应用数据流量监督、通信传输质量监督等功能。

3. 列控设备

(1)列控设备供应商

列控设备供应商必须具备生产资质,必须对设备及其软件、数据准确性、可靠性和安全性负责。列控设备供应商必须落实高速铁路信号列控软件编制、复核及仿真试验程序,建立相应的档案及综合仿真平台,保证软件、数据正确。设备管理单位应履行仿真试验和现场试验验收程序。供应商和设备管理单位应严格列控软件、数据管理,确保现场运用版本与仿真试验最终版本一致。

(2)列控地面设备

①列控地面设备的维护

列控地面设备的维护工作实行铁路局集团公司、电务段分级管理。铁路局集团公司应制定列控地面设备运用维护管理实施的细则。

列控地面设备维护人员实行岗位准入制度,按高速铁路岗位培训规范进行岗前资格培训,使其具备必要的安全生产知识,熟悉有关安全生产规章制度和设备技术标准,掌握岗位安全操作技能、设备维护测试方法、作业标准、日常故障处理、数据分析等技能;培训考试合格取得"高速铁路岗位培训合格证书"后,才能上岗从事相关维护工作。

列控地面设备的安全完整性等级应达到 SIL4 级。设备开通验收时设备管理单位必须进行全面测试和试验,测试、试验合格,验收通过后才能办理交接,开通设备。

列控地面设备维修实行日常维护和集中检修。凡影响系统设备使用的检修作业,必须在天窗内进行。电务段应制订设备标准化检修作业程序、故障处理程序、应急抢险预案并报铁路局集团公司备案。

为保证列控系统设备的正常运行和满足应急抢险的需要,在电务段、车间、工区备用适量的设备和器材。单件备用设备器材数量不低于设备运用数量的 10%。

无线闭塞中心、列控中心、临时限速服务器设备检修应安排在垂直天窗下进行。

②信号安全数据网的维护管理

a. 信号安全数据网应满足 SIL4 相关安全设备的应用需求，应符合《轨道交通 通信、信号和处理系统 第1部分：封闭式传输系统中安全相关通信》(GB/T 24339.1—2009)标准。

b. 信号安全数据网 IP 地址由铁路局集团公司电务部统一管理，应封闭或拆除各终端的光驱、软驱，屏蔽多余的 USB 接口。

c. 应利用设备的端口安全策略，闲置端口应关闭，网络端口应与固定 IP 地址绑定，应使用交换机本身的密码保护机制对交换机进行设置。

d. 应采取有效措施防止非授权用户通过网络、Web、串口等各种方法对设备进行配置修改、安全设定修改。

e. 对网络的设置和管理工作应通过授权的终端对网络设备进行操作。

f. 信号安全数据网维护实行日巡视、故障修相结合的维修模式。信号安全数据网日巡视包括各种设备的运行状态(包括各种指示灯显示、插接状态及其局部温度和异味等)、网管终端的各类维护报警提示、网络运行状态等。

(3)列控车载设备

①列控车载设备的维护

列控车载设备实行国铁集团、铁路局集团公司和电务段三级管理。铁路局集团公司电务部、电务段应设相应列控车载设备专职管理岗位，负责列控车载设备专业技术管理、设备维护等工作。

列控车载设备的安全完整性等级应达到 SIL4 级。列控车载设备一、二级检修应结合动车组一、二级检修同步进行，检修工作内容及作业标准按相关规定执行。

列控车载设备车间或维护工区应设置专人负责车载设备数据分析工作，负责动态监测数据、运行数据的分析管理，对数据进行建档管理、汇总分析。

列控车载设备运行数据必须分类、分时有序存放，妥善保管。运行数据保存 1 个月，故障数据和试验数据至少保存 1 年。

对列控车载数据分析发现的列控地面设备、通信系统设备等问题，应及时通知相关部门分析处理，形成闭环管理。

动车组安装列控车载设备用速度传感器的轮径值变化时，车辆部门以正式书面通知形式及时通知属地电务部门修正轮径值，轮径值修改应执行双人确认制度。

列控车载设备车辆和电务的结合部分工界面，按相关规定执行。

配属铁路局集团公司电务段是列控车载设备维护管理的责任主体，电务段应与动车运用交路终到和折返的电务段签认代维协议，明确双方维护、报修、故障处理、数据下载等方面的责任。相关电务段应按委托协议执行。

②列控车载设备的高级检修

动车段可设置列控车载设备高级检修车间，负责列控车载设备的高级检修工作。

列控车载设备高级检修应结合动车组高级修程同步进行。列控车载设备高级检修须纳入动车组高级检修一体化管理流程。具备高级修能力的动车段应具备列控车载设备检修房屋和场地，满足列控车载设备检修、检测工装及备品备件存放和测试、试验需要。

对于高级修周期间隔为 60 万 km 的动车组，列控车载设备与动车组进行高级修的关系见表 3.4。

表 3.4 列控车载设备与动车组进行高级修的关系

动车组修程	三级修	四级修	三级修	五级修	三级修	四级修	三级修	五级修
列控车载设备修程	—	三级修	—	四级修	—	三级修	—	更换达到 10 年寿命期间的设备或进行评估

对于高级修周期间隔为 120 万 km 的动车组,列控车载设备与动车组进行高级修的关系见表 3.5。

表 3.5 列控车载设备与动车组进行高级修的关系

动车组修程	三级修	四级修	三级修	五级修
列控车载设备修程	三级修	四级修	三级修	更换达到 10 年寿命期间的设备或进行评估

动车组五级修（CRH2 型、CRH380A、CRH380AL 型动车组第二次五级修）时,设备寿命如不满 10 年,设备更新改造顺延至下一个高级检修修程,本次按照四级修标准执行。

列控车载设备高级检修采用插件板、模块、电缆等配件更换修的方式。发现故障或状态不良部件时由列控车载设备高级检修的承修单位通知列控车载设备高级检修的送修单位,经送修单位同意后原则上才可同步更换。

动车组在主机厂进行高级检修,安装的列控车载设备检修由具备资质的专业维修机构(含设备供应商)实施;动车组在动车段进行高级检修,安装的列控车载设备检修由动车段属地的电务段实施。

列控车载设备运用检修的测试设备应满足运用检修和故障处理需要。

③列控车载设备更新改造评估

铁路局集团公司组织相关部室、电务专业技术人员组成列控车载设备更新改造评估小组,开展列控车载设备延期更新改造的评估工作。

评估工作在列控车载设备到更新改造周期的前一年进行。

电务段于每年 7 月份前,向铁路局集团公司提报次年列控车载设备更新改造申请,铁路局集团公司评估小组制订评估计划,组织对达到寿命期的列控车载设备进行更新改造评估工作,并形成评估报告,评估报告应有明确的评估结论和有效期。

评估后,电务部依据评估报告,提出列控车载设备更新改造建议,并报铁路局集团公司主管部门。

对延期更新改造的列控车载设备不能超过两次评估。

(4)作业纪律

①在列控设备上进行试验或采用革新项目,变更列控数据表、电路图及器材规格时按下列规定办理:

a. 变更主要器材规格、改变国铁集团颁布的技术标准设计,须经国铁集团批准。

b. 修改列控车载主控软件版本,须经国铁集团批准。

c. 变更列控数据表、修改电路图及列控地面软件,由铁路局集团公司批准。

d. 修改列控参数配置由电务段批准。

e. 列控电路、数据修改后,电务段应及时修改更新图纸、列控数据表及备用软件报文并存档。

②列控设备车地控制关系的停止使用(故障除外)或临时变更,须经铁路局集团公司批准。

③各种监测、报警电路等必须与列控电路安全隔离,不得影响设备的正常使用。未经国铁集团批准,不得随意借用列控条件。

④未经规定程序审批,不得进行列控电路和列控关系修改。

⑤防止列控失效应重点注意如下几点:

a. 防止列控试验不彻底,造成的列控失效。

b. 防止地面数据测量错误。

c. 防止地面发码错误。

d. 防止动车组轮径修改错误。

⑥发现列控电路、列控数据和列控软件存在问题,电务段及时向电务部报告,由电务部书面通知设计单位、设备管理单位和设备供应商,重大问题应及时向国铁集团报告。

(5)列控试验

①列控试验的组织

列控试验分为列控静态试验和列控动态试验,施工时由电务段组织进行。Ⅰ级施工列控试验由电务段负责;Ⅱ级施工列控试验由车间负责。电务段负责的列控试验,试验方案由段列控工程师制订,经主管段长审核后实施;车间负责的列控试验,试验方案由车间联锁工程师制订,经段列控工程师审批后实施。

铁路局集团公司应明确列控试验分工、试验程序、试验方法、试验标准用语及注意事项等。

列控试验应按有关规定进行,明确试验负责人,并严格执行专人指挥、专人操作、专人监督的试验制度。

列控地面设备的列控静态试验必须在天窗内进行。同时影响上、下行正线的列控试验,必须在垂直天窗内进行。

列控试验时应填写试验记录。试验结束后,有关人员应在试验记录上签字。

试验中发现的问题应及时解决,无权处理的问题应及时上报,危及安全的应及时采取措施。

②列控地面设备施工验交的列控试验的有关规定

a. 设备开通使用前,施工单位应对列控电路进行导通试验,达到设备与图纸相符,确认列控关系无误后,方可交电务段复查试验。

b. 电务段在施工单位完成列控试验的基础上,应首先对配线进行全面核对,做到图实相符,并进行规定的列控静态试验。

c. 所有规定的列控静态试验完毕后,还应根据施工的复杂情况进行列控动态试验。

d. 严禁以施工单位的列控静态试验代替电务段的列控静态试验。

e. 施工验交列控试验由电务段列控工程师负责,按规定的项目逐一进行彻底的试验并认真填写试验记录。

(6)列控数据

①列控数据管理

列控数据由列控基础数据、列控工程数据表(简称工程数据表)、列控设备配置数据(含报文)等组成。

列控数据管理由铁路局集团公司、电务段和生产厂家负责。铁路局集团公司电务部是列控数据管理的主管部门,列控数据的日常维护管理由电务检测所负责;列控设备配置数据日常维护由电务段负责。

RBC、TSRS、TCC、应答器报文等设备数据参数的修改,须经铁路局集团公司电务部批准。

铁路局集团公司电务部应在工程数据表正式启用前,提前导入 DMS。

运营过程中列控基础数据的局部变更,须经铁路局集团公司主管部门审核批准并由铁路局集团公司正式发布。

列控数据文档(列控基础数据、列控工程数据表、列控设备配置数据等)由铁路局集团公司电务检测所统一保存,电务段只能存储经电务检测所确认的最新版本的列控设备配置数据文件。

大修工程中,应答器报文由生产厂家编制及负责首次写入,并将正确的报文提供给铁路局集团公司电务部。

②运用中应答器报文写入

报文由铁路局集团公司电务检测所提供,报文写入由电务段负责完成。

报文写入前,电务段应向铁路局集团公司电务部提出申请,并说明写入原因,批准后才可进行。

铁路局集团公司电务检测所根据电务段提供的应答器安装位置和编号,传送对应的报文至电务段或授权电务段使用备份报文。

电务段完成报文写入后,将报文修改正确的确认信息报铁路局集团公司电务检测所。

大修工程中,应答器报文由生产厂家编制及负责首次写入,并将正确的报文提供给铁路局集团公司电务部。

4. TDCS、CTC 系统

(1)TDCS/CTC 系统的维护组织

TDCS/CTC 系统维护管理实行国铁集团、铁路局集团公司、电务段三级管理。

国铁集团工电部是全路 TDCS/CTC 系统的业务主管部门。工电部电务试验室负责国铁集团 TDCS/CTC 中心系统的维护管理,并指导全路 TDCS/CTC 系统维护工作。

铁路局集团公司电务部是铁路局集团公司 TDCS/CTC 的业务主管部门。铁路局集团公司 TDCS/CTC 中心机房所在地应设立 TDCS/CTC 系统维护机构,维护机构一般设置在电务段,也可设置在铁路局集团公司。

电务段是 TDCS/CTC 系统的维护单位,应设置专业技术主管人员。

(2)调度集中的维护机构

TDCS/CTC 系统维护机构应配备具有高、中、初级技术职称的维护人员,负责软、硬件维护和值班工作,铁路局集团公司可根据实际情况进行人员配置。

TDCS/CTC 系统维护专业技术人员应具有相应的信号、计算机、网络和通信等专业技术知识,熟悉系统各种设备工作原理和应用软件,经主管部门考核合格后,才准上岗工作。

TDCS/CTC 系统维护机构、车间应配备满足检修需要的备品备件、工具(含软件)、机具、仪器仪表和交通工具。

(3)TDCS/CTC 系统的变更

CTC 软、硬件变更应按规定程序办理。系统接入、扩容和局部改造时,应由铁路局集团公司组织系统供应商、设计等单位进行方案审查。

以下四种情况须报国铁集团工电部审批：铁路局集团公司对国铁集团及相邻铁路局集团公司间通道变更；扩大 CTC 用户范围；超出 CTC 技术标准范围扩展功能；其他系统使用 CTC 信息。

新建、大修或更新改造 TDCS/CTC 设备和通道标准必须满足 TDCS/CTC 系统技术标准，配备的设备不得低于 TDCS/CTC 系统技术标准中规定的基本配置。

凡其他信号设备基建、大修和更新改造涉及 CTC 时，必须同步设计、同步施工、同步开通。

TDCS/CTC 系统正式投入运行前，应组织进行接口数据仿真试验和系统功能验证。系统功能验证包括电务功能验证和运输功能验证。各种试验、验证资料需参加人员签字确认并由设备管理单位存档备查。

(4)TDCS/CTC 系统的软件

TDCS/CTC 系统的软件由系统供应商提供，并负责全寿命期维护。

TDCS/CTC 系统的软件日常维护以系统供应商提供的软件维护手册为依据。

TDCS/CTC 系统的软件必须妥善保管，不得擅自修改，防止出现数据或软件丢失、扩散和病毒侵害。

TDCS/CTC 系统维护机构、电务段应建立 CTC 软件台账，包括软件名称、版本号、来源、日期和用途等内容。

TDCS/CTC 系统软件备份不少于三套，由维护机构、电务段技术科和车间分别保管。备份软件由系统供应商负责提供。备份软件必须与实际使用的软件一致。

(5)TDCS/CTC 系统的网络

TDCS/CTC 系统应采用网络安全技术，构建由安全管理中心支持下的计算环境安全、区域边界安全、通信网络安全构成的三重防护体系结构。

TDCS/CTC 系统在与其他系统交换信息时，应采用安全可靠的网络隔离设备和措施，确保系统网络安全和信息安全。

TDCS/CTC 系统应采用物理方式断开光驱、软驱，屏蔽 USB 接口。

加强存储介质和接入终端安全管理。各种数据存储介质和调试终端在接入网络前必须经专用计算机查杀病毒，确认无病毒后，才可使用。维护机构、电务段应配备专用的 U 盘（或移动硬盘）用于系统有关数据、软件的复制，数据、软件的复制只能在系统维护终端上进行，复制前必须对专用存储介质进行杀毒。

(6)TDCS/CTC 系统的维修

TDCS/CTC 系统实行预防修和故障修的维修方式，系统核心设备可实行委托修。

TDCS/CTC 系统应有可靠的防雷设施，硬件设备在保修期内由系统供应商免费维修。

TDCS/CTC 设备及器材实行使用寿命管理，超过使用寿命期限的设备、器材不得继续上道使用。

TDCS/CTC 系统应建立机房管理制度和人员安全管理制度，加强机房管理，规范维护人员行为，杜绝因人为因素可能导致的系统故障。

(7)TDCS/CTC 系统的应急管理和故障处理

铁路局集团公司应建立 TDCS/CTC 系统应急管理制度，制订和完善应急预案，明确应急处置机构和职责。铁路局集团公司电务部负责日常故障处理和应急处置的协调管理工作，定期组织开展演练。

铁路局集团公司应制订故障处理流程。TDCS/CTC设备故障时,电务部、电务段应及时组织处理,并做好故障记录,应包括故障时间、故障地点、故障设备名称、故障现象和故障原因等内容,实行闭环管理。

TDCS/CTC设备及相关设备故障处理应按规定办理登(销)记手续,及时组织处理,涉及TDCS/CTC中心设备故障应及时报告电务部负责人组织处理。恢复使用前,应进行相关功能测试,验证良好后才可交付使用。

5. 信号集中监测系统

信号集中监测系统维护管理实行国铁集团、铁路局集团公司、电务段三级管理。

凡信号设备基建、更新改造时,信号集中监测系统应同步设计、同步施工、同步开通。

信号集中监测网络是独立封闭运行的网络,严禁擅自扩展监测网络、加设终端和安装无关软件。

(1)信号集中监测系统软件管理

①信号集中监测系统软件及数据维护以监测厂家提供的软件维护手册为依据,日常维护由电务段负责。

②系统运行环境与软件开发测试环境应分开管理,严禁在运行系统中直接进行软件调试。

③信号集中监测系统软件程序和数据配置文件应由厂家向电务段提供在用版本的备份两套。电务段应妥善保存软件程序和数据配置文件的备份,并及时更新。保存的有效软件必须标明软件的使用地点、设备名称、路径、设备中软件版本号、更新日期等信息。

④监测厂家应建立软件版本管理制度,保证提供的备份软件与现场实际使用一致。

⑤现场需要更换信号集中监测系统软件时,应按管理权限进行软件变更审批后,才可实施。

⑥防病毒软件是信号集中监测系统的信息安全设施,必须保证其良好运用,每月进行病毒库升级。

(2)监测数据管理

信号集中监测数据是信号设备故障分析的重要依据,各级集中监测设备使用和维护人员应对集中监测数据进行保密,不得删除、泄露数据。

信号集中监测一、二级报警信息及相关数据应在电务段中心服务器自动保存1年。信号设备故障时的集中监测数据应保存5年,并做好故障现象说明。

信号集中监测系统维护、故障处理、软件升级时,应及时备份信号集中监测数据。

(3)信号集中监测系统运用维护管理

铁路局集团公司应制定信号集中监测系统运用维护管理办法,明确工作职责,规范运用管理,管好、用好信号集中监测系统。信号集中监测信息分析内容及周期由铁路局集团公司制定。

信号集中监测系统实行预防修、故障修和关键设备委托修的维修方式,保证设备正常运用。车站站机、段调度指挥平台终端要24 h不间断开机运行。

6. 电务管理信息系统(CSMIS)

CSMIS是铁路信息化的组成部分,是电务管理现代化的主要标志,是加强电务管理、改善维修手段、提高工作效率和管理水平的重要保障,是进行电务生产力布局调整、深化修制改革、增强设备安全保障能力、提高设备安全监控水平、实现铁路电务发展的重要技术支撑。

(1)CSMIS 的功能

CSMIS 是以信号设备维护为核心，集安全管理、设备管理、技术管理、经营管理和通信管理于一体，覆盖国铁集团、铁路局集团公司、电务段(含车间、工区)三级的管理信息系统。系统按电务段、铁路局集团公司两个管理层进行信息自下而上的过滤、汇总，最终上报国铁集团。CSMIS 主要服务于电务安全指挥、设备维护管理、成本和人员管理，为各级管理人员提供科学决策依据，CSMIS 用以提高和促进电务生产安全管理、改善安全监控手段、深化维修体制改革、提高工作效率和日常管理水平，以保障电务运力资源的优化配置和降低电务生产成本为目标，实现电务系统管理手段由制约型向适应型转变、模拟技术向数字技术转变、计划修向状态修转变。

(2)CSMIS 的业务

按照电务管理的业务性质，CSMIS 可划分为安全管理、设备管理、技术管理、经营管理和通信管理等业务。安全管理主要完成对信号设备故障、机车信号故障要令、通信设备故障等信息的登记录入、查询、统计和上报。设备管理主要完成秋季设备鉴定信息等的登记录入、查询、统计和上报。技术管理主要完成信号设备履历簿以图形方式对各电务管理层管内信号设备进行可视化查询、统计和管理，并由图形数据自动生成信号设备履历簿。经营管理主要实现电务部门日常办所涉及的各类信函、通知、通话记录、电子邮件等函件的起草、发放、回复、查询等。通信管理针对管内设备的通信运用状况进行登记并逐层上报、汇总、管理，同时自动生成清算报表。

(3)CSMIS 的主要子系统

生产管理子系统主要实现日常生产、安全问题分析，安全问题查询、日常管理等功能。

安全调度管理子系统主要实现调度日志、信号设备故障管理、天窗修管理、施工管理、事故管理、应急抢修预案、事故管理、通信设备故障、会议电视管理等功能。

设备动态监测管理子系统主要实现站场设备监测、区间设备监测、电气特性测试等功能。

设备维护管理子系统主要实现信号设备履历管理、电务器材管理、联锁管理、维护计划、技术资料管理等功能。

工程项目管理子系统主要实现招投标管理、计划管理、进度管理、质量管理、工程财务核算等功能。

培训考核管理子系统主要实现人员的素质状况查询、试题库、培训管理、职工考核等功能。

辅助决策子系统主要实现安全决策、维护决策、采购决策等功能。

信息发布子系统主要实现职工培训信息、电务公告、电务安全信息发布等功能。

通信管理子系统主要实现业务受理、业务统计、通信资费、设备台账、无线电管理等功能。

7. 软件及数据

软件及数据的准确性是高速铁路信号系统安全运行的前提和保障，铁路各管理及作业人员应高度重视、加强管理、精心工作，确保软件及数据正确、完整、有效。

(1)软件及数据管理

铁路局集团公司应按照铁路信号产品的有关运用管理办法，并根据各铁路局集团公司实际情况制定相应软件及数据管理办法，建立相应管理考核机制和工作制度、作业标准。作业人员应严格遵守软件及数据管理各项规定，对违反规定而引起软件及数据错误、延误和行车事故的，应追究责任。

(2)软件工作制度

供应商应按相关规定设置设计开发、验证确认和安全质量验收的独立部门并建立相应工作制度;铁路局集团公司、电务段应建立审批、试验和开通把关制度。

设备软件更新、变更由生产厂家负责,设备软件须检测合格。

软件及数据实行版本号管理,统一版本号命名规则及格式。软件由系统生产厂家集中统一建档管理并妥善保管,同时做好软件及数据参数的备份工作。铁路信号设备生产厂家应对软件的安全性终身负责,保证软件联锁关系、数据参数的正确性。

运用中的设备软件更新、变更和配置参数修改实施前,应向铁路局集团公司电务部提出修改申请及修改方案,经铁路局集团公司电务部批准后才可实施。

电务段要建立软件版本管理台账,做好运用过程中软件版本的跟踪管理和在用软件的备份工作。

严禁在铁路信号各系统上使用无关软件;严禁信号系统与其他网络和非专用计算机相连;严禁使用非专用存储介质进行数据的导入导出;严禁未经国家集团批准擅自扩大用户范围及接入其他系统。

加强专用计算机外部接口管理,必须采用物理方式断开用户终端光驱、软驱,屏蔽 USB 等接口。

8. 信息安全

铁路信号系统信息安全主要涉及信号安全数据网、CTC 网络、信号集中监测网络、列控设备动态监测装置(DMS)、列控车载设备管理信息系统(ATPMIS),以及各网络上连接的信号设备、服务器、应用终端、维护终端等设备。

(1)对于信号系统网络的要求

铁路信号各子系统应独立成网、封闭运行,安全数据网络、CTC 网络、集中监测网络均应独立运行,不同网络之间不允许连接。信号子系统之间或与其他信息系统确有必要进行信息交互时,按国铁集团有关文件要求执行。

铁路信号各子系统建设必须严格执行国铁集团文件和标准要求,做好信息安全防范措施。对信号系统的服务器、网络终端设备,系统和主要软件应设置安全密码,杜绝空口令、弱口令。

铁路信号各子系统应做好封堵和修补系统、数据库、中间件、应用层的漏洞,升级安全补丁,防止系统被攻击和入侵。

未经设备维护管理单位授权,设备供应商不得擅自修改系统配置和数据,不得对外泄漏有关信息;并应及时升级信息系统软件、防病毒软件,以提高系统安全性。

设备供应商发现系统安全隐患应立即报告设备维护单位,并及时处置。

铁路信号系统设备之间以及与其他系统接口的通信数据应有详细的日志记录,便于维护及故障分析。

铁路信号各子系统硬件更换和软件修改时,设备供应商应保证设备的安全策略配置统一,安装好防病毒软件,按规定流程实施。

(2)铁路信号系统设备台账、账号口令管理

①各类密码设置应具有安全性、保密性,不能使用简单的代码和标记。

②密码应定期进行修改,如发现或怀疑密码遗失或泄露应立即修改,并在相应登记簿上记录用户名、修改时间、修改人等内容。

③服务器、路由器等重要设备的超级用户密码由运行机构负责人指定专人设置和管理存档并登记。

④系统维护用户的密码应至少由两人共同设置、保管和使用。

⑤有关密码工作人员调离岗位，有关部门负责人须指定专人接替并对密码立即修改或用户删除。

⑥信息设备管理单位负责对信息安全实行动态管理，建立信息安全、网络设备台账，遇施工修改和变更及时更新设备管理资料。

(3)铁路信号系统设备防病毒和防入侵维护管理

①运行维护部门须指定专人负责信息设备病毒的防范工作，建立本单位的信息设备病毒防治管理制度。

②计算机设备不能存储无关资料，不能安装、运行无关软件，不能进行与本设备工作无关的作业。

③信号系统设备管理单位加强对信号系统信息设备的监视，对防病毒软件运行情况进行检查，发现异常情况及时处置。

④加强防火墙及入侵检测、防病毒系统、通信质量监督等信息网络安全设备的监控，确保其良好运用。

(4)移动存储介质管理

①移动存储介质指可与计算机或业务设备连接、进行重复数据导入导出的设备。

②严禁移动存储介质接入信号系统计算机与网络设备，因施工需要须安全认证中心进行授权后使用设备维护单位专用移动存储介质。设备供应商和维护管理人员不得超范围修改软件和配置，不得复制与施工无关数据到外部移动存储介质上。

(5)密钥管理

①各单位应加强列控系统的密钥管理，密钥应通过专用网络或由专人采用人工方式进行传送，严禁通过互联网、办公网等公用通信网络和非专用设备传送和转发。

②新建和既有铁路线路的密钥安装均可由设备供应商实施，密钥安装单位应设置专人负责接受并安装密钥至终端设备，密钥安装应对涉及密钥的操作进行记录并存档。

项目小结

设备是企业进行生产活动的重要劳动手段，是现代化建设的物质技术基础，是社会生产力的重要组成因素，是企业固定资产的重要组成部分。合理地选择设备，经济地使用设备，及时地维修设备，不断加强设备管理，是企业管理工作的一项重要内容。设备管理的目的在于使设备始终保持良好的运行状态。铁路电务部门的任务是为铁路运输提供可靠、高效、优质的信号设备，加强设备管理尤其重要。要管理好设备，必须按规定对设备进行正确的分类和编号，加强信号设备的寿命管理、信号设备的日常管理和信号设备的资产管理，做好设备的更新改造和新设备的管理。

包括信号在内的铁路技术设备，均须有完整和正确反映其技术状态的文件及技术履历簿等有关资料，由有关部门或单位妥善保管，并根据变化情况及时记载修订。电务部门的设备技术档案管理包括铁路信号技术设备履历簿管理和技术图纸资料的管理。电务部门各级机构应建立健全设备管理台账和技术档案，及时修订技术资料和图纸，保证图纸完整、图实相符，并积极采用计算机技术进行管理。现场信号技术图纸应适时更新。

铁路信息系统是铁路运输生产和管理的重要组成部分,必须切实做好维护工作。电务信息设备主要包括 TDCS、CTC、CTCS、CSMIS、信号集中监测系统等,它们是集计算机技术、现代控制技术与数据传输技术于一体的综合控制和管理系统,是用于铁路运输生产和管理且不间断运行的设备。主要要做好列控设备、列车调度指挥系统/调度集中、信号集中监测系统的设备管理,建设好电务管理信息系统。

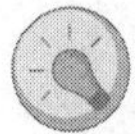

复习思考题

1. 设备管理有什么意义? 包括哪些内容?
2. 设备如何分类? 如何编号?
3. 信号设备、器材如何实行使用寿命管理?
4. 主要设备和器材为什么要实行统一回收、集中销毁制度? 举例说明。
5. 信号设备的日常管理包括哪些内容?
6. 简述信号设备的资产管理的方法。
7. 何谓高价互换配件? 如何管理?
8. 设备更新改造有什么意义? 包括哪些内容?
9. 新设备如何进行管理?
10. 设备技术档案管理如何进行管理?
11.《技规》等对铁路信息系统有哪些规定?
12. 电务信息设备主要包括哪些? 对它们有哪些要求?
13. 软件和数据应如何管理?
14. 何谓电务管理信息系统? 有何功能?
15. 建立电务管理信息系统有何意义?

项目4 维护管理

项目描述

本项目介绍设备维护管理的基本要求和主要内容,着重介绍信号设备维护工作的原则和指导思想、信号设备修程、维护工作制度、维护计划管理、设备定期检查、信息设备维护管理和高速铁路信号系统维护管理。介绍维修的基本要求和主要内容,着重介绍信号设备维修工作内容及周期、维修工作计划的编制、维修模式、修理方式、天窗修、入所修、维修管理制度、高速铁路信号系统维修。介绍中修的基本要求和主要内容、大修的基本要求和主要内容、测试的基本要求和主要内容。介绍新设备维护的各项工作。介绍维护成本管理维护的各项工作。

学习目标

通过学习,了解设备维护管理的基本要求和主要内容,熟悉信号设备修程、维护工作制度、维护计划管理、设备定期检查、信息设备维护管理、高速铁路信号系统维护管理;了解维修的基本要求和主要内容,熟悉信号设备维修工作内容及周期、维修模式、修理方式、天窗修、入所修、维修管理制度、高速铁路信号系统维修,会编制维修工作计划;了解中修的作用、基本要求和主要内容;了解大修的基本要求和主要内容;了解信号设备测试的作用、基本要求和主要内容;了解新设备的维护的各项工作;了解维护成本管理维护的各项工作,懂得全面预算管理、中修预算管理、成本明细核算和直接维修费率。

典型工作任务1 设备维护管理

4.1.1 工作任务

了解设备维护管理的基本要求和主要内容,包括信号设备维护工作的原则、信号设备修程、信号设备维护工作的指导思想、维护工作制度、维护计划管理、设备定期检查、维修管理机制转变、信息设备维护管理、高速铁路信号系统维护管理。

4.1.2 知识链接

1. 信号设备维护工作的原则

铁路信号维护工作是铁路运输安全生产的重要组成部分,直接涉及运输安全。信号维护工作必须严格执行铁路有关法规,牢固树立安全生产法制观念,认真执行标准化作业,保证行车、设备及人身安全。

(1)坚持“安全第一,预防为主”的方针

铁路信号设备维护工作必须坚持“安全第一,预防为主”的方针,贯彻预防性计划修与整修相结合的原则,确保信号设备运用状态良好。铁路信号设备技术密集、科技含量高,具有点多线长、设置分散、布局成网、不间断运用、结合部多、易受外界影响等特点,因此要积极采用新技术、新器材、新工艺,提高信号设备的可靠性、可用性和安全性;要深化修程修制改革,推行设备分等级管理,提高劳动生产率;要实行全面质量管理,采用先进技术手段,提高维护管理水平。

(2)以安全和质量为主的原则

铁路信号设备维护工作坚持以安全和质量为主的原则,依据设备寿命、技术状态、变化规律和磨损程度,做好更新改造、大修、中修和维修工作,保证信号设备符合技术标准、性能良好、质量稳定、安全可靠的运用。

(3)落实安全风险管理的要求

铁路信号设备维护工作应落实安全风险管理要求,强化电务安全基础管理、过程控制和应急处置,构建电务系统安全风险控制体系,做好安全风险的超前防范,持续推进标准化工作,全面提升电务系统安全管理水平。

(4)构建电务系统安全标准化体系

电务系统应根据国铁集团的要求,结合电务专业管理分工和现场工作实际,以设备标准化、作业标准化和管理标准化为核心,构建电务系统安全标准化体系。

(5)推进修程修制改革

铁路信号设备维护工作应在提高设备可靠性的基础上,积极采用先进成熟的检测、监测系统和设备,实现状态修、计划修相结合的维修模式,不断推进修程修制改革,逐步实现以状态修为主的维修模式。

(6)形成科学的管理体系

铁路信号设备维护工作应实行安全生产责任制、岗位责任制和质量验收制,以安全管理为核心,以计划管理、质量管理、技术管理、设备管理和成本管理为重点,采用先进管理手段,形成科学的管理体系,从而安全、优质、高效地组织生产。

(7)树立全程全网的概念

铁路信号设备维护工作必须树立全程全网的概念,实现统一指挥、分级管理、分工负责、密切协作的制度,全面做好各项基础工作,不断提高维护管理水平。

(8)加强安全基础建设

电务部门应加强安全基础建设,强化专业技术管理,严格执行规章制度、技术标准和操作规程,认真落实标准化作业程序,保证行车、设备及人身安全。

(9)加强维护经验交流和推广

电务部门要加强维护经验交流、推广工作,不断提高信号设备运用质量,提升信号设备维护工作水平。

(10)研发、生产制造、招标采购同步的原则

信号设备设计研发、生产制造、招标采购应坚持有利于安全可靠运用,有利于现场维护管理,有利于电务技术进步的原则。严格执行电务技术装备政策,做到制式统一、标准统一、接口统一,以实现互联互通、信息共享和统一管理。

(11)加强结合部管理

结合部管理直接影响信号设备的运用质量。铁路局集团公司电务部应制订与车务、机务、工务、供电、车辆、信息、房建等部门相关联设备的结合部管理规定,明确分工,落实责任,联合整治,加强考核。

(12)加强与铁路局集团公司、电务段的沟通协调

电务部门应加强与相关铁路局集团公司、电务段间的沟通协调,做好跨局集团公司、跨段设备的维护管理工作。

2. 信号设备修程

(1)信号设备修程简述

信号设备实行维修、中修、大修三级修程。

①维修

信号设备维修是对信号设备进行的日常养护和集中检修,通过维修,能够保持设备性能,预防设备故障,使设备经常处于良好的运用状态。现场维修实行计划性维修和状态修相结合的模式,积极推行设备分等级维修。根据设备和运输组织的特点合理划分设备维修等级,针对不同等级设备制定相应的维修标准。设备维修等级划分原则为:繁忙干线、高速铁路设备及电子设备为一级,其他设备为二级。

②中修

信号设备中修是铁路信号设备维护工作的重要修程,应坚持“整修、补强、恢复、改善”的原则。通过中修,使现场信号设备的电气性能和机械强度符合规定标准,能够安全可靠地使用到下一轮中修或大修,并为信号设备实施状态修创造条件。中修是提高信号设备可靠性、安全性的有效途径。

③大修

信号设备大修是信号设备维护工作的组成部分,是恢复、改善和提高信号设备质量,保证既有信号设备安全、可靠正常使用,保证运输生产正常进行的重要修程。

(2)信息设备修程

与传统的信号设备维护不同,其实行维修和大修两级修程,不设中修。信息设备不设中修,是因为信息系统由计算机、网络设备和信息采集、驱动等板块组成,维护只能通过换板、换块(互换配件)和整机更换计算机及网络设备来实现。换板、换块修理通过日常维修就能保证,整机更换计算机和网络设备则通过大修来解决,无须设中修修程。

(3)高速铁路信号设备修程

高速铁路信号设备实行以状态修与预防性计划修相结合的维护模式。

列控车载设备维护实行运用检修(一、二级)和高级检修(三、四、五级)五个修程;地面设备维护实行维修、中修、大修三大修程。

高速铁路信号设备维护工作,应通过日常巡检、动车组出/入库检测、动/静态监测系统及各维护终端数据信息查询分析、报警等获得设备的运用状态和工作状态,发现设备状态异常时,要及时安排计划进行处理。

电务段、车间、工区三级应对各种监测、网管、维护终端记录的数据信息进行分析,并做好异常信息处理工作的跟踪管理和闭环控制,具体按表 4.1 规定执行。

表 4.1 电务段、车间、工区数据信息分析

分析级别		分析工作范围	要　求
工区	信号工区	信号集中监测、调度集中(CTC)、列控中心(TCC)、计算机联锁(CBI)维护终端等数据信息分析	(1)信息分析做到及时、准确,发现异常信息迅速查明原因并积极处理。(2)分析发现异常信息要逐级上报。(3)车间、电务段监督异常信息的处理过程,处理完毕,进行确认
	RBC/TSRS工区	无线闭塞中心(RBC)、临时限速服务器(TSRS)维护终端等数据信息分析	
	CTC工区	CTC系统维护终端、网管等数据信息分析	
	列控车载设备工区	列控车载设备运行记录下载分析、DMS数据信息分析	
车间	高速铁路信号车间	监测数据信息分析	
电务段	电务调度或分析中心	信号集中监测、CTC、DMS、安全数据网监测等数据信息分析	

高速铁路信号设备电气、机械参数测试包含在大修、中修、维修和列控车载设备运用检修、高级检修过程之中。日常测试以信号集中监测测试分析为主,人工测试为辅,人工测试项目及周期由铁路局集团公司制订。

高速铁路地面信号设备维修、中修、大修和列控车载设备运用检修、高级检修必须按照批准的年度工作计划执行。

高速铁路信号设备维护应认真执行国铁集团、铁路局集团公司规定的技术要求和维护方法。国铁集团、铁路局集团公司未规定的,执行设备生产厂家正式提供的产品技术、维护手册和操作说明中规定的技术要求和维护方法,各级维护管理人员必须熟悉系统设备性能及操作方法。

3. 信号设备维护工作的指导思想

铁路信号设备维护工作应贯彻按期大修、强化中修、确保维修的指导思想,坚持以安全和质量为主的原则,依据设备技术状态、变化规律和磨损程度做好大修、中修和维修工作,保证信号设备符合技术标准,使信号设备在规定的寿命期内性能良好、质量稳定、安全可靠地运用。

随着修与用矛盾的日益突出,加之电务维修体制的不断深化,在信号维护修程方面重点突出了“强化中修”,其目的在于通过信号中修采用新技术、新设备、新工艺及冗余补强,从根本上提高设备质量,有效缓解运输给维修带来的压力,并为电务修程修制改革创造条件。

铁路信号设备维护工作应在提高设备可靠性的基础上,积极采用先进成熟的检(监)测系统和设备,提高设备自动检(监)测水平,不断推进修制修程改革,逐步实现以状态修为主的维修模式。

4. 维护工作规章制度

规章制度按照分层管理、逐级负责的原则,实行行政领导、总工程师负责制,主管部门归口管理。规章制度应定期进行清理和修订,并对落实情况进行监督检查。

基本规章和管理制度的制定、审批、颁布及修改、补充、废止应严格按权限和程序办理。下级单位、部门制定的各类规章和管理制度不得与上级有关规定相抵触。铁路局集团公司应建立以下基本规章和管理制度:

(1)信号维修管理。

(2)信号联锁管理。

(3)信号大修管理。

(4)信号中修管理。

(5)电气特性测试管理。

(6)电务施工管理。

(7)结合部管理。

(8)电务安全质量考核评价。

(9)信号设备检修标准化作业程序。

(10)应急抢险预案。

电务部应根据国铁集团、铁路局集团公司有关规章和管理制度，指导电务段结合实际制定相应的实施办法和管理制度。

铁路局集团公司、电务段应及时掌握大修、中修和维修、高级检修工作计划完成情况和质量状况，定期统计分析，加强作业过程中的监督检查，及时解决存在的问题。

5. 维护计划管理

维护计划管理是信号设备维护工作的基础，应按照"分级管理，责权对应"的原则，切实做好计划的编制、审批、执行、检查、考核等各环节管理工作。计划编制应科学合理，结合实际，保证重点，体现发展。计划一经批准下达，应严肃认真执行。如需变更，应按审批程序报批，未经批准不得擅自改变。

(1)维护工作计划

铁路信号设备维护工作应编制：年(月)度维修工作计划；年度信号中修工作计划；年度信号大修工作计划；施工及天窗修计划；年度生产财务计划。除此以外，高速铁路信号设备维护工作计划还包括：列控车载设备高级检修计划和实施计划、列控地面设备大修计划和实施计划、列控车载设备高级检修预算。

年度中修、维修预算是信号设备中修、维修工作的重要保证。

铁路局集团公司应按国铁集团有关规定制订信号维修及中修(材料消耗、维修费用、工时)定额，作为电务段预算管理的基础。电务段按照铁路局集团公司下达的预算费用编制中修、维修预算。

生产计划一经批准下达，应严肃认真执行，不得擅自变更。如需变更，应按下列审批程序报批：维修工作计划执行日期月内变更时，由车间批准；跨月变更时由电务段批准。中修计划项目变更须经铁路局集团公司电务部批准；大修计划项目变更须经铁路局集团公司批准。

(2)信号设备、器材报废计划

电务段应根据信号设备、器材寿命管理有关规定，向铁路局集团公司提报信号设备、器材报废计划。信号设备、器材报废计划有两种：一种是纳入固定资产管理的设备、器材报废计划；另一种是到寿命管理期的信号设备、器材报废计划。前者电务段将报废计划按固定资产管理的有关规定办理报废手续后报废，后者则由铁路局集团公司电务部审查批准后进行报废。

6. 维修管理机制转变

第六次大提速后，信号设备有了较大的变化，尤其是列控设备的使用，使得维修管理机制有根本转变，必须树立全新的维修理念，大力提高设备质量。

(1)维修和技术管理的重点转移

列控设备维修和技术管理工作的重点转移到以铁路局集团公司为主，国铁集团、厂家主要提供技术支持。

(2)优化修程修制,推行新的维修方式

逐步建立以电务段为专业修主体、以车间为集中修主体、以工区为值巡检主体的电务设备维护检修新机制。利用信号集中监测、电务试验车等先进的检测手段,加强关键部位质量控制,开展针对性、预防性维修,积极探索信号设备状态修。值班工区以加强巡视、工电联合整治、查看分析信号集中监测、故障应急处理为主要内容,形成科学合理的年月表修程;现场车间以天窗修为基础,形成多站、多区间同时进行集中检修的劳动组织模式。要用好中修资源,将信号中修和设备整治纳入集中修范围,要根据实际情况,制订分线、分层次的信号设备标准站整治内容及标准。通过推行标准站整治,大幅提升中修质量。专业车间要整合优化检修资源,提高专业化检修质量,要结合劳动组织改革,合理调整检修布局,建立健全专业车间的各种管理制度、维修标准、工艺流程和职责范围,要适应新设备的上道,及时配备检修仪器仪表,强化专业修手段,改善检修工艺,提高出所器材质量。在此基础上,将现场可拆卸更换的设备、器材纳入专业修之中。建立健全设备维修质量考核体制,明确值班工区、现场车间和专业车间考核标准和办法,实行量化考核。

(3)转变维修管理机制和制度

列控系统是新技术、新装备的集成,相对的维修管理机制和制度必须进行转变,要健全有效机制,严肃技术纪律,明确岗位职责,细化考核办法,完善列控数据分析管理、列控设备检测的手段和方法。

(4)明确检测标准

根据动车组动态检测设备、电务试验车、综合检测车运用情况,认真进行技术总结,确定不同设备检测数据(含静态检测)的对应关系,明确各种检测设备所测数据、参数的考核标准。

(5)主要研发生产厂家的要求

各主要研发生产厂家,要参照计算机联锁的管理模式,设立一级维修中心,形成 24 h 值班制度。

7. 高速铁路信号系统维护

对高速铁路信号系统维护的基本要求是:

(1)高速铁路信号系统集成度高,涉及自动控制、电子、通信、计算机、网络、机械等多个技术领域,实行专业化维护管理。

(2)高速铁路信号维护管理部门要充分借鉴成熟的维护管理方法,利用动/静态监测、检测和数据分析设备,强化基础设备质量,积极探索采用科学、先进的维护管理方式。

(3)高速铁路信号设备维护人员实行岗位准入制度,按高速铁路岗位培训规范进行岗前资格培训。熟悉有关安全生产规章制度,掌握本岗位的安全操作技能和维护作业标准,培训考试合格,才准上岗作业。

(4)铁路局集团公司应制订电务与运输、机务、车辆、供电、工务、信息等部门的结合部管理办法,明确分工,落实责任,确保结合部设备质量。

(5)《高速铁路信号维护规则　业务管理部分》是高速铁路信号设备维护工作的基本规则,铁路局集团公司制订的相关办法、细则等,必须符合规则的规定。

(6)高速铁路信号系统各设备之间相互连接必须满足接口协议的标准,不得擅自改变。

(7)高速铁路信号 CTC、RBC、TSRS、TCC、ZPW-2000 系列、计算机联锁、电源屏、列控车载设备等的生产厂家应建立 24 h 现场技术支持及应急响应机制。

(8)高速铁路各种信号设备、器材均应设置相应的标识,以满足设备检修、测试需要。

典型工作任务2 维修管理

4.2.1 工作任务

了解维修的基本要求和主要内容,包括信号设备维修工作内容及周期、维修工作计划的编制、维修模式、修理方式、天窗修、入所修、维修管理制度、高速铁路信号系统维修。

4.2.2 知识链接

1. 信号设备维修工作内容及周期

信号设备维修工作内容及周期、入所修信号设备器材更换周期及检修工时定额由铁路局集团公司分别参照《普速铁路信号维护规则 业务管理》附件制订。

《普速铁路信号维护规则 业务管理》附件5规定了信号设备维修工作内容及周期,附件6规定了信号器材入所修、更换周期及检修工时定额。《高速铁路信号维护规则 业务管理部分》附件6规定了高速铁路信号设备维护工作内容及周期。各铁路局集团公司根据管内设备的实际情况,参照上述附件的内容,在制订信号维修实施办法时进一步细化。其中,信号入所修器材的周期各铁路局集团公司在制订时不得超过上限。未涉及的单项设备维修工作内容和周期、入所修器材的检修周期由各铁路局集团公司制订。

组织计划项目及周期变更,属于电务段掌握的须经电务段批准;属于铁路局集团公司掌握的,须经铁路局集团公司批准。

2. 维修工作计划的编制

维修工作计划应根据信号设备维修工作内容及周期表、信号设备器材入所修更换周期及检修工时定额表规定的内容和周期及维修天窗作业计划编制。根据设备和运输组织特点合理划分设备维修等级,针对不同等级设备制订相应的维修标准和周期。

电务段每年应根据设备质量状况、年度重点工作、维修天窗作业计划、财务预算和上级要求,组织车间、工区按要求编制年(月)度维修工作计划表(简称"计表")和年度信号器材入所检修计划表。年度维修工作计划、轮修工作计划经信号技术科审核,段长批准后执行。

年(月)度维修工作计划表编制的基本要求:

(1)根据管内设备类型、分布及人员技术水平等情况,合理分工,做到每项设备(包括备用)均有人负责。

(2)应充分利用天窗时间,合理安排集中检修作业项目,并考虑配合中修、测试和临时性工作。

(3)工时定额按铁路局集团公司规定执行,没有工时定额的项目,由电务段自定。为适应天窗检修需要,可实行弹性工作制。

(4)信号工区工长应掌握管内全部信号设备的运用状况,除对管内设备跟表检查外,还应担当一定的计表任务。

(5)工区生产会议、技术业务学习以及民主管理的工时按铁路局集团公司规定执行。

月度维修工作计划(简称"月表")依据年度维修计划,在每月月底前由工区负责编制,经车间审核批准后于次月正式实施。

年度维修(入所修、轮修)工作计划(简称"年表"),既关系到现场车间,又牵涉到专业车间,一些项目的完成需要相互配合。年表的编制需要电务段统一协调,组织车间、工区于当年12月底前编制完成,次年元月1日起正式实施。信号工区、专业工区和无下属工区的车间必须编制年表,有下属工区的车间不需要综合编制所有工区的年表,由工区上报年表即可。

3. 维修模式

现场维修实行计划性维修和状态修相结合的模式。

(1)计划性维修

计划性维修是按照规定的检修作业内容、标准对设备实施的周期性维修,旨在通过计划对设备进行周期性的修理。为防止维修不良发生问题,维修周期的确定一般比较保守,加之考虑到便于信号维护管理,对于同一种设备不考虑其动作频次、使用环境、设备基础状况等因素,执行相同的维修周期。不管设备的状态如何,只要到维修周期,都要按标准化检修程序例行检修。计划性维修可以减少非计划设备故障,将潜在故障消灭在萌芽状态,但对经济性和设备基础保养考虑不够。由于计划(周期)固定,较少考虑设备实际运用情况,容易产生维修过剩或维修不足。另外受检查手段和检查人员经验的制约,会导致检查失误,检修完成后的设备隐患仍然存在。

计划性维修就是根据规定的维修周期和内容有计划地实行日常养护、集中检修和入所修。将入所修纳入维修范畴,是以电务部门直接生产费维修科目中,含信号互换配件修理的规定作为依据的。信号维修科目中所指的互换配件修理,实际上就是入所修的设备和器材。入所修纳入维修范畴有利于信号维护成本管理。

对于信息设备,预防性计划修理是采取更换电路板、模块和参照《普速铁路信号维护规则》《高速铁路信号维护规则》规定的维修工作内容和周期实行的日常养护和集中检修。

(2)状态修

状态修是根据设备特性变化状态有针对性地进行的维修,是指设备特性参数偏离标准值,机械损伤、磨耗,强度、性能、可靠性下降,将要影响设备正常使用时所进行的维修,是比较科学的一种维修模式,有效解决了计划性维修存在的缺点。它通过监(检)测手段,对设备的各种参数进行采样测量,随时反映设备的实际运用状态。若参数变化超过警戒标准时,发出报警信息,以便及时维修。状态修没有固定的检修周期,打破了计划性维修按标准化检修程序的模式,采取哪里有问题处理哪里的方式,"对症下药"。由于设备运用状态是可以预知的,维修是周密计划和有准备的,状态修可以大大提高维修效率,减少维修停用(天窗)时间和维修费用,提高劳动生产率。

实行状态修的基本条件是该设备具备有效的自检、监测、报警、冗余等功能和手段,能够随时掌握该设备工作状态及变化趋势,预防可能出现的故障。

实行状态修的关键在于设备发生故障前能够提前预知,有足够时间安排修理。要根据设备技术标准、变化规律、使用环境状况等,科学合理地确定报警(报修)临界状态参数,并不断进行完善和修正。

状态修作为信号维修的目标,通过多年的实践和探索,积累了一定的经验,目前已实现以状态修为主的维修模式,也就是计划性维修和状态修模式二者相结合,根据设备的实际状况,具备状态修条件和状态监测可靠的设备可实施状态修,反之实行计划性维修。

4. 修理方式

针对信号设备器材、电子系统设备,现场维修有四种具体修理方式:入所修、故障换板、换块修、状态修、入厂修。

(1)入所修

入所修是指对设备、器材进行的入所检修,现场可替换的设备、器材实行入所修。

(2)故障换板、换块修

可更换电路板、模块的信号电子设备采用故障换板、换块修,主要是针对电子系统设备具有互换特性的配件、器材规定的,如计算机联锁、CTC、CTCS、TDCS、信号集中监测系统的I/O、CPU、驱动板(块)、电源模块、智能电源屏各种电源模块,自动闭塞设备、发送、接收、衰耗、匹配、调谐、空芯线圈,智能点灯单元等。故障换板、换块修中的"故障"及"信号器材入所修、更换周期及检修工时定额表"周期一栏中"故障修"的含义是针对电子系统板块、信号器材本身而言的,是指在使用过程中,通过检查、监测发现设备性能存在问题,进行入所、入厂修的一个代名词。故障修不是信号维修的模式,更不能认为电子系统板块、信号器材所说的故障修,就是一直使用到信号设备出现故障,设备停用更换下来后,对电子系统板块、信号器材进行的修理。信号维修是预防性修理,不提倡发生故障后的事后修理。电子系统板块、信号器材上道后在寿命管理期限内的修理,应通过日常养护、集中检修、监测手段、系统自检等有效途径,发现问题及时更换下来进行入所、入厂修,预防由于电子系统板块、信号器材原因导致信号设备发生故障。

(3)状态修

具备系统冗余、状态监测可靠的设备可实行状态修,如具备冗余的计算机联锁、自动闭塞、TDCS、CTC、CTCS、智能电源屏等系统,一套发生问题自动切换到另一套(在无法提前预知系统的组成部分特性发生问题的情况下,冗余系统的一套发生故障,不影响整体系统使用时,可视为状态修的条件),另外,如轨道电路安装的双引接线、接续线,安装主、副灯丝转换的信号灯泡在点灯寿命期限内都可以实行状态修。状态修的检查手段可以是多种多样的,监测设备实时连续监测和人工检查都是状态采集的方式,只有数据表明必须进行维修时才能安排维修。状态检查可以将测量参数与允许的极限值、标准值进行比较,根据设备运用变化确定维修计划;还可以进行趋向管理,即对测出的数据进行推测,以便预测其可能超出允许值的时间,提前安排维修。信号设备的状态监测,应以 TDCS、信号集中监测、道岔表示缺口监测、设备自身冗余报警等先进的科技手段,以及结合信号维护人员对设备机械特性和外部运用条件的检查为依据。

(4)入厂修

计算机联锁、CTC、CTCS、TDCS、信号集中监测系统的 CPU、I/O、驱动采集板(块)、电源模块,智能电源屏的各种电源模块,自动闭塞的发送器、接收器、衰耗器等,电务段无检修能力的,对于这些设备、器材实行入厂修。

5. 天窗修

(1)天窗和天窗修

天窗是指铁路列车运行图中不铺画列车运行线或调整、抽减列车运行线为营业线施工、维修作业预留的时间。

天窗修是维修的方式,不是修程,影响设备使用的检修均纳入天窗进行。

凡影响营业线行车的维修作业均应纳入天窗,不准利用列车间隔进行。天窗内无法完成的维修作业,必须纳入铁路局集团公司月度施工计划。车间、区间信号设备检修实行天窗修;驼峰信号设备检修实行停轮修。高速铁路信号设备检修、施工作业必须在天窗内进行。

为预防信号设备发生故障,在维修作业过程中,当发现危及行车安全的设备隐患时,不受天窗限制,立即按规定办理要点手续,克服设备隐患。

(2)信号设备天窗修作业项目

信号设备天窗内、点外维修作业项目必须按照国铁集团、铁路局集团公司的有关规定执行。

依据《铁路营业线施工安全管理办法》,信号设备天窗修作业项目包括:

①道岔转换设备、轨道电路、信号机、电缆、变压器箱、接线盒及道口等信号设备的检修、整治、测试。

②电源屏、组合架、控制台及电子盒等信号设备的检修、整治及电源接地、电缆全程等影响设备使用的测试。

③可在维修天窗内完成的零小设备、器材的更换。

④零星更换道岔转换设备。

⑤年度信号联锁关系检查试验。

⑥CTC、TDCS 等设备检修、整治、测试。

⑦在天窗内可以完成的其他作业项目。

天窗点外电务日常维护保养作业范围原则:凡在车站、区间进行不触及电务设备电气特性、机械强度且不影响营业线行车的电务设备日常养护作业,可在天窗外进行。

(3)天窗时间及次数

天窗时间及次数按国铁集团规定执行。天窗时间及次数执行《铁路营业线施工安全管理办法》,电气化区段双线不少于 90 min,单线不少于 60 min;非电气化区段双线不少于 70 min,单线不少于 60 min。维修天窗在时间安排上应与施工天窗重叠套用,除春、暑运,黄金周及国铁集团调度命令停止外,原则上每月每区间不应少于 20 次(双线为单方向)。双线车站同时影响上/下行正线的渡线道岔和全站信号设备正常使用的电务设备检修,每月应确保两次 30 min 的垂直天窗封锁时间。对作业繁忙的编组站、区段站,可按接发列车方向划分联锁区,按联锁区每月应确保一次 30 min 的封锁时间。全路统一规定逢 5、逢 10 停止安排施工天窗和维修天窗。

(4)天窗修管理

电务段应根据天窗作业特点,按照改革维修劳动组织,改进作业方法和维修手段,提高天窗利用效率的原则,制定天窗修实施细则,认真实行天窗修制度,进一步细化天窗修的管理措施,加强对天窗修的组织和管理,提高天窗修兑现率与利用率,保质保量完成天窗修任务,具体做法有:

①周密组织天窗修,规范天窗内、外检修作业内容,要区别不同线路情况和作业内容,明确天窗内和利用列车运行间隔完成的作业项目,满足设备动态达标的维修工作量要求。在天窗修的基础上优化年、月编制,逐步建立适应天窗修的劳动生产组织,形成多站多区间同时作业能力,提高检修效率,把天窗点用足用好。

②现场车间要以天窗修为基础,将设备整治纳入集中检修范围,逐步建立适合天窗修的生产组织新模式。

③协调好各部门、各工种的作业关系,充分利用综合天窗时间。

④健全天窗修管理机制,完善考核办法,加强对天窗修兑现率、利用率的考核。

⑤把天窗修工作作为提高设备运用质量的核心手段，纳入各项检查的重点内容，日常监督和专项检查相结合，重点卡死点外作业、违章作业问题。

⑥解决好照明、防护、通信、交通和劳动组织等问题，建立健全适应夜间天窗修的电务工作模式，针对夜间电务作业特点，完善人身安全防护、行车安全监控和设备质量卡控措施，提升天窗修效能。

电务部、电务段和车间应设专(兼)职人员负责天窗管理工作，按时提报天窗修计划，协调解决天窗修执行过程中出现的问题，做好天窗兑现率、利用率的总结、统计、分析工作。电务段应在每月 3 日前将上月天窗修统计报表电务部，电务部每月 5 日前报国铁集团。

电务部主管工程师每月不少于 1 次、电务段主管工程师每月不少于 3 次参加天窗修作业，了解和掌握天窗修情况，不断改进天窗修工作。

现场车间专业管理人员应定期参加天窗修作业，监督检查工区检修工作质量，监控安全生产关键环节，指导工区做好天窗修工作，电务段应按照国铁集团、铁路局集团公司施工、天窗修管理规定，根据年(月)度信号维修工作计划、中修工作计划和其他生产任务等内容，组织编制天窗修作业计划、提报施工计划。

6. 入所修

入所修是指对设备、器材进行的入所检修。入所修工作由信号检修车间、电子设备车间负责。信号设备、器材入所修更换周期及检修工时定额由铁路局集团公司制订。电务段应组织专业车间根据信号器材入修所、更换日期编制信号设备、器材入修所计划。

各专业车间必须严格按照标准及质量要求，建立质量保证体系。经入所修的设备、器材的电气特性和机械强度必须达到《普速铁路信号维护规则　技术标准》的规定。

入所修的设备、器材检修和修配完成后，必须逐台验收，合格后才可出所。质量验收实行检修人员自验、工长抽验、质量验收员全验制度。车间主任和工程师(技术员)每月应进行抽样检查。

入所修的设备、器材应实行定置管理和寿命管理。凡周期轮修、故障修的设备、器材均应按站、区间逐台建立跟踪台账，台账应准确记载具体安装位置、检修时间和次数等。机车信号等车载设备跟踪台账由各铁路局集团公司制订。入修所的设备、器材检修质量在规定周期内由相关专业车间负责。

信号设备、器材入所修更换周期及检修工时定额由铁路局集团公司参照维护规则相关要求制订。

入所修的设备、器材质量在规定的周期内由相关专业车间负责。

7. 高速铁路信号系统维修

(1)地面设备维修

地面设备维修包括各种监测信息分析、日常巡检、集中检修等工作。

室外设备日常巡检、室内外设备集中检修必须在天窗内进行；室内设备日常巡检可在天窗外进行，但不得影响设备的正常使用。巡检发现问题时，应及时向上级报告，要点或安排天窗计划进行处理。

室内外设备日常巡检和集中检修按照表 4.2 规定进行，维修工作内容和作业标准参照地面设备的有关维修工作项目及标准执行。

表 4.2 室内外设备日常巡检和集中检修

设备及系统	日常巡检周期	集中检修周期
CTC 中心系统	每日 2 次	每年 1 次
RBC、TSRS 系统	每日 2 次	每年 1 次
有人值守车站室内设备及空调	每日 2 次	每年 1 次
无人值守车站(中继站)室内设备及空调	每月 1 次	每年 1 次
道岔转换设备(含密贴检查器)	正线每 10 天 1 次;侧线每 15 天 1 次	2～4 月一次
道岔融雪装置、道岔转辙部分和道岔转换设备巡检同步,其他部分由铁路局集团公司自行制订	四季度每 10 天 1 次,二、三季度每月 1 次	冬季来临前进行一次全面整修,一、四季度每 2～3 个月 1 次
站内室外轨道电路、信号机、应答器、地面电子单元(LEU)、箱盒及其他设备	2 个月 1 次	每年 1 次
区间轨道电路、信号机、信号标志牌、应答器、LEU、箱盒及其他设备	6 个月 1 次	每年 1 次
站内、区间信号电缆线路及箱盒	6 个月 1 次	每年 1 次
信号集中监测、网管、系统维护终端查询分析	每日 1 次,无人站维护终端每月 1 次	每年 1 次
信号设备综合防雷	与室内外设备周期同步	每年 1 次
信号设备建筑限界		每年 1 次

高速铁路信号设备积极推行值、检分开的维修方式,工区实行昼夜值班制度。

动/静态监测、维护终端、网管等信息分析内容由铁路局集团公司制订。

(2)列控车载设备维修

①列控车载设备运用检修

列控车载设备运用检修采取一级检修与二级检修相结合的作业方式,是根据列控车载设备运行记录数据和 DMS 信息分析,结合动车组一、二级检修实施的列控车载设备针对性维修。

一级检修应结合动车组一、二级检修进行;二级检修结合动车组二级检修对设备进行全面的检查整修。列控车载设备一、二级检修工作内容及作业标准参照列控车载设备的有关维修工作项目及标准内容执行。

电务段须配备满足运用检修要求的工装器具、仪器仪表,以及列控车载设备运行数据下载装置和数据分析系统。电务段、列控车载设备车间、工区应配备 DMS 地面接收及数据分析系统。

电务段要跟踪动车组运行进行动态监测信息分析。列控车载设备运行数据下载分析包括:反映运行中存在问题时应下载分析;检测中发现显示界面有故障记录信息时应下载分析;DMS 信息分析存在问题时应下载分析。

列控车载设备出/入库检测应填写出、入库检查记录。维修更换部件后应及时填写列控车载设备技术履历,跟踪记载设备安装使用、技术状态等情况。

安装有列控车载设备速度传感器的车轮轮径尺寸发生变化后,电务部门应及时根据车辆部门书面提供的新轮径尺寸修正列控车载设备设定。

铁路局集团公司、电务段应做好跨局集团公司、跨段列控车载设备的维护管理工作。相关电务段应签订维修协议，明确双方故障报修方式、故障处理、维修职责和有关事项。

②列控车载设备高级检修

列控车载设备高级检修结合动车组三、四、五级高级修程，同步对列控车载设备进行全面检查、测试、整修和试验，以达到技术规范和质量指标的要求。

列控车载设备高级检修工作必须坚持“质量第一、预防为主”的方针，实施专业化检修。

列控车载设备高级检修应积极采用先进的技术手段，优化检修作业方式方法，提高劳动生产率，不断提高设备质量和运用可靠性。

列控车载设备高级检修项目、标准按照列控车载设备高级检修规程执行。

8. 跨局集团公司维修

跨局集团公司高速铁路信号设备主要是指 RBC、TSRS、TCC、CTC、信号安全数据网等需要跨局集团公司协同作业的设备。

高速铁路列控设备所属铁路局集团公司是设备维护管理的责任主体，负责日常维护、施工作业、软件换装、故障处理等工作。涉及跨局集团公司设备的相关铁路局集团公司负责日常维护、施工作业、软件换装、故障处理等配合工作。

列控、CTC 等设备所属铁路局集团公司的设备维护、故障处理等工作涉及相关铁路局集团公司时，应及时通知相关铁路局集团公司，相关铁路局集团公司应积极配合；凡涉及相关铁路局集团公司的工程、设备改造施工前，应及时通知相关铁路局集团公司，提前召开施工协调会，确定试验配合方案，确保工程顺利实施，设备工作稳定、可靠。

9. 委托维修

委托维修是指受工装设备和技术限制，铁路局集团公司管辖范围内设备管理单位无检修能力的信号设备、器材，可委托相应的设备厂家(设备供应商)进行维修。铁路局集团公司支付维修费。

委托维修设备范围主要包括：

(1)设备管理单位缺乏维护必需技术支持能力的设备或系统。

(2)设备管理单位不具备相关检测手段和修复能力的设备。

列控、联锁、CTC、电源等高速铁路信号关键设备应积极开展委托维修。委托维修主要项目、内容和方式由各铁路局集团公司自定。

铁路局集团公司电务部是委托维修管理的专业主管部门，负责制定相关管理办法，确定委托维修主要内容、项目及采取的维修方式，提出维修费用计划并组织相关部门、设备管理单位确定委托维修单位和付费标准，组织签订委托维修合同，定期检查、考核委托维修工作质量和设备质量，负责设备故障的定性定责及责任追究。

铁路局集团公司财务部负责落实委托维修费用，参与确定维修单位和付费标准，下达维修费用计划，监督检查费用的实施。

设备管理单位是执行委托维修工作的主体，对委托维修设备质量、安全负责。按照签订的委托维修协议，管理委托维修设备，验收维修质量，做好各种保养工作。

委托维修设备发生设备故障和行车事故，按照国家有关法律法规和铁路局集团公司相关管理办法定性定责和责任追究，相关损失由责任单位承担。

典型工作任务3 中修管理

4.3.1 工作任务

了解中修的作用、中修的基本要求和主要内容,包括中修项目和内容、中修工作范围、中修周期、中修工作计划的制订、中修费用、中修承包内容、中修验收、中修质量评定、中修管理制度。

4.3.2 知识链接

中修是铁路信号设备维护工作的重要修程,应坚持"整修、补强、恢复、改善"的原则,通过中修,使现场信号设备电气特性和机械强度符合技术标准,安全可靠地使用到下一轮中修或大修。

1. 中修的作用

随着电务维修体制的不断深化,信号中修在信号维护工作中的作用越来越大,是"整修、补强、恢复、改善"信号设备的有效途径。

2. 中修项目和内容

信号中修必须围绕提高信号设备的可靠性,应针对设备薄弱环节,积极采用"五防"(防松、防锈、防断、防卡、防雷)和"三新一化"(新技术、新器材、新工艺及冗余化)等措施来提高信号设备的可靠性。如"五防"方面推广使用防断线直流电机、熔断器改断路器、镀锌配件、加强型杆件、防松螺母螺栓、综合防雷整治、防折断挤切销、外锁闭装置滚动式锁闭框、提速道岔减震装置、电缆及电缆过桥防护等;"三新一化"方面采用智能点灯单元、电源无缝切换装置、直流无刷电机、转辙机加强化键拐轴、免维护防腐引接线及双套化、机车信号一体化主机及单CPU改双CPU、ZPW-2000轨道引接线一钢一铜、道岔缺口监测、高强度轨道绝缘、防盗箱盒等。

信号中修应统筹安排,与国铁集团、局集团公司重点整修项目相结合,与基建、大修、更新改造工程相结合,与更换淘汰设备和器材相结合,与创建信号标准站相结合,并根据设备实际状况,确定具体的中修项目和内容。

信号中修项目及标准由铁路局集团公司参照铁路信号维护的有关规则制订。电务段严格按照批准的中修计划执行。

3. 中修工作范围

(1)更换到期的轮修设备和器材,更换淘汰的设备。

(2)整修轨道电路,更换各种不良的信号引接线(跳线、连接线)、电容器。

(3)更换或整修强度不足的道岔转换设备、安装装置、外锁闭装置及各种杆件、道岔融雪装置的不良配件。

(4)修理、补强或更换信号机(标志牌)及其部件。

(5)更换腐蚀、不良的箱、盒及损伤的基础,整理、更换不良配件。

(6)整修控制台、组合柜、电源屏、分线柜、人工解锁按钮盘及更换不良配件。

(7)更换室内不良显示器、不间断电源、蓄电池组、电源模块及其他计算机输入/输出设备、关键板件等。

(8)电缆径路标桩、警示牌整治。

(9)更换整治强度不足的车辆减速器制动钳、制动轨、连接杆、销轴等部件及风(油)管路。

(10)在“五防”的基础上,根据需要采用防盗、防尘、防寒、防蚁、防鼠等措施。

(11)补齐设备、器材铭牌标识,信号设备油饰及书写代号。

(12)整治其他不符合标准的信号设备、器材、配件,积极推广使用“三新一化”项目。

(13)综合防雷系统、地线等修理、补强、整治。

信号中修应推广和采用先进的机具和检测手段,配备必要的交通工具,提高中修作业机械化水平和预制水平,改善现场作业条件和生活设施。

4. 中修周期

信号设备中修应按周期进行,中修周期规定如下:

(1)车站、区间、道口设备及驼峰电气设备中修周期为5年,在大修周期内进行一次。

(2)CTC/TDCS、信号集中监测系统设备中修周期为5年。

(3)根据使用频繁程度,驼峰车辆减速器中修周期为2~5年。

(4)驼峰动力设备中修周期由铁路局集团公司制订。

5. 中修工作计划的制订

电务段应按规定的信号中修周期,结合管内设备质量状态和运输生产需要编制信号中修周期计划表,经段长审核,报铁路局集团公司批准后执行。

电务段组织信号中修车间、工区,根据信号中修周期计划表编制年(月)度信号中修工作计划表,年度中修工作计划经信号技术科审核、段长批准后执行。根据年度信号中修工作计划表和信号中修工作量调查表、重点工作编制中修预算、信号中修工作明细表,经段长审核,报电务部批准后执行。

中修工作计划编制原则:

(1)根据中修周期、设备质量状况,按站(场)、区间、台(机车)、处(道口)等编制中修周期表,做到年度工作量平衡。

(2)年度中修工作计划表应严格按中修周期计划表编制,做到月度工作量平衡。

(3)信号中修相关工时定额按有关标准执行。

6. 中修费用

铁路局集团公司应按规定的周期合理安排信号设备中修费用,以保证信号设备能够按周期进行中修。信号设备中修费用以年度中修工作量为依据计算。

(1)中修费用概述

①信号中修费用是指中修所需的材料费和设备的修理费用。

修理费是指材料的运杂费、零小工器具、仪表购置费、辅助工费(中修部分需要聘用劳力完成,如挖电缆沟坑、设备基础面硬化、设备基础预制、笨重物品搬运等)及质量管理费。人工费、差宿费按照运输检修成本管理的规定,不应在中修费用中支出,原因是信号中修由电务段信号中修车间承担,人工费(职工工资)、差宿费在段工资总额中支出。

②铁路局集团公司在下达年度财务预算时,中修费用应单独列示,并应考虑材料涨价等因素。

针对以前存在铁路局集团公司下达年度中修费用与维修费用混在一起,有电务段自行调整使用的情况,要求铁路局集团公司下达运输设备检修电务部门年度财务预算指标(执行预算指标)时,按照电务部门直接生产费科目规定,中修费用要单独下达,并考虑材料涨价、线路等级提高等因素,适当提高年度中修率。

③电务段应按铁路局集团公司批准的中修工作量和费用,保证财力、物力投入,不得随意挤占中修费用,使确保中修费用和中修项目真正落到实处,以保质保量地完成中修执行预算确定的工作项目和内容。

(2)中修预算管理

信号中修严格按照预算管理,铁路局集团公司应制订“信号中修工时定额标准表”“信号中修材料消耗定额标准表”作为编制信号中修预算的依据。

中修预算由电务段主管科室审核,段长签认后,一式三份报铁路局集团公司,经批准后才可实施。

中修预算编制要求:

①中修预算应按站(场)、区间分别编制并汇总,并附编制说明。

②按“信号中修工作量调查表”和“信号中修工时定额标准表”“信号中修材料消耗定额标准表”编制。

③材料费标准按铁路局集团公司及生产厂家现行目录价格执行,询估价格应在预算中注明。

④根据工作需要,可适当聘用部分劳力。

⑤相关设备单位有实体工作量时,应一并纳入预算。

7. 中修验收

(1)中修实行三级验收制。中修车间对中修设备质量进行全面自验;电务段组织中修车间和相关车间进行全面验收交接;铁路局集团公司对电务段中修工作进行检查抽验。

(2)中修工作完成后,经中修车间自验,确认具备全面验收条件时,向电务段提出验收报告,报告内容应包括:中修验收报告表、工时与工作量对照表、材料消耗表、财务分析统计表、隐蔽工程施工记录、施工图纸和设备、器材回收清单等。

(3)电务段组织对中修车间自验合格的中修车站(场)、区间进行全面验收,并填写中修验收报告表上报铁路局集团公司申请验收。

(4)铁路局集团公司抽验数量应不少于当年中修车站(场)、区间数量的 1/5。

(5)中修车间应对验收中发现的不合格设备和问题及时组织返工、整改。

中修车站验交后,由中修车间提供中修竣工资料,一式三份,现场工区、中修车间、电务段信号技术科各一份。中修竣工资料应包括:联锁试验检查表、电气特性测试记录、新增或变更部分的图纸、验收资料,以及铁路局集团公司确定的其他资料。

8. 中修质量评定

(1)通过中修的信号设备,电气特性和机械强度必须达到《普速铁路信号维护规则　技术标准》《高速铁路信号维护规则　技术标准部分》的规定。

(2)设备质量评定项目包括:信号机、道岔转换设备、轨道电路、机械室、控制台、电缆线路、闭塞、道口信号、机车信号及驼峰减速器、液压、风压、测速及测长等设备。

(3)设备质量评定方法按设备质量鉴定的规定执行,其中未列项目、设备的评定标准由铁路局集团公司制订。

(4)中修车站(场)、区间质量验收评语分为:优质、合格。

优质:道岔转换设备、轨道电路、信号机良好率不低于 80%;其他设备良好率不低于 70%。良好率=(单项设备良好数量/单项设备总数)×100%。

合格:合格率达到100%。

$$合格率=(单项设备合格数量/单项设备总数)\times 100\%$$

$$\begin{matrix}综合\\合格率\end{matrix}=\frac{单项设备合格率之和}{单项设备项数}+\frac{单项设备良好率之和}{单项设备项数}$$

(5)中修优质车站(区间)数量不得少于当年中修车站(区间)总数的80%。

隐蔽工程应在中修车站(区间)所在信号工区配合下进行,并办理质量签认手续,其质量在验交后半年内由中修车间负责。

9. 中修管理制度

(1)电务部、电务段应有专人主管信号中修工作。

(2)中修施工期间的设备质量、安全责任及交接办法由铁路局集团公司制订。

(3)铁路局集团公司、电务段应及时掌握中修进度和中修质量,解决存在问题。

(4)中修施工应严格执行有关技术作业纪律

①严格执行《铁路营业线施工安全管理办法》和《铁路电务安全规则》的有关规定,凡影响设备正常使用和行车安全的中修施工作业项目,必须在维修天窗或施工天窗内进行。

②凡变更设备现状(包括采用革新项目、变更联锁图表、电路图、信号显示方式及器材规格)的,均要按信号联锁管理联锁纪律的有关规定上报,经批准后才可执行。

(5)中修后的车站(区间)应及时修改各种图纸、标识和建筑限界,做到正确、清晰、完整、图实相符。室外箱、盒应放置接配线图,室内外设备、器材及系统(计算机联锁、智能电源屏、TDCS/CTC、信号集中监测、综合防雷等)铭牌、标识要齐全、直观、明了、美观,把隐形的东西直观化,为现场维修和故障处理创造条件。

(6)中修备用用料、工具、仪表应满足中修需要。中修车间应设置专用库房,专用库房管理应符合铁路物资管理的规定。

(7)中修车间应建立以车站(场)、区间为单位的中修技术档案,技术档案应包括:调查记录、中修预算、施工方案、安全措施、验收报告、竣工资料等,并保管至下一轮中修或大修。

(8)铁路局集团公司每年应对中修工作进行一次检查、评比,总结推广先进经验,对成绩突出的电务段给予表彰奖励。

典型工作任务4　大修管理

4.4.1　工作任务

了解大修的基本要求和主要内容,包括信号设备大修的内容、大修工作范围、大修周期、大修工作计划、施工与验交和大修管理制度。

4.4.2　知识链接

1. 信号设备大修的内容

信号设备大修应包含两个方面:一是提高系统的使用能力,是指联锁、闭塞、机车信号、列车运行控制系统、调度指挥控制系统、驼峰信号、道口信号、信号集中监测等的使用能力;二是提高设备的使用能力,是指构成系统的信号设备和器材(也称单项设备)的使用能力,如控制台

(显示器)、电源屏、计算机终端、信号机、轨道电路发送和接收器、转辙机、机车信号主机、变压器、继电器、信号传输线路等。

信号设备大修应根据系统、设备现状,分别采取整体大修和局部大修方式进行。整体大修是指对信号联锁、闭塞、道口、信号信息系统组成的全部设备进行大修;局部大修是对组成整体信号系统的单项信号设备、器材进行大修,如控制台、电源屏、转辙机、车辆减速器、继电器、计算机联锁机等。

信号设备大修不同于其他行业设备的大修,不完全指现状大修。信号设备大修时,按照《铁路主要技术政策》的要求和提速、扩能、安全、运输生产需要等需求,可进行技术改造,如继电联锁可大修为计算机联锁。

信号设备大修及更新改造应以不断提高系统设备可靠性和安全性等技术指标为目标,积极采用新技术、新器材、新工艺和冗余技术。信号设备通过大修,改善设备质量,不断提高设备的可靠性、安全性、可用性和可维护性,如转辙机安装表示杆缺口监测;信号机点灯装置更换为智能点灯单元;信号集中监测功能开发等。

更新改造时,设备技术制式应符合《铁路主要技术政策》及铁路发展的规划。

2. 大修工作范围

信号设备大修应根据系统、设备现状,分别采用整体大修方式和局部大修方式进行。

(1)为恢复系统功能而更换达到大修期的部件和器材。

(2)更换其他地面不良信号设备部件。

(3)设备在使用中磨耗、老化,已不能保证行车安全和正常使用时,可提前进行大修。

(4)中修工作内容。

3. 更新改造工作范围:

(1)更新已到寿命周期的铁路信号设备。

(2)为提升整体系统功能和性能的设备更换。

(3)遇到下列情况之一,可提前进行更新改造:

①系统不能满足运输扩能和安全保证需求时。

②属于淘汰的设备、器材或维修配件没有供应来源,不能保证使用时。

4. 大修周期

铁路信号设备大修应按周期进行,不得超期使用。这是因为超过大修期的信号设备,其机械强度、电气性能下降,继续使用不能保证安全。

普速铁路信号设备大修系统寿命周期规定为:

(1)一般信号设备大修周期为15年。一般信号设备指继电联锁、闭塞、道口信号设备,以及信号机、轨道电路、道岔转辙机、控制台、电源屏、信号传输线路、电码化等局部信号设备。

(2)安全冗余型计算机联锁、区间闭塞设备寿命周期为15年,双机热备型计算机联锁、TDCS、CTC、信号集中监测、驼峰自动化等专用设备为10年。

(3)车辆减速器属于驼峰自动化系统的有机组成部分,寿命周期应根据解编作业量及设备状态确定,间隔制动位为5~8年,目的制动位为8~10年。

高速铁路大修周期一般为10年,更新改造周期一般为15年。

信号设备提前大修,可根据实际情况,采取整体或局部大修方式,解决设备存在的不足,确保运输生产及行车安全。

5. 大修工作计划

铁路信号更新改造计划与年度大修工作计划是实施设备更新改造及大修的主要依据。铁路局集团公司在编制信号设备更新改造计划与年度大修计划时，应按运输需要、设备耗损规律和实际质量状况，优先考虑，综合平衡，统筹安排，如与邻局集团公司发生关联，应相互协调，尽量同步进行更新改造。

电务段应根据规定的大修周期、条件、范围，向铁路局集团公司提报次年信号大修建议计划，由铁路局集团公司统筹安排。铁路局集团公司电务部根据电务段提报的次年大修建议计划，审核汇总后上报铁路局集团公司的大修主管部门（铁路局集团公司为财务部）。铁路局集团公司大修主管部门按照国铁集团的规定程序审查批准后，在次年正式下达，由电务部负责组织实施。

6. 施工与验交

(1)工程设计

信号设备更新改造工程设计，应按照批准的计划进行，必须符合国铁集团有关规定。

(2)施工领导小组

更新改造施工要成立相应的施工领导小组，按有关规定落实施工领导小组的职责，维护施工期间的运输秩序和施工秩序，及时协调解决相关部门、专业之间遇到的问题。

(3)技术交底

更新改造开工前，应组织有关单位和部门进行技术交底。

(4)施工

必须认真执行国铁集团关于营业线施工的安全管理和铁路电务安全规则的相关规定。凡影响设备正常使用和行车安全的施工作业必须安排在天窗内进行。

施工单位提报的施工计划、安全协议书所包含的内容应符合相关文件规定；未签订施工安全协议及施工安全协议未经审查的严禁施工。

施工单位应认真落实施工质量责任制，建立施工检查制度，做好自检、自验工作，及时解决施工质量问题。

对运输影响较大的施工，还要针对大修工程的特点和对象、施工中易发的设备妨害和易发事故，运用“两图一表”（施工方案示意图、施工作业流程计划图和安全关键卡控表）完善施工方案和安全卡控措施，确保行车、设备和人身安全。

更新改造施工中严禁擅自变动运用中的设备。如需变动，设计或施工单位提出施工过渡方案、安全措施，经审查批准后才可进行施工。遇有设备配线、编号变动时，必须在过渡工程施工图、开通施工图上做出明确标识，防止发生施工错误。

应建立信号设备更新改造监理制度，监督施工单位按设计标准和有关规范、规定进行施工。

施工单位在进行隐蔽工程施工前，应通知电务段派员配合，掌握和监督隐蔽工程质量，填写“隐蔽工程质量检查记录表”，并履行签认手续，作为工程验交资料。

电务部应组织电务段和有关部门定期对工程质量及实施情况进行监督检查，及时协调解决有关问题。电务段要加强对更新改造工程质量的监督检查，发现质量问题责令施工单位立即纠正。

电务段要加强对更新改造工程质量的监督检查，发现质量问题责令施工单位立即纠正。

(5)竣工验收

更新改造工程必须通过严格的开通试验和联锁试验才可开通使用。开通后在 24 h 内交设备管理单位接管维修。

更新改造工程竣工后,应认真按标准组织验交,不符合标准的不能通过验收。

工程竣工后,施工单位必须确认工程已按设计工作完成,质量符合规定的技术标准,并提供完整的竣工文件,经施工单位自验、电务段初验合格后,请求验收。工程竣工后,施工单位必须确认工程已按设计工作完成,质量符合规定的技术标准,并提供完整的竣工文件,经施工单位自验、电务段初验合格后,请求验收。

工程验收和交接,必须在专业主管处室组织下进行。

与信号工程件名相关的线路、水电、房建、消防及通信工程应全部完成,一次验交。

工程竣工文件包括下列内容:

①竣工数量详表。

②图实相符的竣工图。

③工程检查记录(包括隐蔽工程)。

④信号联锁试验检查表及联锁试验报告。

⑤主要设备电气性能测试记录。

⑥设备和器材许可证、认证证书复印件,以及合格证和技术资料。

⑦信号设备建筑限界资料。

⑧竣工验收交接报告。

7. 大修管理制度

(1)大修及更新改造管理

信号设备大修及更新改造实行专业负责,归口管理。信号设备大修及更新改造工作由铁路局集团公司管理,铁路局集团公司应按国铁集团有关规定,明确大修及更新改造职责分工、工作程序、技术标准,规范大修及更新改造管理。电务部应于每年年底向国铁集团工电部报告年度更新改造计划及完成情况。

(2)更新改造评估管理

铁路局集团公司应制定信号设备更新改造评估管理办法,从设备质量、运用质量等方面对信号设备更新改造进行综合评估。

铁路局集团公司组织相关部门、电务专业技术人员组成信号设备更新改造评估小组,履行信号设备更新改造的评估工作。

①评估工作在信号设备达到设备寿命周期的前一年进行。

②电务段于每年 7 月份前,向铁路局集团公司提报次年信号设备更新改造申请,铁路局集团公司评估小组制定评估计划,参照“计算机联锁设备评估鉴定表”“继电联锁设备评估鉴定表”项目,组织信号设备更新改造评估工作,逐站现场调查核实,形成评估报告。

③评估完成后,电务部依据评估报告,提出信号设备更新改造建议,并报铁路局集团公司主管部门或主管领导。

④对于急需解决的隐患问题,要制订控制措施,并落实设备补强。

(3)更新改造的有关规定

信号设备需要更新改造时,按有关规定编制计划任务书,并报铁路局集团公司审批。计划任务书是确定更新改造工程项目、编制设计文件的依据，其主要内容为：工程件名、更新改造理由、更新改造范围、投资估算和经济指标等。

更新改造计划任务书批准后，应按规定确定设计单位和施工单位，并签订设计、施工合同。更新改造工程应由有资质的设计、施工单位承担。

更新改造工程质量要逐步健全质量保证期、责任追究和赔偿制度。

更新改造工程质量评定办法由铁路局集团公司参照国家、国铁集团相关验收标准制定。

更新改造时，设备技术制式应符合铁路主要技术政策及铁路发展规划。

铁路信号设备大修及更新改造应按规定的周期进行。

典型工作任务5 测试管理

4.5.1 工作任务

了解信号设备测试的作用，设备测试的基本要求和主要内容，包括测试的分级、测试项目和周期、信号集中监测、电务检测车、测试管理制度。

4.5.2 知识链接

测试是信号设备维护工作的重要内容之一，通过测试，掌握和分析设备运用状态，指导维护工作，预防设备故障，保证设备正常运用。

1. 测试的作用

由于设备的性能是通过电气特性、机械特性体现出来的，设备故障也以其特性的变异为表现形式，因此通过测试信号设备的各项参数(包括电气、机械和其他特性)，才能准确定量地掌握设备运用状态，为发现设备缺陷、分析设备故障提供科学的依据。测试不仅指信号设备电气特性测试，还要涵盖其他特性测试。信号设备的电气特性主要是指设备的电量参数，如电阻、电流、电压、功率、电容、电感、频率、相位角等；机械特性和其他特性是指设备的非电量参数，如压力、拉力、阻力、弹力、距离、位移、时间、扭矩、光通量、磨耗、公差、金属强度等。信号设备电量和非电量参数的测试，一般采用人工度量和使用电工、电子专用仪器仪表及智能化监测设备。对于一些较复杂的参数，需建立数学模型，通过测试已知参数进行计算，如轨道电路参数等。

2. 测试的管理

国铁集团、铁路局集团公司、电务段的电务试验室，承担相应的测试、试验和管理任务。电务试验室应配备满足测试工作需要的仪器仪表及交通工具。仪器仪表应符合规定精度，按规定定期送检，保证量值准确。

国铁集团电务试验室职责：

(1)负责全路电务设备测试管理工作，指导和检查铁路局集团公司电务试验室工作。

(2)提出年度全路电务设备测试重点工作项目和要求，并监督检查落实情况。

(3)负责全路电务设备动态检测管理工作，运用电务检测车定期检查主要干线电务设备运用质量。

(4)组织制订和改进电务设备测试项目及测试方法。

(5)参加新技术、新设备及国铁集团科研项目的试验、测试及协调配合工作。

(6)参与信号设备疑难故障的调查处理,研究解决关键技术问题。

铁路局集团公司、电务段电气特性管理人员应熟悉管内设备结构和性能、原理、技术标准、测试方法及相应规章制度,严格执行有关技术标准、测试方法和规定。

电务段应根据信号设备电气特性测试项目及周期表的规定以及重点工作,编制年(月)度工作计划,配备满足测试工作需要的仪器仪表,加强测试工作组织,确保测试数据真实准确。

基建、更新改造、大修、中修验交及设备检修时应按规定项目进行人工测试,有关测试记录要纳入验收资料。

测试工作必须严肃认真,测试数据应真实准确,数据分析要认真细致。测试资料保存期不少于两年。

3. 测试的分级

测试分为Ⅰ级测试、Ⅱ级测试和动态检测。Ⅰ级测试、Ⅱ级测试不是按设备的测试项目和维护管理级别(铁路局集团公司、电务段、车间、工区)来分的,而是根据设备的技术标准和维护需要。Ⅰ级测试由信号工区负责;Ⅱ级测试由电务段的电务试验室负责;动态检测由铁路局集团公司的电务试验室负责。

4. 测试项目和周期

Ⅰ、Ⅱ级测试项目及周期按铁路局集团公司制订的"信号设备测试项目及周期表"执行。

凡信号集中监测系统能完成的测试项目,可不再进行人工测试;未纳入监测的测试项目,仍进行人工测试;当信号集中监测系统发生故障时,应按规定的项目进入人工测试,有关测试记录要纳入验收资料。

基建、更新改造、大修、中修验交及设备检修时应按规定项目进行人工测试,有关测试记录要纳入验收资料。

5. 信号集中监测系统

集中联锁车站和自动闭塞区段应装设信号集中监测系统,对信号设备运用状态进行实时监测、故障及超限告警。

信号集中监测系统是监测信号设备运用状态的必要设备,应充分利用信号集中监测系统实时监测、超限报警、存储再现、过程监督、远程监视等功能,发挥信号集中监测系统在信号设备日常维修及故障处理中的重要作用,指导维修工作,及时发现信号设备隐患,预防设备故障,保证设备正常运用。

凡信号设备基建、更新改造时,信号集中监测系统应同步设计、同步施工、同步开通。

监测数据是高速铁路信号设备故障分析、判断和行车站事故鉴定的重要依据,各级监测设备使用和维护人员应对监测数据进行保密,不得删除、泄露数据。

监测系统维护、故障处理、软件升级时,应及时备份监测数据。

信号集中监测一、二级报警信息及相关数据应在电务段中心服务器自动保存1年。信号设备故障时的集中监测数据应保存5年,并做好故障现象说明。

铁路局集团公司应制订信号集中监测系统运用维护的相应管理办法,明确工作职责,规范运用管理,管好、用好信号集中监测系统。铁路信号集中监测系统信息分析内容及周期由铁路局集团公司制订。

6. 数据分析

电务段应按各监测系统配备相应的专职分析人员,分析监控数据,监督生产任务落实,发现信号设备隐患，指导现场设备维护。

电务段应建设相应的监测数据分析平台，对信号集中监测、道岔缺口监测、动力与环境监控、DMS、安全数据网、视频监控等监测设备进行整合，形成综合监测系统。

监测数据分析人员应充分利用监测数据分析平台进行车载设备、地面设备监测数据综合分析。

监测系统智能分析功能应实现设备异常预警、故障原因分析、故障定位判断及处理流程提示等，达到发现设备隐患、预防设备故障和压缩故障延时的目的。

监测数据和报警信息处理的规定：

(1)电务段应实行段、车间、工区三级分析制度。

(2)对报警信息，必须查明原因，及时处理。

(3)调度指挥中心负责跟踪、监督报警信息和故障处理结果。

(4)段电务试验室应根据技术标准和特性变化规律，合理设定报警上、下限。

7. 动态检测

电务动态检测工作是铁路信号维护工作的重要内容。通过检测分析，发现隐患、预防故障，了解和掌握电务设备的运用状态，为维护工作提供决策依据，实现电务设备运用质量的科学有效管理，提高维护水平。

国铁集团、铁路局集团公司应配备电务检测车，检测车构造速度应适应动态测试要求。电务检测车自动检测系统应符合有关技术条件。

国铁集团、铁路局集团公司电务试验室应定期运用电务试验车对信号、无线设备进行动态检测，通报检测结果。检测周期为：国铁集团，繁忙干线每半年1次，其他干线抽测；铁路局集团公司，管内干线每季1次，其他线路由铁路局集团公司规定。

电务检测车对管内铁路信号设备检测时，电务试验室应派人随车添乘，及时掌握检测情况，发现问题，积极组织处理并上报。

电务段应建立动态检测问题库，将检测发现的问题纳入问题库，并及时处理销号。

列控系统软硬件升级、数据变更等施工，根据需要利用动车组进行动态检测、数据分析。

电务动态检测工作必须严肃认真，测试数据应真实准确，数据分析要认真细致。原始测试数据和相关资料由专人保管。

8. 测试管理制度

(1)电气特性分析制度

①信号工区每月对Ⅰ级测试数据进行一次分析，分析结果报车间。

②现场车间每季对管内Ⅰ级测试进行一次分析，分析结果报段电务试验室。

③段电务试验室每半年组织对全段Ⅰ、Ⅱ级测试进行一次分析，分析结果报段主管科室。

④电务段主管副段长(总工程师)每年10月组织召开特性测试分析会议，全面分析信号设备特性测试工作，针对存在的问题，提出改进措施及解决办法。

⑤电务部主管副主任(总工程师)每年12月组织召开特性测试分析会议，重点分析各段信号设备特性测试工作及局集团公司动态检测情况，研究解决存在的问题。

(2)电气特性测试报告制度

①电务段于每年11月底前向铁路局集团公司电务部提报年度信号设备特性测试分析报告。

②电务部于每年12月底前向国铁集团工电部提报年度信号设备特性测试分析报告。

典型工作任务6 维护成本管理

4.6.1 工作任务

了解维护成本管理的各项工作,包括全面预算管理、中修预算管理、成本明细核算、直接维修费率。

4.6.2 知识链接

1. 全面预算管理

信号设备维护成本实行全面预算管理。大修按件名实行预算管理;中修、维修按批准的年度财务预算进行管理。

铁路局集团公司应根据信号设备使用状况,科学合理地安排维修费用,保证信号设备维修正常开展和专项整治工作的顺利实施。

铁路局集团公司是维修成本管理的主体,电务部作为业务主管部门应制订维修、中修主要工作项目及入所修项目的材料消耗定额。

电务段应按照国铁集团和铁路局集团公司的有关规定进行成本核算,应建立以全面预算管理为核心的经济核算体系和段、车间、工区经济责任考核机制,发挥主要职能科室的作用,加强成本核算,做好成本管理。

电务段应定期召开经济活动分析会,检查成本费用情况,分析超支原因,提出整改措施。

电务段应大力开展技术革新活动,努力降低能源、材料消耗,实现成本管理目标。

2. 中修预算管理

铁路局集团公司应按规定的周期合理安排信号中修费用,以保证信号设备能够按周期实施中修。信号中修以年度中修工作量为依据进行计算。

信号中修要严格按照预算管理,实行中修承包责任制。信号中修承包责任制由铁路局集团公司制订。

预算管理包括建议预算和执行预算。建议预算以年度中修计划工作量(换算道岔组)作为依据,由电务段负责上报铁路局集团公司预算管理部门审查、核定,待铁路局集团公司正式下达执行预算指标后,电务段根据“四个结合”确定的工作项目及内容和“中修项目及要求”的规定,通过中修调查,编制中修执行预算,并报铁路局集团公司批准。中修执行预算批准后,不得随意变更,要严格按照预算项目做好年度信号中修工作,可实行信号中修承包责任制。铁路局集团公司按照中修承包的内容,制订管理办法,做好信号中修承包的管理工作。

3. 成本明细核算

电务段按照国铁集团和铁路局集团公司的有关规定进行成本核算。

电务段应按照铁路运输企业有关成本费用的管理核算规定和铁路局集团公司有关规定进行成本明细核算。电务部门直接生产费用科目的编号、名称、核算内容及工作量计量单位,见表4.3。在全面预算管理试行后,电务段要按规定每年提报建议预算中、维修工作量,并以此为预算管理的依据。

表 4.3 电务部门直接生产费用科目编号、名称、核算内容及工作量计量单位

科目编号	科目名称	核算内容	工作量计量单位
3301	自动闭塞设备运用维修—区间	(1)自动闭塞区段内的信号及区间信号设备、调度集中、TDCS等设备运用、维修用材料;(2)自动闭塞及信号设备用电;(3)信号用灯泡补充;(4)信号设备防冻、防雷、防风费用;(5)互换配件修理费	闭塞公里
3302	联锁道岔设备维修	(1)车站继电联锁、计算机联锁及信号集中监测、电缆、轨道电路、道岔、控制台,信号机、信号电源屏等站内信号设备运用、维修用材料;(2)联锁设备防冻、防雷、防风费用;(3)联锁设备用电;(4)互换配件修理费	换算道岔组
3302-1	运行—区间		换算道岔组
3302-2	编组站		换算道岔组
3302-3	非编组站		换算道岔组
3303	信号其他设备维修	(1)驼峰信号设备运用、维修用材料、燃料、电力;(2)半自动闭塞、机车信号、道口信号维修用材料及设备用电;(3)列车监控装置、报警装置、信号测试设备维修用料及其他费用;(4)电务检测车配备的工具及耗用的油脂、材料、燃料;(5)信号其他设备防冻、防雷、防风费用;(6)互换配件修理费	换算道岔组
3303-1	运行—区间		换算道岔组
3303-2	编组站		换算道岔组
3303-3	非编组站		换算道岔组
3304	信号设备中修	按中修规定施修发生的费用	换算道岔组
3304-1	运行—区间		换算道岔组
3304-2	编组站		换算道岔组
3304-3	非编组站		换算道岔组
3351	信号设备大修	按信号设备大修周期和设备实际情况,或者为消除信号严重故障对信号设备进行局部大修理支出	—
3351-1	运行—区间		—
3351-2	编组站		—
3351-3	非编组站		—

各铁路局集团公司在具体执行时根据自身的实际掌握规定信号维修成本是否包括用电电费。

4. 直接维修费率

各铁路局集团公司应根据线路繁忙程度等因素制订不同的、合理的信号设备直接维修费率,以确保安全生产和设备正常使用。

项目小结

铁路信号设备是指挥列车运行,保证行车安全,提高运输效率,改善行车组织方式,实现行车指挥现代化的关键设施。为满足铁路运输生产的需要,确保铁路信号设备的正常运用,电务部门必须贯彻国家有关政策,坚持以运输生产为中心,做好信号设备的维护管理工作,保证信号设备处于良好运用状态。

信号设备实行维修、中修、大修三级修程。维修是对信号设备进行的日常养护和集中检修;中修是使现场信号设备电气性能和机械强度符合规定标准的修程;大修则是恢复、改善和提高信号设备质量的修程。信号设备维护实行维修和大修两级修程,不设中修。列控车载设备维护实行运用检修(一、二级)和高级检修(三、四、五级)五个修程。铁路信号设备维护工作应按设备技术状态进行维修,并按周期进行中修和大修。

电务段根据设备质量状况等组织编制年(月)度维修工作计划表(简称"计表")和年度信号器材入所检修、修配计划表,并严格按计划进行维修。现场维修实行预防性计划修和状态修两种模式。预防性计划修是按照规定的检修作业内容、标准对设备实施的周期性维修;状态修是根据设备特性变化状态有针对性地进行的维修。根据不同情况分别采用入所修、故障换板换块修、状态修、入厂修等修理方式。车站、区间信号设备检修实行天窗修,驼峰设备检修实行停轮修。高速铁路信号设备检修作业必须在天窗内进行。

中修是"整修、补强、恢复、改善"信号设备的有效途径,在信号维护工作中的作用越来越大,应按规定的中修项目和内容、工作范围、周期制订中修工作计划,并以年度中修工作量为依据计算中修费。中修实行三级验收制,要正确评定中修质量,严格执行中修管理制度。

信号设备大修应根据系统、设备现状,分别采取整体大修和局部大修方式进行,应按规定的大修工作范围、周期编制大修工作计划。必须认真执行关于施工安全的规定。大修工程竣工后,严格进行验收。信号设备大修实行专业负责,归口管理的管理制度。

信号设备电气、机械特性测试工作是信号设备维护工作的重要内容之一,包含在维修、中修、大修之中,要严格执行测试管理制度。通过测试,才能准确定量地掌握设备运用状态,为发现设备缺陷,分析设备故障提供科学的依据。测试分为Ⅰ级测试、Ⅱ级测试和动态检测,必须按规定的测试项目和周期进行各级测试。要管理好信号集中监测系统,认真分析和处理监测信息,充分发挥信号集中监测的作用。要用好电务检测车。

成本管理是生产经营管理的重要组成部分。合理的成本投入是进行铁路信号设备维护,确保信号设备处于良好运用状态的必要条件。

复习思考题

1. 信号设备维护工作要遵守哪些原则?
2. 信号设备维护工作的指导思想是什么?
3. 有哪些维护工作制度?
4. 对维护计划管理有哪些规定?
5. 对设备定期检查有哪些规定?
6. 列控等大量新设备上道,要求维修管理机制有哪些转变?
7. 简述维修工作计划编制的要求和方法。
8. 计划性维修和状态修有什么不同?
9. 实行状态修的基本条件是什么?
10. 修理方式有哪几种?
11. 何谓天窗修?如何实施天窗修?
12. 对入所修有哪些规定?
13. 对维修管理有哪些规定?
14. 中修工作范围如何?中修周期有何规定?如何进行中修管理?
15. 大修条件有哪些?工作范围如何?大修周期有何规定?如何进行大修管理?施工和验收有何规定?

16. 大修、中修、维修有何区别?

17. 何谓电气特性测试?如何进行管理?有哪些管理制度?

18. 各级电务试验室的职责范围如何?

19. 如何发挥信号集中监测和电务检测车的作用?

20. 对全面预算管理有哪些规定?简述中修预算管理的要求和方法。

项目5　质量管理

项目描述

本项目介绍质量管理的基本要求，设备质量、工作质量和运用质量的含义，定期进行质量检查和质量分析，设备质量鉴定，动态检查，召回制度和赔偿办法，产品质量通报制度，工程质量的规定；介绍全面质量管理的基本知识，包括质量和质量管理、全面质量管理的基本概念、质量管理小组、全面质量管理的工作方法、全面质量管理的常用工具；介绍质量管理体系的基本知识，包括ISO 9000族标准、推行ISO 9000的作用、ISO 9000有关质量的术语、推行ISO 9000的一般步骤、质量管理体系文件的编写、ISO 9000认证、ISO 9000对职工的要求。

学习目标

通过学习，了解信号设备维护工作对于质量管理的基本要求，熟悉对质量管理的有关规定；了解全面质量管理的基本知识，掌握全面质量管理的基本方法，能运用全面质量管理的常用工具，为今后参加TQC做好准备；了解质量管理体系的基本知识，掌握推行ISO 9000的基本方法，为今后推行ISO 9000做好准备。

典型工作任务1　质量管理基本要求认知

5.1.1　工作任务

了解质量管理的基本要求，懂得设备质量、工作质量和运用质量的含义，熟悉定期进行的质量检查和质量分析、设备质量鉴定、动态检查、召回制度和赔偿办法、产品质量通报制度和工程质量的规定。

5.1.2　知识链接

1. 设备质量、工作质量和运用质量

设备质量是指设备及电路达到应具备的技术条件和质量标准；工作质量是反映维修人员在生产活动中具有的技术水平、工作态度和执行作业标准的认真程度；运用质量是指信号设备在使用过程中应具有的效果。设备质量、工作质量是运用质量的基础；运用质量是设备质量与工作质量的综合反映。

2. 定期进行质量检查和质量分析

铁路局集团公司电务部、电务段应组织开展质量检查活动，分析设备运用状况，定期进行质量检查和考核。

定期进行质量检查和质量分析是保证设备质量、工作质量、运用质量稳定受控、持续改进的重要手段。电务部、电务段应制订设备质量检查及分析制度，定期开展质量检查活动，分析设备运用状况，并充分发挥检(监)测系统的作用，提高设备检(监)测水平。

(1)电务部应每年组织电务段进行春季设备质量检查和秋季设备质量鉴定工作。

(2)电务部、电务段、车间应有计划地开展设备质量互检活动。电务部每年、电务段每半年、车间每季度不少于一次。

(3)电务部、电务段应定期添乘机车，重点检查信号显示、机车信号、各种信号标志、沿线施工情况等。

(4)电务段每半年、车间每季度对信号机、联锁道岔、轨道电路、机车信号、驼峰设备、道口信号、电缆线路和信息设备等主要行车设备的运用质量与工作质量进行全面检查。

(5)电务段应建立设备监测信息分析制度，加强监测信息分析，掌握设备运用状态，及时解决设备存在的问题。

(6)电务段、车间、工区应建立设备质量问题库，及时对存在的质量问题进行整改、销号。

(7)铁路信号设备使用的设备、器材，电务段必须进行测试，检查合格后，才可安装使用。

3. 设备质量鉴定

年度设备质量鉴定是对信号、维护工作进行综合评定的主要手段，是制订信号设备大修、中修、维修计划和专项整治的重要依据。质量鉴定有关规定如下：

(1)铁路局集团公司应制订“信号设备质量鉴定细目表”。

(2)铁路局集团公司组织电务段每年进行一次信号设备质量鉴定。

(3)质量评定办法：以单项设备为单位，按电信鉴表内容逐条对标，不符合标准的填入扣分数，按扣分总数给出单项设备质量评语。累计扣分零分的为良好；累计扣分小于或等于 9 分(联锁道岔小于或等于 14 分)的为合格；累计扣分大于或等于 10 分(联锁道岔大于 15 分)的为不合格。

(4)质量鉴定结束后，电务段应对鉴定结果进行汇总分析，填写“信号设备质量鉴定报告表”“信号联锁关系试验报告表”及“信号显示报告表”，质量鉴定综合合格率按“信号维护工作指标体系表”中的公式计算。

(5)电务段于 11 月底前上报电务部，电务部于年底前汇总上报国铁集团工电部。

4. 动态检查

动态检查是掌握设备运用质量的有效手段。铁路局集团公司应定期用电务检测车对管内信号设备运用状态进行动态检测。

5. 召回制度和赔偿办法

信号设备必须率先做到质量终身保证制，没有质量终身保证的设备与厂家不得进入电务采购市场。

加强信号设备质量源头控制，严把设备入口质量关，落实产品质量责任，广泛推行设备质量终身保证制度，实行设备召回制度和赔偿办法。

召回制度是针对已经流入市场的缺陷产品而建立的。所谓缺陷产品，是指因产品设计上的失误或生产线某环节上出现的错误而产生的，大批量危及人身、财产安全或危害环境的产品。召回制度是生产厂家按照惯例对产品进行检查时发现问题，报有关部门后主动召回的，其目的是防患于未然，防止更大灾祸的发生。

(1)存在制造缺陷的设备由生产厂家召回

存在制造缺陷的设备和器材需由生产厂家召回,这就给生产厂商提出了更高的要求。设备、器材一旦出现被召回的情况,对生产厂家的影响是巨大的。生产厂家必然会强化自己的产品质量,如把那些质量差、技术落后、存在安全隐患的信号设备、器材逐出市场;迫使生产厂家和研制单位不断修改设计,弥补设备、器材的内在缺陷;积极采用新技术、新材料、新工艺,不断改进技术,提高信号设备、器材的质量。信号设备、器材从上道到下道前发生的制造缺陷由生产厂家负责。

(2)保修期内出现质量问题,由供应商(生产厂家)负责更换或维修

信号设备、器材在保修期内出现质量问题,由供应商(生产厂家)负责更换或维修。生产厂家更换或维修存在质量问题的设备、器材只是被动召回的一种形式,在保修期限内,生产厂家应无偿负责包修、包换、包退。

(3)赔偿责任

凡生产厂家主动召回存在制造缺陷的设备器材和保修期内被动召回出现质量问题的设备、器材,导致信号故障造成经济损失或危害的,生产厂家应依法承担赔偿责任;构成信号事故的按《铁路交通事故调查处理规则》有关规定进行办理赔偿;构成信号障碍的赔偿办法,由铁路局集团公司根据自己的实际制订。

(4)在合同中明确实行设备召回制度和赔偿的办法

实行设备召回制度和赔偿的办法,在信号设备、器材招标采购时,合同中要明确具体的召回规定和赔偿的具体内容。信号工程施工单位招标采购的信号设备、器材,除在合同中明确外,由工程施工单位负责,并且在设备、器材生产厂家与电务段签订的维修协议中明确。

(5)建立信号产品供应商(生产厂家)信用(信誉)评价办法

电务部、电务段每年对主要信号供应商的产品质量、运用安全、技术支持和售后服务等方面进行一次全面评价,将评价结果和相关要求通告供应商,并可依据评价结果向铁路局集团公司相关部门提出信号产品运用的意见、建议。

6. 产品质量通报制度

建立产品质量通报制度。电务部、电务段应及时统计分析信号设备、器材质量问题,逐级上报产品质量统计分析报告及信号设备、器材质量事故故障统计表。国铁集团工电部每半年对信号产品质量进行通报。

7. 工程质量

工程质量要从源头抓起,细化产品保质期、包修期和寿命期的概念和期限,明确规定产品售后服务和安全责任考核办法。设备安装前,除了入所检测和现场外观检查初验外,在工程初验时,要求专业检测人员对分管的产品质量进行检查验收。开通运用一个月后,专业检测人员开展设备调查,进行质量追踪,提早发现质量问题,建立并完善设备运用台账,从电务器材安装到投入使用各环节加强源头控制。

典型工作任务 2　全面质量管理

5.2.1　工作任务

了解全面质量管理的基本知识,包括质量和质量管理、全面质量管理的基本概念、质量管理小组、全面质量管理的工作方法、全面质量管理的常用工具。

5.2.2 知识链接

1. 质量和质量管理

(1)质量

质量是质量管理中最基本的概念，是指一组固有特性满足要求的程度。这里没有将质量限定于产品或服务，而是泛指一切可以单独描述的事物。它可以是产品和活动，也可以用来对过程、人员甚至组织进行描述。“特性”是指事物可以区分的特征。“固有特性”指事物本来就有的，尤其是永久的特性。质量特性包括性能、寿命、可靠性、安全性、经济性、准确性等。“要求”既可以明确表述出来，如合同，也可以是隐含的、不言而喻的。

(2)质量特性

质量特性包括性能、准确性、可靠性、安全性等。

①性能是产品满足使用目的所具备的技术特性，如信号机的显示准确等。

②寿命是产品使用的总时间，如信号灯泡使用的小时数。

③可靠性是产品完成规定功能的能力，如计算机联锁的平均无故障工作时间等。

④安全性是产品保证人身的生命、财产不受损失的能力，如列车运行控制系统保证列车运行安全等。

⑤经济性是产品的所有成本和费用。

(3)质量管理

质量管理是指在质量方面指挥和控制组织的协调活动，通常包括制订质量方针和质量目标及质量策划、质量控制、质量保证和质量改进。质量管理是组织全部管理职能的一个方面，也是全部管理工作的一个重要部分。质量管理的责任应由组织的最高管理者承担，但需要全员参与，各自承担岗位相应的义务和责任。质量管理通过以下各项活动来实现：

①质量策划：致力于制订质量目标，并规定必要的运行过程和相关资源以实现质量目标的活动。

②质量控制：致力于满足质量要求。

③质量改进：致力于增强满足质量要求的能力。

④质量保证：致力于提供质量要求得到满足的信任。

(4)质量管理科学的发展

由于科学技术和生产水平的发展，20 世纪初开始形成科学的质量管理，伴随着现代化生产的发展逐步充实和完善，大体上经历了质量检验、统计质量管理、全面质量管理和标准质量管理四个阶段。

①质量检验阶段

20 世纪初，随着工业生产规模的不断扩大，企业管理开始由传统管理向科学管理发展，提出了对人员进行科学分工的要求，将计划职能和执行职能分开，中间加一个检验环节，形成由专职检查队伍构成的专职检查部门，以监督检查计划和生产的各个环节。质量检验主要是通过检验的方式来控制和保证产品质量，只是从成品中挑出废品、次品，实质上是一种“事后的把关”，但这种事后检验的方法不能防止废品、次品的产生，难以了解和保证产品质量。它是质量管理发展史上的初级阶段。

②统计质量管理阶段

工业生产的发展将数理统计引入质量管理中,数理统计和质量管理相结合,形成了质量管理这一新的独立学科。首先是运用数理统计原理来预防废品的产生,使质量管理从单纯的事后检验发展到检验加预防。重点是确保产品质量符合规范和标准,人们通过对工序进行分析,及时发现生产过程中的异常情况,确定产生缺陷的原因,迅速采取对策加以消除,使工序保持在稳定状态。从质量管理的指导思想,由以前的事后把关,转变为事前的积极预防。在方法上,广泛深入地应用了统计的思考方法和统计检验方法,但它以产品质量的控制和预防废品的产生为主,仅局限于制造的检验部门,过分强调数理统计方法而忽视人的作用。

③全面质量管理阶段

20 世纪 60 年代以后,科学技术迅猛发展,对产品质量的要求也越来越高,与此相适应的管理理论进一步发展,运筹学、系统工程、计算机、行为科学的兴起,推动了质量管理科学的发展,进入了全面质量管理阶段。全面质量管理不仅重视统计方法,而且重视组织管理,注意发挥人的作用,发挥系统的作用,发挥整个企业的作用。全面质量管理是以质量为中心的,以全员参与为基础,综合的、全面的管理方式和管理理念,即全过程的质量管理、全员的质量管理、全企业的质量管理、多方法的质量管理。它把产品质量放在首位,把质量管理作为提高企业素质增强竞争能力的一种手段,取得了很大成功,受到了各国的重视。

④标准质量管理阶段

1979 年,国际标准化组织(ISO)成立了第 176 技术委员会,负责制订质量管理和质量保证标准。1986 年开始发布质量管理和质量保证标准。标准质量管理阶段是质量管理创新阶段,它以 ISO 9000 质量标准、质量供应链管理和卓越绩效评价准则等质量文化、质量理念和质量方法为特征。质量管理体系标准自问世以来,使质量管理走上了标准化、规范化的道路,在全球范围内得到广泛的应用,对推动质量管理工作和促进国际贸易发挥了积极的作用,而且获得了广泛的应用。

2. 全面质量管理的基本概念

全面质量管理是一门新型的管理科学,它是质量管理发展到一个新阶段的产物,是现代化生产中一种科学的质量管理方法。

(1)全面质量管理的地位和作用

全面质量管理在企业管理中起着中心环节的作用,这是因为:

①全面质量管理旨在使企业做到最适质量、最优生产、最低消耗、最佳服务,从而取得最大的经济效益,这与企业的中心任务相一致。

②企业的产品质量是企业内各项管理工作质量的综合结果,做好全面质量管理,就必然要做好工作质量以保证产品质量,也就必然要做好各项管理工作的质量。

③全面质量管理既涉及管理,又涉及企业经营决策,对经营决策具有重大影响。

④全面质量管理要求各个部门的各个管理环节都能为保证产品质量而协调要求提高各项工作的质量,因而带动了企业管理的全部工作。

(2)全面质量管理是“三全”的管理和对“三种质量”的管理

全面质量管理,英文简称 TQC,是“Total Quality Control”的缩写。它是现代工业企业质量管理的科学理论和方法,是质量管理发展到一个新阶段的标志,并且已形成一个实践性很强的新型管理学科。

TQC泛指企业开发、保证、提高产品质量的全过程中运用的一整套理论、技术、方法和工具的总称，是包括对产品质量的开发、保证、提高、协调、服务等方面的含义广泛的概念。它把生产技术、经营管理和数理统计方法密切结合起来，建立了完整的质量管理体系，涉及生产、计划、检验、经营、销售和用户服务等各个环节，要求企业全体人员都参加质量管理。

从深度上看，TQC不仅包括产品检验，而且用科学的方法控制和形成与产品质量有关的全部过程，预防废品、次品的产生，保证生产合格的产品，同时还要了解使用要求，积极改进和提高产品的质量标准。

从广度上看，TQC不单是生产过程中的质量管理，而且从产品的研究设计、生产准备到加工制造，以至为用户使用服务全过程的综合质量管理。

因此，TQC就是对产品全面质量的管理、对全部过程的管理和全体人员参加的管理，也称为“三全”的管理。

对产品全面质量的管理，就是对产品性能、寿命、可靠性、安全性、价格、交货期、售后服务等各方面的质量特性进行全面管理。

对全过程的管理，就是对产品生产的全部过程，包括设计、辅助、销售和使用过程的质量统统加以管理，即贯穿于产、供、销的全过程。

全员人员参加的管理，就是整个企业各部门的全体人员，自企业负责人、各级工作人员至生产工人，人人参加质量管理，即对产品质量实行群众管理、民主管理。

除对产品质量管理外，TQC还包括对工程质量和工作质量的管理，并要以工作质量保证工程质量，以工程质量保证产品质量，因此TQC亦可称为“三种质量”的管理。

产品质量指产品所具有的质量特性，也就是产品的使用价值。

工程质量的“工程”不同于一般工程的概念，指的是生产中各种因素同时对产品质量起作用的过程，就是说在生产中存在着人员、机器设备、材料、工作方法和环境五大要素(简称人、机、料、法、环)同时起作用的过程，其质量叫作工程质量。它虽然看不见、摸不着，但却是客观存在的。工程质量直接反映生产过程中能生产合格产品的稳定程度。它与产品质量有重要区别，产品质量一般指已生产出来的产品的质量，而工程质量则是质量因素对产品质量起作用的过程。它虽然不是物，但只要企业生产不停止，它总是存在的。只有做好工程质量，产品质量才有保证。

工作质量指企业为了达到产品质量标准所做的经营管理工作的水平和组织完善的程度，也就是企业的管理工作、技术工作和组织工作对于达到产品质量标准的保证程度，它包括企业各方面全部活动的质量。因为人、机、料、法、环各方面的工作都需要去做，都有工作质量的问题。企业中任何人的工作质量都将直接或间接地影响产品质量。

三种质量既有区别，又有联系。工作质量提高了，就能保证工程质量的提高，从而推动产品质量的提高。因此，产品质量是工作质量的最终体现，工程质量是工作质量的反映，它对产品质量的形成起直接作用。全面质量管理对三种质量统统加以管理，为保证产品质量，要做到严格检验；为做好工程质量，要对五大要素实行标准化，保持工序的稳定性；为提高工作质量，要求全体人员提高思想素质和科学文化素质，严格实行岗位责任制。

(3)电务部门的“三全”和“三种质量”

铁路电务部门推行全面质量管理的目的是提高电务设备的质量，更好地满足铁路运输的需要。电务部门的TQC也必须是“三全”的管理和对“三种质量”的管理。

电务部门一般不生产有形的产品,对产品质量的全面管理,主要就是信号设备、信号显示、传输行车信息等方面的质量管理。

对生产全过程的管理,就是对电务部门整个生产过程,包括从设计、施工到维护的质量管理,以及在电务设备维护中包括大修、中修及维修全过程的质量管理。

电务部门的质量管理当然必须通过全体人员的参加才能完成,不仅包括全体直接生产人员,而且包括参与保证生产过程的计划、统计、财务、材料、人劳、教育等部门的全体人员,也包括党、团、工会等组织的全体人员。

电务部门的产品质量主要指电务设备质量。

电务生产过程中同样有人、机、料、法、环五大要素,具体内容是:人,全体电务职工;机,各种信号设备;料,维护用的各种材料、零部件;法,各种规章制度、技术标准、作业方法、维修方式;环,天气季节的变化、设备所处位置。它们对电务生产质量的形成有着直接的关系,因此在电务生产中同样存在着工程质量的问题。

电务部门的全部活动,上至各级领导、各职能部门,下到各工区,每个职工都有各自的责、权、利,都要讲究工作质量。

电务维护工作的质量管理是通过系统的质量管理活动,求得设备质量、工作质量、运用质量的稳步提高。设备质量指各项设备达到应具备的技术条件和质量标准。工作质量反映维修人员在生产活动中具有的技术水平、工作态度和认真负责的程度。运用质量指信号设备在使用过程中应具有的效果。设备质量、工作质量是运用质量的基础,运用质量是设备质量与工作质量的综合反映。

(4)质量第一的方针

“质量第一”是 TQC 的基本方针,也是推行 TQC 的指导思想。从我国的实际情况出发,就必须把考虑一切经济问题的根本出发点放在提高经济效益上,而提高产品质量是提高经济效益的重要方面和有效手段。

电务部门坚持“质量第一”的方针,不断提高设备质量,就能满足运输生产的需要。

(5)全面质量管理的基本原则

全面质量管理的基本原则是:为用户服务、以预防为主、用数据说话、全员参加管理。这些原则是 TQC 的核心内容,是贯彻“质量第一”方针的重要方面。

①为用户服务是 TQC 最重要的原则。为用户服务,对电务部门来说,就是为运输生产服务,把满足运输生产的需要作为自己的职责,牢固树立为运输生产服务的思想。这是电务工作的重点之一,也是电务部门精神文明建设的重要内容。

②以预防为主是科学管理的重要标志。电务部门的“次品”(信号显示不佳)和“废品”(信号故障)在大部分情况下,无论何时发现,对运输生产的不良后果均已发生,难以挽回。因此,以预防为主,消灭隐患,有着重要的意义。

③用数据说话进行科学管理,就是搞定量分析,掌握与管理有关的各种数据,而不能凭主观想象和臆断办事。用数据说话,包括以数据作为依据、不使用假数据、揭示包含在数据中的内在规律。在实施 TQC 过程中,无论提出或分析质量问题,制订措施或提出今后的质量目标,都要强调用数据说话。

④在推行 TQC 的过程中,若不认真落实全员参加管理的原则,就不可能达到预期的效

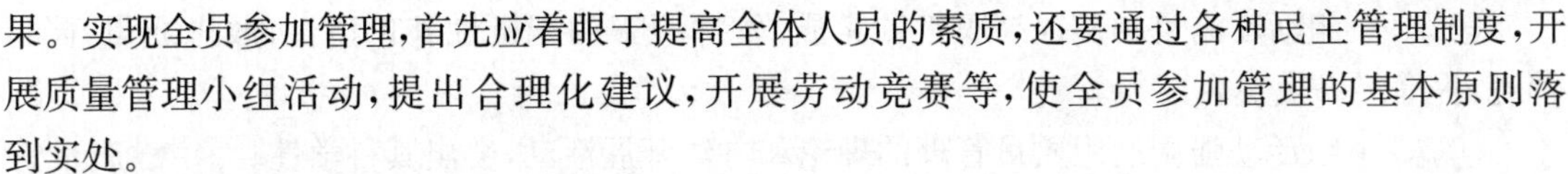

果。实现全员参加管理，首先应着眼于提高全体人员的素质，还要通过各种民主管理制度，开展质量管理小组活动，提出合理化建议，开展劳动竞赛等，使全员参加管理的基本原则落到实处。

(6)电务部门的全程全网质量管理

电务部门的全程全网性，不仅要求每个单位搞好质量管理，更重要的是进行全程全网的质量管理。属于同一网路的所有单位和环节的质量要保持均衡、稳定，否则，质量差的单位将有碍于全程全网的质量。

自动闭塞、CTC、TDCS、编组站自动化系统等都应开展全程全网质量管理。电务部门的目标管理和质量保证体系都应立足于全程全网，并从组织上、技术上、检测手段上加强力量，建立全程全网质量保证体系。

全程全网质量管理的主要内容有：质量评定、质量控制和质量诊断。

①质量评定

对同一网路内各单位的质量进行评定，有利于找出薄弱环节，推广先进经验，促进整个网路质量水平的提高，但网路内各单位的情况不尽相同，评比要有可比性。例如一个调度区段内的若干信号工区，各自的设备数量及作业量都不相同。若按它们的故障绝对数进行质量评定，是不合理的，可找出故障率与设备数量、作业量间的关系，在排除了设备数量和作业量的影响后，得到反映维修工作质量水平的数值。

②质量控制

网路内各点的质量特性值可看成一族具有独立分布的随机变量，全程全网的质量控制就是对这族随机变量的分散性进行控制，其基本方法是后述的控制图法。某单位的质量特性值如超出全程全网质量控制图的界限，说明该单位工作异常或质量标准低于全程全网水平，应采取措施，提高质量。

③质量诊断

全程全网中各单位、各工序相互影响，密切关联，一旦出现质量问题，应查找原因和责任，即需进行诊断。

3. 质量管理小组

建立质量管理小组(QC 小组)是全面质量管理的一项重要的基础工作。电务段应广泛开展质量管理小组活动，信号工区、车间质量管理小组应根据班组生产管理、设备质量中的问题，制订年度活动计划，坚持攻关活动，直至取得成果。

(1)QC 小组

QC 小组是在生产或工作岗位上从事各种劳动的职工，围绕企业的经营战略、方针目标和现场存在的问题，以改进质量、降低消耗、提高人的素质和经济效益为目的组织起来，运用质量管理的理论和方法开展活动的小组。

QC 小组包含了以下四层意思：

①参加 QC 小组的人员是企业的全体职工，不管是高层领导，还是一般管理者、技术人员、工人、服务人员，都可以组织 QC 小组。

②QC 小组活动选择课题是广泛的，可以围绕企业的经营战略、方针目标和现场存在的问题来选题。

③QC小组活动的目的是提高职工的素质,发挥职工的积极性和创造性,改进质量,降低消耗,提高经济效益。

④QC小组活动强调运用质量管理的理论和方法开展活动,突出其科学性。

(2)QC小组的性质

QC小组是企业中群众性质量管理活动的一种有效的组织形式,是职工参加企业民主管理的经验同现代科学管理方法相结合的产物。QC小组同企业中的行政班组、传统的技术革新小组有所不同,主要有:

①组织的原则不同

行政班组一般是企业根据专业分工与协作的要求,按照效率原则,自上而下建立的,是基层的行政组织,而QC小组通常是根据活动课题涉及的范围,按照兴趣或感情的原则,自下而上或上下结合组建的群众性组织,带有非正式组织的特性。

②活动的目的不同

行政班组活动的目的是组织职工完成上级下达的各项生产经营任务与技术经济指标,而QC小组则是以提高人的素质、改进质量、降低消耗和提高经济效益为目的,组织起来开展活动的小组。

③活动的方式不同

行政班组的日常活动,通常是在本班组内进行的,而QC小组可以在行政班组内组织,也可以是跨班组,甚至跨部门、跨车间组织起来的多种组织形式,以便开展活动。

QC小组与传统的技术革新小组也有所不同。虽然有的QC小组也是一种"三结合"的搞技术革新的组织,但传统的技术革新小组侧重于用专业技术进行攻关,而QC小组不仅活动的选题要比技术革新小组广泛得多,而且在活动中强调运用全面质量管理的理论和方法,强调活动程序的科学化、方法的多样化、事实的数据化。

(3)QC小组的特点

①明显的自主性

QC小组以职工自愿参加为基础,实行自主管理,自我教育互相启发,共同提高,充分发挥小组成员的作用。

②广泛的群众性

QC小组是吸引广大职工群众积极参与质量管理的有效组织形式,不仅包括领导、技术人员、管理人员,而且更注重吸引在生产第一线的人员参加。广大职工群众在QC小组活动中学技术、学管理,群策群力分析问题、解决问题。

③高度的民主性

QC小组的组长可以民主推选,可以由QC小组成员轮流担任课题小组长,以发现和培养管理人才。在QC小组内部讨论问题、解决问题时,小组成员间是平等的,不分职位与技术等级高低,高度民主,各抒己见,互相启发,集思广益,以保证既定目标的实现。

④严密的科学性

QC小组在活动中遵循科学的工作程序,步步深入地分析问题、解决问题,在活动中坚持用数据说明事实,用科学的方法来分析与解决问题,而不是凭"想当然"或个人经验。

(4)QC小组活动的宗旨

①提高职工素质，激发职工的积极性和创造性

这是开展QC小组活动的着眼点，是企业管理从以物为中心的传统管理向以职工为中心的现代管理转变的体现。开展质量管理小组活动，是在平凡的工作岗位上进行创造性劳动。自找问题，与同伴一起进行研究分析，解决问题，改进工作及周围环境，从中获得成功的乐趣，体会到自身价值。职工有了这样的感受，便会产生更高的工作热情，激发出更大的积极性和创造性，自身的潜在智力与能力才会得到更大限度地发挥。

②改进质量，降低消耗，提高经济效益

产品质量是一个国家国民素质的反映，关系到国民经济全局的发展及在全球经济中的地位，同时关系到企业在市场经济中的地位。人人牢固树立质量意识，通过积极开展QC小组活动，不断改进产品质量、工作质量、服务质量，是一项具有关系企业兴衰的重要工作。

降低消耗，包括物质资源的消耗和人力资源的消耗，是降低成本的主要途径，也是提高经济效益的最大潜力。这既要依赖于技术进步，也要依赖于人们的效率观念与节约观念的增强。通过开展QC小组活动，从自己和身边做起，不断提高生产效率，节约点滴物质消耗，提高物质资源的利用率。这不仅可带来直接降低消耗的效率，而且能增强人们的效率意识与节约意识，提高人们爱惜资源、节约资源消耗的自觉性。

③建立文明的、心情舒畅的生产、服务、工作现场

现场是职工从事各种劳动，创造物质财富和精神文明的直接场所。铁路职工的职业生涯中几乎有三分之一的时间是在现场度过的，通过开展QC小组活动，改善现场管理，建立一个文明的、心情舒畅的现场至关重要。

(5)QC小组活动的作用

①有利于开发智力资源，发掘职工的潜能，提高职工的素质。

②有利于预防质量问题和改进质量。

③有利于实现全员参加管理。

④有利于改善职工与职工之间的关系，增强职工的团结协作精神。

⑤有利于改善和加强管理工作，提高管理水平。

⑥有助于提高职工的科学思维能力、组织协调能力、分析与解决问题的能力，培养职工岗位成才。

⑦有利于提高旅客的满意程度。

(6)QC小组的组建

①组建QC小组的原则

组建QC小组，一般应遵循“自愿参加、上下结合”与“实事求是、灵活多样”的基本原则。

“自愿参加”是指在组建QC小组时，小组成员对QC小组活动的宗旨有了比较深刻的理解和共识，产生了自觉参与质量管理，自愿结合在一起，自主地开展活动的意愿。在其以后开展活动中能发挥主人翁精神，充分发挥自己的积极性、主动性、创造性。强调自愿参加，不是意味着QC小组只能自发地产生，更不是说企业的管理者就可以放弃指导与领导的职责。“上下结合”就是要把来自管理者的组织、引导与启发职工群众的自觉自愿相结合，组建本企业的QC小组。没有广大职工群众自愿地参加QC小组活动，QC小组就没有生命力。

“实事求是”就是由于各企业的情况不同,在组建 QC 小组时一定要从实际出发,以解决企业实际问题为出发点,其实地筹划 QC 小组的组建工作。由于各个企业的特点不同,甚至于一个企业内部各个部门的特点也不同,在组建 QC 小组时,形式可以“灵活多样”。

②QC 小组的成员及对其要求

QC 小组成员包括组长和组员。

a. QC 小组组长的职责及对其要求

QC 小组组长是 QC 小组的组织领导者,是 QC 小组的核心人物,一个 QC 小组能否有效地开展活动,组长起着重要的作用。QC 小组组长的产生可以是自荐并经小组成员认可的,也可以是由小组成员共同推举的。

QC 小组组长的基本职责,就是组织领导 QC 小组有效地开展活动。具体职责可概括为三方面:做好质量教育、制订小组活动计划,按计划组织好小组活动,做好日常管理工作。

对 QC 小组组长的要求包括:是推行全面质量管理的热心人;业务知识较丰富;具有一定的组织能力。

b. 对 QC 小组组员的要求

QC 小组的组员不受职务的限制,工人、技术人员可以当组员,管理者也可以当组员。

对 QC 小组组员有以下要求:应根据 QC 小组活动计划安排按时参加活动,不仅要当好本 QC 小组的组员,而且应成为企业中不断改进的积极分子。

③QC 小组组建程序

由于各个企业的情况、欲组建的 QC 小组的类型及欲选择的活动课题特点等不同,所以组建 QC 小组的程序也不尽相同,大致可以分为三种情况:自下而上的组建程序、自上而下的组建程序、上下结合的组建程序。

④QC 小组的人数

为便于自主地开展现场改善活动,QC 小组人数一般以 3～10 人为宜。每个 QC 小组成员具体该多少,应根据所选课题涉及的范围、难度等因素确定,不必强求一致。在课题变化或小组成员岗位变动后,成员数也可做相应调整。在小组成员人数可多可少的情况下,宜少不宜多,以便于每个小组成员都能在小组活动中充分发挥作用。

⑤QC 小组的注册登记

为了便于管理,组建 QC 小组应认真做好注册登记工作。注册登记表由企业 QC 小组活动主管部门负责发放、登记编号和统一保管。

QC 小组注册登记后就被纳入企业年度 QC 小组活动管理计划之中,以在随后开展的小组活动中,便于得到各级领导和有关部门的支持和服务,并可参加各级优秀 QC 小组的评选。

QC 小组的注册每年要进行一次重新登记,以便确认该 QC 小组是否还存在或有什么变动。QC 小组活动的注册登记,则是每选定一个活动课题,在开展活动之前进行一次课题的注册登记,两者不可混淆。如果上一年度的活动课题没有结束,就不能注册登记新课题,应向主管部门书面说明情况。

⑥建立 QC 小组的注意事项

a. 形式和效果的统一,防止徒有虚名不见效果。

b. 学习和创新的统一：一定要结合本班组的具体情况灵活应用、勇于创新，避免生搬硬套。

c. 积极使用和培养提高的统一：企业领导应积极鼓励 QC 小组做出贡献，同时为他们创造提高的机会。

d. 群众管理和专职管理的统一：有关技术部门和质量管理部门应经常指导和帮助 QC 小组的工作。

e. 骨干和一般成员的统一：QC 小组的成员是骨干，依靠和培养他们是必要的，但也不能忽视一般职工的应用。

(7)QC 小组活动

①QC 小组活动的基本条件

要在企业内开展好 QC 小组活动，必须创造较好的内部环境，应具备以下基本条件：

a. 领导对 QC 小组的活动思想上重视，行动上支持。

b. 职工对 QC 小组的活动有认识、有要求。

c. 培养一批 QC 小组活动的骨干。

d. 建立、健全 QC 小组活动的规章制度。

②QC 小组活动的内容

QC 小组活动的内容非常广泛，主要有：

a. 学习 TQC 的基本知识

QC 小组的成员必须对 TQC 的基本知识有较深入、全面的了解，才能概念清楚，运用自如。

b. 开展日常的质量管理活动

进行质量分析活动，随时收集、掌握有关的质量情报，定期进行分析，从中找出质量问题，研究和提出解决问题的建议。

开展自检、互检活动，通过自检发现本身的质量问题，及时改进；通过互检，互相监督检查，把好质量关。

c. 组织质量攻关

组织质量攻关是 QC 小组活动的最主要内容。做好质量攻关可使企业在质量及质量管理上有所前进。组织攻关要按 PDCA(在下面内容中有介绍)循环方式进行，同时应注意：课题的选择要根据企业的方针、目标和本班组的质量问题，在大量掌握质量情报的基础上进行分析归纳，然后予以确定；制订的对策一定要组织实施，而且要争取各方面的支持，坚持进行下去；检查效果时，不仅要从经济效果方面去衡量，还要分析小组内团结协作的情况，掌握质量情报，进行现状分析，制订措施，以利于小组的巩固和发展。

d. 组织科学生产、文明生产

科学生产包括遵照科学理论，按照科学方法，遵从客观规律，执行操作规程等；文明生产包括创造一种正规、整洁、明亮、安全、秩序井然、有利于稳定人的心理和符合最佳布局的良好生产环境，养成按标准、程序、先进技术进行操作的良好习惯等。它们是做好 TQC 的前提。

e. 参加 QC 小组成果发表会和各项交流活动

QC 小组要定期总结自己的活动成果，参加企业的 QC 小组成果发布会，还应积极参加其他有关质量管理的经验交流活动，促进小组活动的开展。

③QC 小组活动的程序

QC 小组活动的具体程序如图 5.1 所示。

a. 选择课题

课题的来源一般有三个方面:一是指令性课题,即由上级主管部门根据企业(或部门)的实际需要,以行政指令的形式向QC小组下达的课题。二是指导性课题,通常由企业的质量管理部门根据企业实现经营战略、方针、目标的需要,推荐并公布一批可供各QC小组选择的课题。三是由小组自行选择课题。

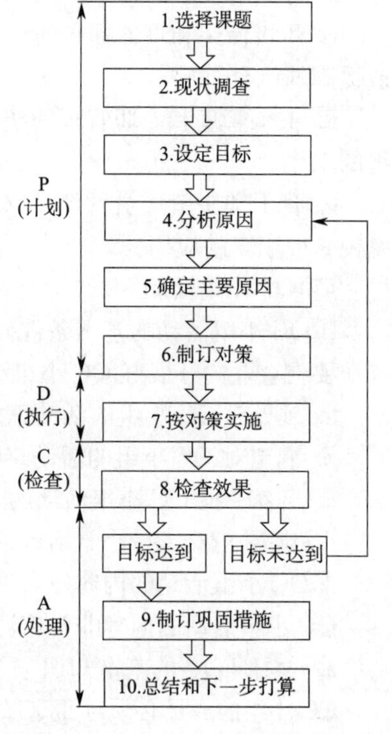

图 5.1 QC小组活动的具体程序

选择选题要注意:课题范围不宜大;课题的名称应一目了然地看出是要解决什么问题,不可抽象;选题理由应直接写出选此课题的目的和必要性,不要长篇大论地陈述背景。

根据QC小组活动课题的特点和活动内容,可将小组活动课题分为现场型、服务型、攻关型、管理型及创新型五种类型。

b. 现状调查

课题确定之后,就要对现状进行认真的调查,通过对调查所收集到的数据进行整理、分析,把症结找出来。

现状调查要注意:用数据说话;对现状调查取得的数据要整理、分类,进行分层分析,以便找到问题的症结所在;不仅收集已有记录的数据,更需到现场去观察、测量、跟踪;直接掌握第一手资料,以掌握问题的实质。

c. 设定目标

设定目标是确定小组活动要把问题解决到什么程度,也是为检查活动的效果提供依据。

设定目标要注意:目标要与问题相对应;目标要明确表示;需说明制订目标的依据。

d. 分析原因

分析原因是针对问题进行分析,究竟是什么原因造成这个问题。

分析原因要注意:针对所存在的问题进行分析;要展示问题的全貌;要彻底;要正确、恰当地应用统计方法。

e. 确认主要原因

影响问题的原因可能有很多条,要把其中的主要原因找出来,以便为制订对策提供依据。把因果图、系统图或关联图中的末端因素收集起来,剔除其中不可抗拒的因素,再逐条确认,找出真正影响问题的主要原因。

确认主要原因常用的方法有:现场验证;现场测试、测量;调查、分析。

f. 制订对策

主要原因确定之后,就可分别针对所确定的每条主要原因制订对策。

制订对策通常分三个步骤进行:提出对策;研究、确定所采取的对策;制订对策表。

g. 实施对策

制订对策完毕,小组成员就可以严格按照对策表列出的改进措施计划加以实施。在实施过程中,组长除了完成自己负责的对策外,要多做一些组织协调工作,并定期检查实施的进程。

h. 检查效果

所有对策全部实施完成后，即所有的要因都得到了解决或改进后，就要按新的情况进行试生产（工作），并从试生产（工作）中收集数据，用以检查所取得的效果。

把对策实施后的数据与对策实施前的现状及小组制订的目标进行比较，并计算经济效益。

i. 制订巩固措施

取得效果后，就要把效果维持下去，并防止问题的再发生。

把通过实施已证明了的有效措施初步纳入有关标准，报有关主管部门批准，再到现场确认，是否按新的方法操作（工作）和执行了新的标准、办法、制度。在取得效果后的巩固期内要做好记录，进行统计，用数据说明成果的巩固状况。

j. 总结及今后打算

通过此次活动进行总结，除了解决本课题外还解决了哪些相关问题；所取得的无形效果；还有哪些没有解决的问题。

检查在活动程序、以事实为依据、用数据说话、方法的应用等方面，明确哪些是成功的，哪些方面还不够成功，尚有不足，需要改进。

提出下一次活动要解决的课题。

④QC 小组活动的推进

为了使 QC 小组活动健康持久地发展，主要做好以下工作：

a. 自始至终做好质量教育。

b. 制订企业年度的 QC 小组活动推进方针与计划。

c. 提供开展活动的环境和条件。

d. 对 QC 小组活动给予具体指导。

e. 建立、健全 QC 小组活动管理方法。

(8)QC 小组活动成果

对于达到了预期目标的 QC 小组成果，总结后整理出成果报告，准备发表，以期交流和表彰。

①QC 小组活动成果报告

a. QC 小组活动成果

QC 小组活动取得的成果，可以分为“有形成果”和“无形成果”。

“有形成果”主要是指那些可以用物质或价值形式表现出来，通常能直接计算其经济效益的成果，如提高产品质量、降低物资消耗、减少设备故障停机时间、提高劳动生产率、缩短交货期等。

“无形成果”主要是指通常难以用物质或价值形式表现出来，无法直接计算其经济效益的成果，如改善生产（工作）现场环境、改善人际关系、提高小组成员自身素质、加强小组自主管理、改进小组活动方法、提高活动有效性等。

b. QC 小组活动成果报告的整理

QC 小组活动取得的成果，无论是“有形成果”还是“无形成果”，都应认真总结，整理出成果报告。这既有利于成果的交流和评选，更有利于小组成员通过总结活动中的经验教训，提高今后活动的有效性。

整理成果报告的一般步骤为:由 QC 小组组长召集小组全体成员开会,认真回顾本课题活动全过程,总结分析活动的经验教训;按照小组成员分工,搜集和整理小组活动的原始记录和资料;由成果报告执笔人在掌握上述资料和总结会上大家意见的基础上,按照 QC 小组活动的基本程序整理成果报告(初稿);将执笔人整理出的成果报告(初稿)提交小组成员全体会议,经全体成员认真讨论,修改、补充、完善,最后由执笔人集中大家意见,修改完成成果报告。

总结、整理成果报告要注意:严格按活动程序进行总结;把在活动中所下的功夫、努力、克服的困难,进行科学判断的情况总结到成果报告中去,成果报告要以图、表、数据为主,配以少量的文字说明来表达,尽量做到标题化、图表化、数据化,以使成果报告清晰、醒目;不要用专业技术性太强的名词术语,在不可避免时(特别是在发表时),要用通俗易懂的语言进行必要的解释;在成果报告内容的前面,可简要介绍 QC 小组的组成情况,必要时还要对与小组活动课题有关的企业情况,甚至生产过程(或流程)做简单介绍,用以说明课题是解决哪一部分发生的问题。

②QC 小组活动成果发表

只要 QC 小组活动取得了成果,无论是“有形成果”或“无形成果”,也无论是“大成果”,或“小成果”,均应该在适当的场合发表。

成果发表的作用有:交流经验,相互启发,共同提高;鼓舞士气,满足小组成员自我实现的需要;现身说法,吸引更多职工参加 QC 小组活动;使评选优秀 QC 小组和优秀成果具有广泛的群众基础;提高 QC 小组成员科学总结成果的能力。

电务段定期举行质量管理小组成果发表会,评选出优秀 QC 小组,并逐级上报。

③QC 小组活动成果的评审

评审就是评价与审核。对 QC 小组活动成果的评审,就是与评审标准对比,衡量小组活动达到标准的程度,审查小组活动成果是否完整、正确、真实、有效。

a. 评审的目的

为了肯定取得的成绩,总结成功的经验,指出不足,以不断提高 QC 小组活动水平,同时为表彰先进、落实奖励,使 QC 小组活动扎扎实实地开展下去,就需要对 QC 小组活动成果进行客观的评价与审核。

b. 评审的基本要求

评审工作要满足以下基本要求:有利于调动积极性;有利于提高 QC 小组的活动水平;有利于交流和互相启发。

c. 评审原则

评审时要按以下原则进行:从大处着眼,找主要问题;客观并有依据,避免在专业技术上钻牛角尖;不要单纯以经济效益作为评选优秀 QC 小组的依据。

d. 评审标准

对 QC 小组活动成果的评审,往往是与评选各级优秀 QC 小组结合在一起进行的,因此除提出评审意见外,还要采用评分的办法评出哪些小组的成果更好一些。

评审由现场评审和发表评审两部分组成。

QC 小组活动开展得如何,最真实的体现是在活动现场。因此,对现场的评审是 QC 小组活动成果评审的重要方面。

QC 小组活动现场评审的项目及内容见表 5.1。

表 5.1 QC 小组活动现场评审的项目及内容

小组名称：__________ 课题名称：__________

序号	评审项目	评 审 内 容	配分	得分
1	QC 小组的组织	(1)按有关规定进行小组登记和课题登记。 (2)小组活动时，小组成员的出勤情况。 (3)小组成员参与分担组内工作的情况	7～15 分	
2	活动情况与活动记录	(1)活动过程按 QC 小组活动程序进行。 (2)取得数据的各项原始记录保存妥善。 (3)活动记录完整、真实，并能反映活动的全过程。 (4)每一阶段的活动按计划完成。 (5)活动记录的内容与发表资料一致	20～40 分	
3	活动成果及成果的维持、巩固	(1)对成果内容进行核实和确认，并已达到所制订的目标。 (2)取得的经济效益已得到财务部门的认可。 (3)改进的有效措施已纳入有关标准。 (4)现场已按新的标准作业，并把成果巩固在较好的水准上	15～30 分	
4	QC 小组教育	(1)QC 小组成员对 QC 小组活动程序的了解情况。 (2)QC 小组成员对方法、工具的了解情况	7～15 分	
总体评价			总得分	

评委：__________

在 QC 小组活动成果发表时，为了互相启发，学习交流，肯定成绩，指出不足，以及评选优秀 QC 小组，还要对成果进行发表评审。现场型、攻关型、服务型和管理型课题 QC 小组发表评审的项目及内容见表 5.2，创新型课题 QC 小组活动成果发表评审的项目及内容见表 5.3。

表 5.2 现场型、攻关型、服务型和管理型课题 QC 小组活动发表评审的项目及内容

小组名称：__________ 课题名称：__________

序号	评审项目	评 审 内 容	配分	得分
1	选题	(1)所选课题与上级方针目标相结合或是本小组现场急需解决的问题。 (2)课题名称简洁明确地直接针对所存在的问题。 (3)现状已清楚掌握，数据充分，并通过分析已明确问题的症结所在。 (4)现状已为制订目标提供了依据。 (5)目标设定不多，并有量化的目标值和有一定依据。 (6)工具运用正确、适宜	8～15 分	
2	原因分析	(1)针对问题的症结进行了原因分析，因果关系明确、清楚。 (2)原因分析透彻，一直分析到可直接采取对策的程度。 (3)主要原因从末端因素中选取。 (4)对所有末端因素都进行了要因确认，并且用数据、事实客观地证明确是主要原因。 (5)工具运用正确、适宜	13～20 分	
3	对策与实施	(1)针对所确定的主要原因，逐条制订对策。 (2)每条对策在实施后都能检查是否已完成(达到目标)及有无效果。 (3)按对策表逐条实施且实施后的结果都有所交代。 (4)大部分的对策是由本组成员来实施的，遇到困难能努力克服。 (5)工具运用正确、适宜	13～20 分	

续上表

序号	评审项目	评 审 内 容	配分	得分
4	效果	(1)取得效果后与原状比较,确认其改进的有效性,与所制订的目标比较,已达到。 (2)取得经济效益的计算实事求是、无夸大。 (3)已注意了对无形效果的评价。 (4)改进后的有效方法和措施已纳入有关标准,并按新标准实施。 (5)改进后的效果能维持、巩固在良好的水准,并用图、表表示出巩固期的数据。 (6)工具运用正确、适宜	13～20分	
5	发表	(1)发表资料系统分明、前后连贯、逻辑性好。 (2)发表资料通俗易懂,以图、表、数据为主,避免了通篇文字,照本宣读	5～10分	
6	特点	统计方法运用突出,有特色,具有启发性	8～15分	
总体评价			总得分	

评委:__________

表 5.3 创新型课题 QC 小组活动成果发表评审的项目及内容

小组名称:__________　　　　课题名称:__________

序号	评审项目	评 审 内 容	配分	得分
1	选题	(1)题目选定有创新的含义。 (2)选题的理由、必要性具体充分。 (3)目标具有挑战性,并有量化的目标和分析	13～20分	
2	提出方案确定最佳方案	(1)充分、广泛地提出方案。 (2)确定最佳方案分析透彻,科学决策,必要时做了模拟试验。 (3)工具运用正确、适宜	20～30分	
3	对策与实施	(1)制订对策表。 (2)按照对策表逐条实施,每条对策实施后的结果都有交代。 (3)工具运用正确、适宜	13～20分	
4	效果	(1)确认效果并与目标比较。 (2)经济效益的计算实事求是,无夸大。 (3)注意了活动过程及对无形效果的评价。 (4)成果已发挥作用,并纳入有关标准及管理规范	8～15分	
5	发表	(1)发表资料系统分明、前后连贯、逻辑性好。 (2)发表资料应以图、表、数据为主,通俗易懂,不用专业性较强的词句和内容。 (3)发表时从容大方,有礼貌地讲成果。 (4)回答问题时诚恳、简要、不强辩	6～10分	
6	特点	(1)课题具体务实。 (2)充分体现了小组成员的创造性	0～5分	
总体评价			总得分	

评委:__________

e. 评审方法

评审包括基层企业对 QC 小组活动成果的评审和各级质量管理协会(以下简称质协)对 QC 小组活动成果的评审。

基层企业对 QC 小组活动成果的评审要进行现场评审和发表评审。

现场评审是 QC 小组取得成果向企业主管部门申报后,企业组织熟悉 QC 小组活动的有关人员组成评审组,深入 QC 小组活动现场,面向 QC 小组全体成员,了解他们活动过程的详细情况。现场评审一般安排在小组取得成果后两个月左右为宜。评审组成员最好不少于五人。

发表评审可在企业举办的 QC 小组成果发表会上进行,也要由企业主管部门聘请熟悉 QC 小组活动的有关人员组成评审组,一般不少于 5 人。

把现场评审和发表评审两项综合起来,就是该 QC 小组活动成果评审的总成绩。企业评审的重心应放在审核成果的真实性及有效性上,因此现场评审的成绩占总成绩的 60%为宜。

质量管理协会(简称质协)对 QC 小组活动成果的评审,一般都和评选各级优秀 QC 小组结合在一起进行。各级质协每年应定期召开 QC 小组活动成果发表会,在企业选派的优秀 QC 小组中,通过发表评审,评选出本地区、本行业的优秀 QC 小组和参加更高一级优秀 QC 小组评选的小组。评审时由主办质协聘请懂质量管理理论、能指导小组活动、会评价小组成果的人员担任评委,组成评审组,评委一般不少于 7 人。

④对 QC 小组的激励

为了使 QC 小组活动持续下去,吸引更多的职工参加 QC 小组活动,就必须采取有效的激励手段,包括:理想与目标激励;荣誉激励;物质激励;关怀与支持激励;培调激励,组织激励。

4. 全面质量管理的工作方法

全面质量管理所运用的基本工作方法是 PDCA 循环的方法。

(1)PDCA 循环的内容

PDCA 循环又称管理循环,它的含义是:进行质量管理工作要按四个阶段进行,即计划(Plan)—执行(Do)—检查(Check)—处理(Action)。PDCA 就是这四个阶段英文名词的第一个字母。PDCA 循环如图 5.2 所示。

①四个阶段

第一阶段是 P 阶段,即计划阶段,包括制订方针、目标、活动计划等内容。

第二阶段是 D 阶段,即执行阶段,按 P 阶段制订的计划去执行。

第三阶段是 C 阶段,即检查阶段,按计划执行后,对执行的情况、结果进行检查、测试,并和原来的计划进行对比,总结成功的经验,找出存在的问题。

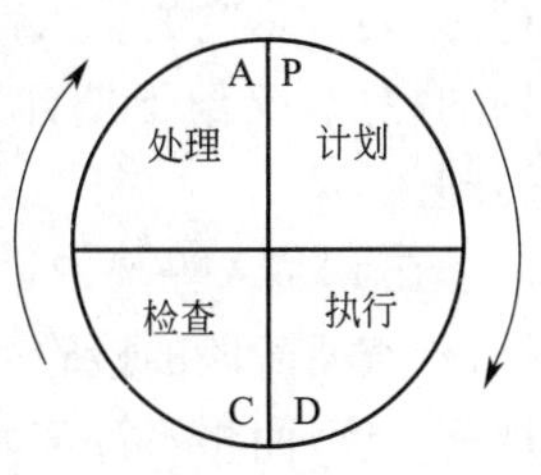

图 5.2 PDCA 循环

第四阶段是 A 阶段,即处理阶段,肯定成功的经验,形成标准;认真总结失败的教训,以免重蹈覆辙。

对于这次 PDCA 循环中解决的不好或尚未解决的问题,要转到下一次 PDCA 循环中去。

②八个步骤

通常把 PDCA 循环中的四个阶段具体化为八个步骤,如图 5.3 所示。

计划阶段分成四个步骤:

a. 分析现状,找出问题;b. 分析原因;c. 找出主要原因;d. 拟定措施,提出计划。

在计划阶段,对于制订对策和计划,要解决好“事、理、时、地、人、法”。事:为了什么事做计划,打算达到什么要求;理:为何要干这项工作,明确工作的目的性和必要性;时:什么时候开始,什么时候完成,明确时间要求;地:完成这项工作的地点、单位;人:谁去完成这项工作,负责人是谁;法:用什么方法完成这项工作。只有明确地回答这个六个问题,计划才能做得明确、具体,并用于执行和检查。

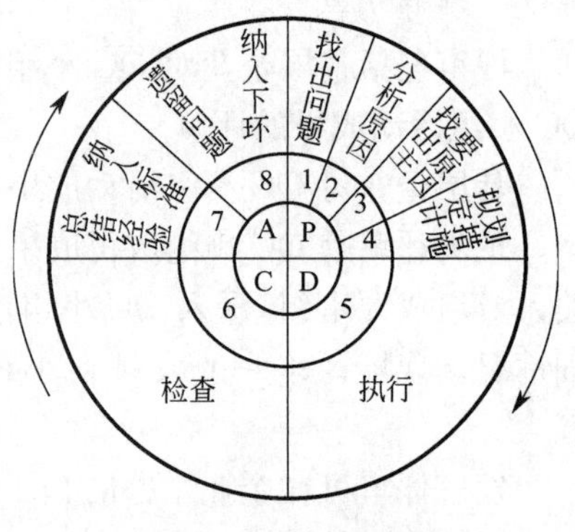

图 5.3 八个步骤

执行阶段只有一个步骤,即按计划认真执行,执行前应向各有关人员讲清此项工作的目的、方法、标准和要求。必要时,先对有关人员进行培训和考核,达到要求时再去执行。

检查阶段也只有一个步骤,即了解采取对策后的实际效果,检查各项工作是否按要求进行,及时发现存在问题。

处理阶段的两个步骤:

a. 总结经验,巩固成果:把经验及教训纳入相应的标准(包括产品标准、作业标准和管理标准)、制度中去。

b. 提出尚未解决的问题,纳入下一个 PDCA 循环中去。

(2)PDCA 循环的基本要求

为了顺利地进行全面质量管理,就要使 PDCA 循环正确有效地转动起来,使它符合以下基本要求。

①完整的循环

PDCA 循环的四个阶段必须完整,缺一不可,因为 PDCA 循环是一个既可分为四个阶段但又密切衔接的连续过程。制订计划是为了深入执行,通过执行才能检验原计划是否正确。执行的情况和结果是检查的依据,通过检查才能确认执行的效果。检查是处理的前提,而处理才是检查的目的。只有通过处理才能为制订下一个循环的计划创造条件。仅有计划而不执行,计划就是空的。执行了不检查,就不能发现问题。发现了问题不及时处理,既妨碍本期计划的完成,又给下期计划增加了困难。所以,PDCA 循环只有在完整的情况下,才能有效地转动。

在 PDCA 循环中,处理是关键。在计划阶段,只是人们对工作的预想,成功与否要经过执行、检查两阶段的检验。在处理阶段,把经过实践检验证明是符合客观规律的措施、办法纳入规章制度,而将不符合客观规律的部分加以纠正。有些计划、措施、办法虽然是好的,但由于某些原因未能实现,就应纳入下一个 PDCA 循环。因此,处理既是一个完整循环中不可缺少的部分,又是衔接上下两个环的纽带,是 PDCA 环有效转动的关键。

②逐步上升的循环

PDCA 循环的四个阶段周而复始地转动,每次转动都有新的目标和内容,要逐步上升,不断前进,如同“爬楼梯”一般,如图 5.4 所示。

在全面质量管理中,每经一次 PDCA 循环,就意味着解决了一个或一些质量问题,产品质量水平就有所提高，如此循环往复，产品质量和企业管理水平就不断提高。

PDCA 循环逐步上升，每一循环的内容都比较地进行了高一级的水平。

③大中套小的循环

在质量管理工作中运用 PDCA 循环，还要把握大环套小环、环环相扣的要求，如图 5.5 所示。整个企业的管理就像一个大环，企业中各种管理、各级部门又都有各自的中环、小环。例如，国铁集团的全路质量管理是个大环，铁路局集团公司的质量管理就是中环。就电务段而言，段一级是大环，车间、工区直到个人则各有中环和小环。

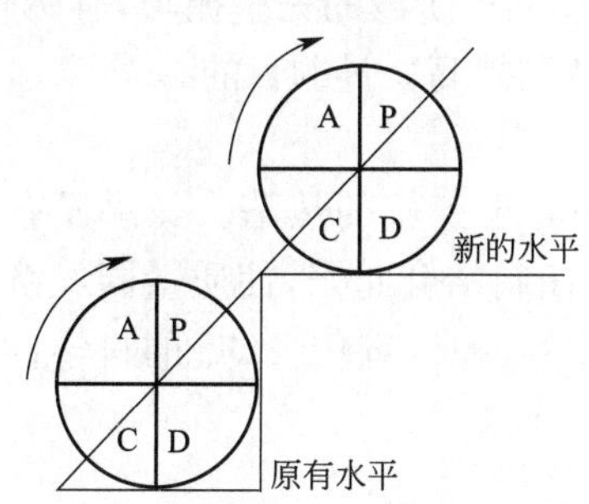

图 5.4 “爬楼梯”式的循环

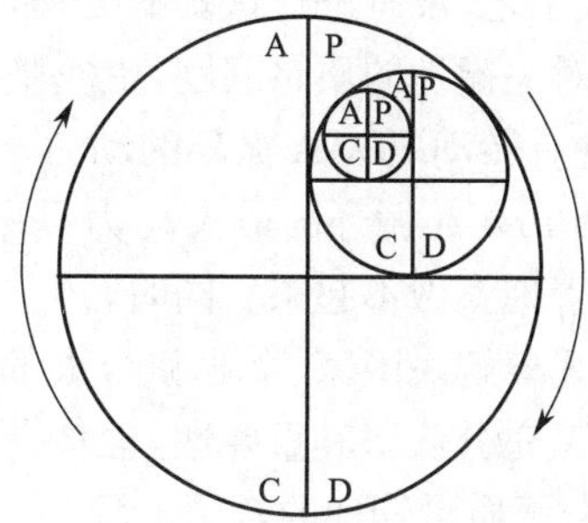

图 5.5 大环套小环

上级 PDCA 循环是下级 PDCA 循环的依据，而下级 PDCA 循环又是上级 PDCA 循环的保证。通过这样大大小小的环，就把企业和各项管理工作全面地有机地联系起来，彼此协调，推动企业的发展和前进。

无论大环、中环、小环，都必须具备完整的循环、逐步上升的循环等基本要求。

(3)运用 PDCA 循环的注意事项

①要有明确的质量目标

PDCA 循环是手段而不是目的，每一次循环就意味着解决一个或一些质量问题。因此无论大小循环，都应强调要达到一定的质量目标。当然，质量目标必需切实可行，经过努力能够达到。由于电务生产的特点和复杂性，有时一个质量问题要经过若干次 PDCA 循环才能解决。

②要提出具体、正确、正当的措施

能否使 PDCA 循环有效地转动，每次循环都有成效，必须在认真分析现状的基础上，抓住主要矛盾，提出具体、正确、正当的措施。

“具体”指为了达到改进工作提高质量的目的，要制订有针对性且便于检查的具体措施，而不能只提一些原则性的要求或口号。否则，往往造成 PDCA 循环转动失灵。

“正确”指 TQC 的方法应针对本单位的实际情况提出符合客观规律的措施。这种措施应实事求是，有群众基础，是进行科学管理的一个重要方面，也是 PDCA 循环能逐步上升的保证。

“正当”指制订措施的立足点是对用户负责，使用户受益，而不是从本位主义出发采用不正当手段。

③要用数据说话

在计划阶段要对质量问题做出有数量概念的分析，制订切实可行的计划。在执行阶段，要注意积累和掌握质量数据,因此任何质量都表现为一定的数量。要管理好质量,就要将定性管理和定量管理很好地结合起来,通过对数据的控制去控制质量。在检查阶段,更要用数据说话,因为不了解决定质量问题的数量界限和数量规律,就不能真正掌握情况,也做不出正确的判断。在处理阶段,也应揭示包含在数据内的规律,然后再采取措施,开始下一次 PDCA 循环。

④要掌握完整循环不断循环的基本要求

在电务工作中,几乎所有工作都始于计划,但有时计划落实不够或效果小。原因固然是多方面的,但从 PDCA 循环的角度去看,往往是由于只有 P、D 阶段,缺少 C、A 阶段或在 C 阶段后就不了了之,没有进行认真的处理。一定要注意 PDCA 四个阶段的完整循环,有始有终,善始善终,对关键性的质量问题,更应坚持不断循环,才能达到提高质量的目的。

⑤要有转动 PDCA 循环的动力

转动 PDCA 循环的最大动力是职工的积极性,是一心干工作的热情。如果没有这一热情,科学管理就做不起来。同时,还应把 TQC 和经济责任制结合起来,使质量同经济利益挂起钩来,妥善解决国家、企业和个人的责、权、利问题。此外,积极宣传 TQC 的科学性和先进性,使职工充分认识其重要性,也将提供动力。

5. 全面质量管理的常用工具

TQC 的常用工具是做好 TQC、按 PDCA 循环方式进行工作的必要手段。它们以概率论和数理统计作为理论根据。通常所说的 TQC 的"老七种工具"指的是排列图、分层图、因果分析图、对策表、直方图、控制图和相关图等七种经常使用的质量图表。它们均以数理统计方法为基础,称为统计性的质量管理工具。随着 TQC 工作的不断深入、发展,以关联图、KJ 法、系统图、矩阵图、矩阵数据分析法、过程决策图、网络图为代表的分析性质量管理工具,即"新七种工具",作为"老七种工具"的完善、补充和提高而产生,并且得到广泛的应用。

此外,还有一些简易图表(包括柱状图、饼分图、折线图、雷达图等),以及价值工程、正交试验设计法等,都可以被选用。

(1)老七种工具

①排列图

排列图,即主次因素排列图,又叫帕累托图,是分析影响质量主要因素的一种有效方法。影响质量的因素多种多样,但通过分析能发现最关键的因素往往只是少数几项。通过排列图,能清楚地看到,在影响质量的众多因素中,哪几项因素是主要的,解决质量问题应从何处入手。

排列图如图 5.6 所示,由两条纵轴、一条横轴、几个直方形和一条曲线组成。横轴上所列的是影响质量的各个因素或分类,并按影响程度的大小从左至右排列,左边的纵轴表示频数(或件数),右边的纵轴表示影响质量的诸因素的累计频数或百分率。有时为了方便,也可以把两条纵轴都画在左边。直方形的高度表示某因素影响的大小,曲线表示影响因素的累计频数或百分率,称为排列曲线。

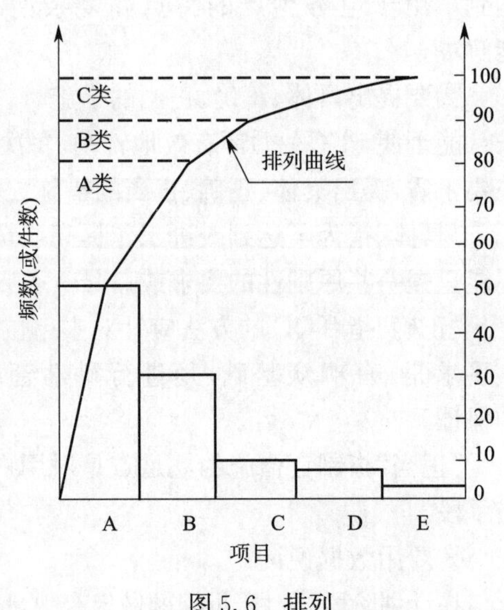

图 5.6 排列

各类影响因素按累计频数或百分率分为三类：0～80％的为A类，即在累计频率或百分率80％以内的因素是主要因素；80％～90％的为B类，是次要因素；90％～100％的为C类，是一般因素。

在做排列图时应注意以下各点：

a. 找出的主要因素不宜过多，否则就失去了抓主要矛盾的意义，必要时要重新考虑各项因素的分类。

b. 当一般的项目很多时，可将它们列入"其他"栏内，并排在最右边，以免横坐标过长。

c. 针对不同的情况，可画出几个不同分类的排列图，从中加以比较，提供更充分的因素。

排列图便于使用和理解，不仅可用于质量分析，而且可广泛应用于其他管理工作中。

②分层图

分层，就是把收集到的数据按不同的目的加以分类，把性质相同在同一生产条件下收集到的数据归纳起来。分层是分析影响质量原因时常采用的一个好方法。对一个质量问题，通过排列图找出了主要因素，但往往还不能提出具体的针对性措施，因各种条件都混在一起。对主要因素采取分层法，进一步做成分层图进行分析，然后采取相应措施，以取得显著成果。

分层图的形式和做法同排列图一样。分层时，可根据不同目的和情况，按下列原则进行分层：

a. 按人员分，如按不同年龄、不同文化程度、不同职称人员进行分层。

b. 按使用设备分，如按不同的信号设备进行分层。

c. 按原材料分，如按不同成分的原材料进行分层。

d. 按操作方法分，如按不同的技术作业过程、不同的维修方式分层。

e. 按不同的环境、不同的时间、不同的部门、不同的班次进行分层。

分层时，可采取逐步深入的方式，最后研究问题产生的原因，直至采取具体措施。

分层法是全面质量管理经常使用的一种重要的质量分析方法，不分层就找不出问题的真正关键，就不可能针对具体的要素采取措施。不仅排列图可以分层，其他统计工具必要时也可进行分层分析。

③因果分析图

因果分析图也可简称为因果图，根据其形状又称为鱼刺图或树枝图。因果分析图是寻找质量问题原因的一种重要工具，因为一个质量问题的产生，往往不是一个或几个原因造成的，而是由大大小小、错综复杂的原因共同起作用产生的。在这些复杂的原因中，它们不是都以同等的效力作用于这个质量问题的，必定有主要的、关键的原因，也有次要的、一般的原因。要从复杂的原因中理出头绪，找出真正起关键作用的原因，因果分析图就是一种分析和寻找影响质量问题原因的简便而有效的方法。

因果分析图的构成如图5.7所示。中间一根干线用带箭头的粗线条表示，它代表某个质量问题，即结果。在这条粗线的上、下有若干条大分枝、中分枝、小分枝及更小的分枝，它们分别表示造成该质量问题的大原因、中原因、小原因及更小原因。

因果分析图的制图步骤如下：

a. 明确所要分析的问题（结果），并画一条自左至右带箭头的粗线作为主干，代表该问题。在箭头右侧写出所要分析研究的问题，并用方框框起来。

b. 进行原因分析，即将调查中收集到的或有关会议上所提出和分析的原因进行整理分类。

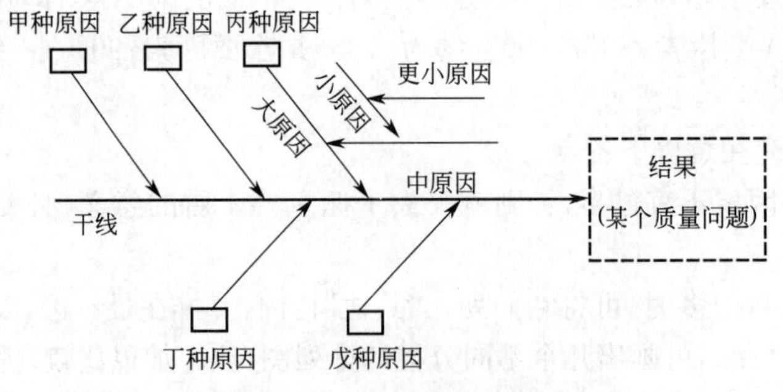

图 5.7 因果分析图的构成

通常可按和质量有关的五大要素"人、机、料、法、环"进行分类,然后把分析整理后的五大要素分别填入因果分析图的大原因的方框内,再把各种原因、小原因或更小原因填入图中。

c. 对认为是特别重要的原因可画上醒目的标记,作为制订措施的要点。

d. 记载有关事项,如因果分析图的问题,制图日期、制图者、单位等。

因果分析图也可采用下列方式:

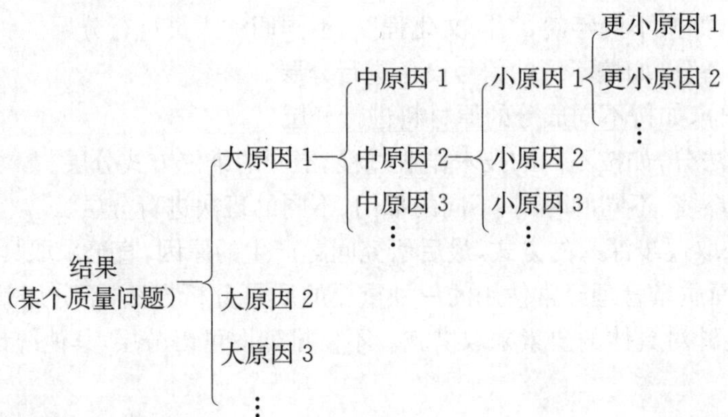

画因果分析图时应注意:

a. 要充分发扬民主精神,集思广益,让各方面的有关人员都参加讨论,注意听取各种意见,尤其是不同的意见。

b. 分析原因应从大到小,从粗到细,穷根追底,直到可采用具体措施时为止,特别应细致分析本单位能解决的影响较大的原因。

c. 大原因不一定是主要原因,主要原因可用排列图或表决方式确定,对于主要原因应标上明显标记,以醒目显示并着重采取措施。

d. 画出因果分析图找出主要原因后,还应到现场做实地调查,弄清主要原因的项目并定出具体措施。措施落实后,还要检查其效果。

④对策表

对策表是针对某个质量问题,通过排列图、分层图、因果分析图等找出影响质量的原因和主要因素后,将计划采取的对策列出的一览表,它的一般格式见表 5.4。表中要写明实施负责人和完成日期,以便措施的落实和检查。

表 5.4 对策表一般格式

质量问题	标准	原因	实施负责人	完成日期	
				计 划	实 际

对策表中的项目，可根据不同的需要做相应增减，对策应明确具体，便于检查。

以上的排列图、分层图、因果分析图和对策表，即所谓“三图一表”，在铁路电务部门应用广泛，因为它们简便、有效、容易掌握。

⑤直方图

直方图是频数直方图的简称。

a. 数据的整理和直方图

进行数据分析时，一般要将数据归纳并适当分组，计算组距和确定组界，统计落入各组的数据个数，做成频数分布表和直方图。

直方图由一根横轴、一根纵轴和若干个宽度相等、高度不同的直方形组成。先在横轴上划出组界，然后在纵轴上画出直方形，每个直方形的宽度表示数据范围的间隔，高度表示落在相应组界内的数据个数。常见的直方形形态如图 5.8 所示。

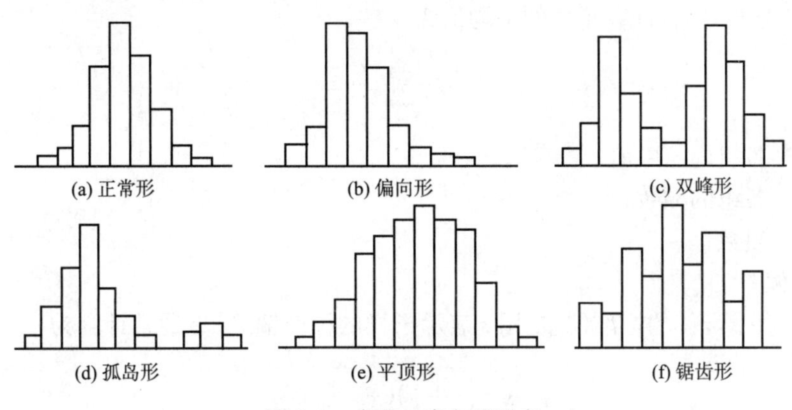

图 5.8 常见的直方形形态

数据整理的步骤如下：

(a)计算极差 R

在全部数据中先找出最大值和最小值，然后计算极差 R，极差(R)＝最大值(X_{max})－最小值(X_{min})。

(b)确定组数 K

一般用经验数字来确定组数，例如有 100 个数据，可考虑分为 10 组或稍多一些，并可根据极差的数值稍加调整，以方便计算。

(c)计算组距 h

组距指组与组之间的差距，计算公式是：组距(h)＝极差(R)/组数(K)。

(d)计算组界

第一组的组界,下界为Δ,上界为$\Delta+h$;第二组的组界,下界为第一组的上界,上界为"第一组的上界$+h$",余类推。

(e)制频数分布表

将所收集的数据根据组界范围做频数统计,得出落在每组的数据个数。

(f)画直方图

根据上述数据画出直方图。

b. 数据特征值的计算

从频数分布表和直方图中可看出,数据是波动的,而波动是有规律的。一般情况下,数值都呈现出向某一数值集中和以这个数值为中心向两边分散的趋势。表示数据集中位置和分散程度的参数称为数据的特征值,用来表示数据的波动规律。表示数据集中位置特征值主要是算术平均数(简称平均值),表示数据分散程度的特征主要是极差和标准偏差。

(a)平均值的计算

把实测值加总,再除以实测次数,即为平均值。子样的平均值用$\bar{x}$表示,母体的平均值用μ表示,有

$$\bar{x}=\frac{x_1+x_2+\cdots+x_n}{n}=\sum_{i=1}^{n}\frac{x_i}{n}$$

式中 x_i—— $x_1,x_2,\cdots,x_n$,为各实测值;

n——各组的总频数,数据个数。

制出频数分布表后,计算子样的平均值为

$$\bar{x}=\sum_{j=1}^{k}\frac{f_j x_j}{n}$$

式中 x_j—— 各组的组中值;

f_j—— 各组的频数;

k—— 组数;

(b)标准偏差

通常用σ表示母体的标准偏差,用s表示子样的标准偏差。s通常计算为

$$s=\sqrt{\frac{1}{n}\sum(x_i-\bar{x})^2}$$

制出频数分布表后,计算s为

$$s=\sqrt{\frac{1}{n}\sum f_j(x_j-\bar{x})^2}$$

母体的标准偏差可用子样的标准偏差进行估计,也可用极差来估计。

正态分布情况下$\bar{\sigma}=\frac{1}{d^2}R$,$\bar{\sigma}$表示是$\sigma$的估计值,$d$为系数。

c. 直方图的观察

要达到控制质量的目的,还要对画出的直方图进行观察和分析,以了解子样的波动规律,并据此来推断母体及进一步推断工程质量。观察分析直方图的基本方法是:

(a)外形观察

一般在正常情况下,质量指标外形都应近于正态分布。如果直方图的外形有缺陷,若不是收集和整理数据中有缺点,就是生产中已存在某些问题。

对称性的直方图是正常时的情况,其他如直方有高有低的锯齿形、有些直方分布在另一些范围内的孤岛形、有两个峰的双峰形、峰顶不在直方正中的偏向性、直方高度都差不多的平顶形均为不正常情况。

(b)与公差(规格)的比较

产品质量标准都有一个允许波动范围,这个范围称为公差。例如铁路直线段的标准轨距是($1\ 435^{+6}_{-2}$ mm),相当于有 8 mm 的公差。把公差范围记为"T",直方图中尺寸的分布范围记作"B",将两者进行对比。如果直方居中,两侧稍余,是理想情况。如果是直方偏向,一侧有余;直方居中,两侧无余;直方居中,两侧过余;直方偏向,一侧出界;直方居中,两侧出界等情况,均应采取措施,或缩小产品质量的分布范围,或修订标准。

d. 工程能力指数

在五大要素基本稳定即工程条件基本稳定的条件下,不仅可用子样来推断母体,而且可以进一步判断工程质量。按照正态分布规律,随机变量落在 $\mu\pm3\sigma$ 范围以外的概率很小,就是说离平均值两边各 3σ 的范围是工程处于稳定状态下质量分布的分散范围,因此通常用 6σ 来表示工程能力。

工程能力指数(工序能力指数)则表示工程能力能满足公差要求的程度,它是反映工程质量的一个重要指标,其一般计算公式为

$$C_p=T/\sigma$$

式中 C_p——工程能力指数;

T——公差范围;

σ——标准偏差。

当分布中心与公差中心重合时,

$$C_p=T/(6\sigma)=(T_U-T_L)/(6\sigma)$$

式中 T_U——公差上限;

T_L——公差下限。

根据计算出来的工程能力指数的大小可以判断工程能力是否适当。通常按工程能力指数的大小,把工程能力划分为五个等级:特级、一级、二级、三级、四级。一般要求在二级范围以内($1.00<C_p<1.33$),即表示工程能力尚可。

⑥控制图

控制图又叫管理图,是一种划有控制界限的图表,它是了解质量情况以控制质量的有力工具,广泛用于管理产品质量和工作质量,但它只能对生产过程中的异常情况起告警作用,对存在的问题还要根据专业要求,并利用排列图等找出原因,采取必要的措施。

a. 控制图的基本格式

控制图由纵、横两根坐标轴和五条控制线组成,如图 5.9 所示。横坐标轴表示子样号或抽样日期,纵坐标轴表示质量特征值。中间一条实线为中心线,记为CL,通常是在正常生产情况下抽样取得的质量特征值,通过计算平均值决定。在中心线上下各有一条虚线,为上、下控制

界限,记为 UCL 和 LCL,分别由 $\bar{x}\pm3\sigma$ 来决定,最外边的两条点划线为公差的上、下界限,记为 T_U 和 T_L,分别由 $\bar{x}\pm T/2$ 来决定(公差中心与平均值重合时)。

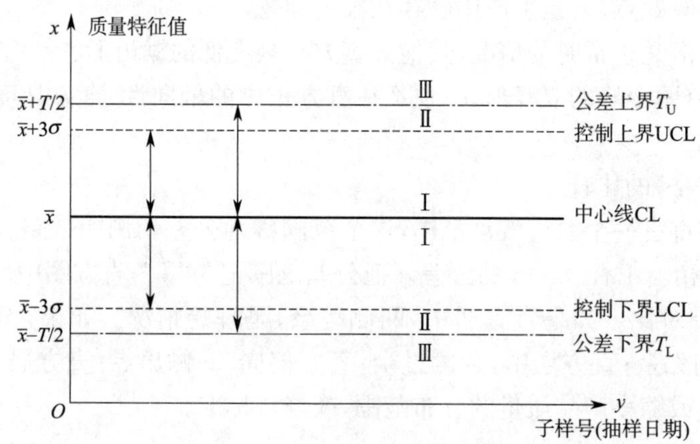

图 5.9　控制图的基本格式

五条控制线把控制图上由 x、y 轴所确定的平面分为三个区域,Ⅰ区为正常区,Ⅱ区为警戒区,Ⅲ区为废品区。

b. 控制图的基本原理

当质量数据服从正态分布时,在 $\pm3\sigma$ 范围内将落入全部数据的 99.73%。因此以 $\pm3\sigma$ 为界限,落在界外的只占 0.27%,即落在控制上界或下界外的只占 0.135%,概率很小,一般认为不会发生,故将 $\pm3\sigma$ 作为制订控制界限的依据。

把直方图用正态分布曲线来表示,并将该曲线按逆时针方向转 90°,$\mu\pm3\sigma$(μ 为母体平均值)就构成了控制图的上、下界,如图 5.10 所示。

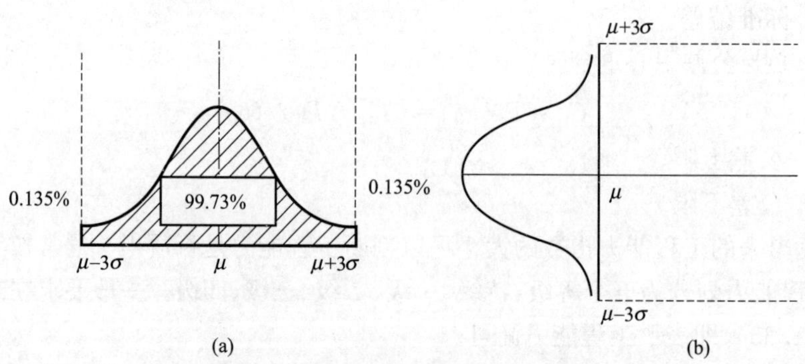

图 5.10　控制图的控制上、下限

控制界限要按工程处于稳定、正常状态下的分布情况来确定。工程处于不稳定状态一般指平均值有显著变化,或标准偏差有显著变化,或两者均有显著变化。工程处于不正常状态,指平均值、标准偏差虽无显著变化,但平均值偏离了公差中心或标准偏差分散程度较大,甚至超出了公差界限。当工程处于不稳定、不正常状态时,都需进行调整,使之稳定、正常。

控制线确定后,就可按生产过程中取得的质量数据在控制图上打点。如果点子都落在Ⅰ区且排列无缺陷,说明生产处于稳定、正常状态,影响质量的五大要素处在控制之中,产品绝大部分合格。如果点子落在Ⅱ区，虽然产品质量仍在公差界限之内，属合格品，但说明发生了一般不会发生的小概率事件，五大要素发生了变化，需进行检查分析，采取必要措施。如果点子落在Ⅲ区，说明产品已落入废品区，影响生产要素有的已处于失控状态，应立即采取措施。

影响产品质量的五大要素时刻受到各种原因的影响而有大小不同的变化，这些变化的综合表现就是产品的质量差异。这些原因可归纳为偶然因素和系统因素两类。

偶然因素指五大要素对产品质量所产生的经常的、微小的、不易克服的影响的那些原因，如职工工作精力的微小变化、灯光照明强度的微小变化等。偶然因素所引起的质量差异通常波动于 6σ 之间，在控制图上点子处于Ⅰ区，说明五大要素处于控制状态。

系统因素指五大要素对产品质量所产生的一时的、较大的、一般可克服的那些原因，如生产过程中意外停电，采用的原材料质量不合格等。系统因素所引起的质量差异必然较大，将越出 6σ 的范围，甚至到公差界限之外，说明生产中有些要素处于失控状态。

可见，控制图的基本作用，在于它可以判明生产过程中有无系统因素产生，并通过对产生系统因素原因的分析采取相应措施来控制产品质量和工程质量。

c. 控制图的种类

控制图有很多种，最常用的是单值控制图和平均值—极差控制图。

(a)单值控制图

单值控制图的格式与控制图的基本格式完全一致。因为它是每收集一个质量特征值就在图上打一个点，故称为单值控制图。一般用于数据难于收集或想及时发现估计不到的原因的情况下。

单值控制图制图简单，易于发现每个子样有无超出控制界限的大变动，但不能反映工序的平均变化及产品质量分散程度的变化。

(b)平均值—极差控制图

平均值—极差控制图由平均值控制图和极差控制图两部分组成。两种图联合使用，既能观察分析平均值的变化，又能了解极差的变化，而极差的变化可在一定程度上反映标准偏差的变化。两种变化结合起来，就可了解本工序产品质量的基本变化情况。把收集的数据进行填记和计算，对每一子样都要计算一次质量数据的算术平均值和一个极差值。

d. 控制图的观察分析

在制控制图时，要边做边进行观察分析，发现异常立即分析原因，采取措施。对控制图的观察分析，主要看是否满足以下要求：

(a)点子是否出界。点子飞出界外，原则上认为生产过程处于失控状态。但连续几十个点子中只有 1 个在界外，或连续 100 个点子中只有不超过 2 个在界外，亦认为处于控制状态。

(b)点子虽未出界但排列是否有缺陷。如中心线一侧有连续 7 点子出现；有 7 个点子呈现连续上升或下降情况；在 11 个点子中有 10 个出现在中心线一侧；连续 3 个点子中有 2 个出现在 2σ～3σ 之间；点子出现规律性波动等。这些情况往往反映质量上存在隐患，应排除。

⑦相关图

相关图也称散布图，用来了解没有确定的事物间是否存在相关关系，并进一步找出相关关系。相关图上的纵坐标轴和横坐标轴分别表示要研究是否存在相关关系的两种变量值。相关图的类型一般有图 5.11 的六种。x 和 y 之间有相关和不相关两种情况，相关情况又分为三种：

a. 直线正相关,即当横坐标轴上数值增大时纵坐标轴上的数值也随之增大。根据增大的程度又分为强正相关和弱正相关,分别如图 5.11(a)和图 5.11(b)所示。

b. 直线负相关,即当横坐标轴上数值增大时纵坐标轴上数值随之减小。根据减少的程度也分为强负相关和弱负相关,分别如图 5.11(c)和图 5.11(d)所示。

c. 曲线相关图上的点子分布呈曲线形,如图 5.11(e)所示。

x 和 y 之间不相关时,图上的点子分布就没有规律,如图 5.11(f)所示。

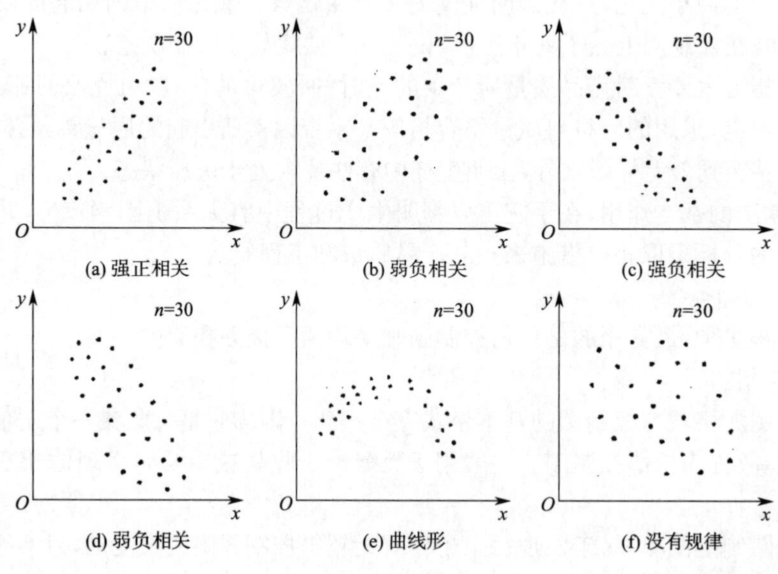

图 5.11　相关图的类型

(2)新七种工具

新七种工具是分析性的质量管理方法,用来确定问题、制订计划和研究部门间的协调,并以此来提高质量并保持质量稳定。它们之间既有各自的独立性,又有内在联系,相辅相成,互相补充。

①关联图

关联图是一种表示因果关系的连线图,如图 5.12 所示。关联图法就是利用关系图来解决具有复杂因素(原因—结果、目的—手段)的问题,明确其因果关系,找出适当的对策。它从综合观点分析问题,所以能导出适当的对策。

使用关联图来解决问题,要求 QC 小组反复多次重画关系图,在制图过程中,取得小组成员的一致意见,并且多变换几种看法去分析问题,以有效地解决问题。

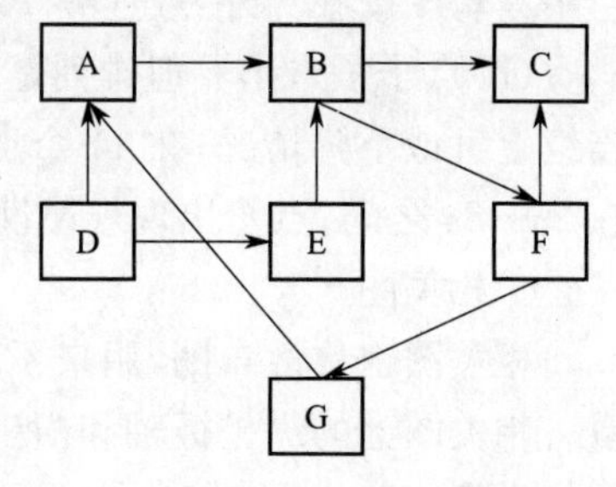

图 5.12　关联图

关联图主要运用于:确定与贯彻质量保证方针;拟订 TQC 的推广计划;寻找解决用户意见的相应措施;制订生产过程中质量改进的相应措施;解决工序管理的问题,促进有效的集体活动,改进各部门的工作。

②KJ 法

KJ 法就是对未来要解决的问题或未知、未接触过的领域的问题，搜集与之有关的事实、意见或设想之类语言文字资料，并利用其内在相互关系做成归类合并图，从中找出应解决的问题和明确问题的形态。

KJ 法主要用于：制订质量管理方针，拟订质量管理计划；为保证质量进行市场调查；对跨部门的问题共同协商推进 TQC 的开展；协调 QC 小组的工作。

③系统图

系统图就是把达到目的（目标）所需的手段、方法按系统展开，做成系统图，如图 5.13 所示。

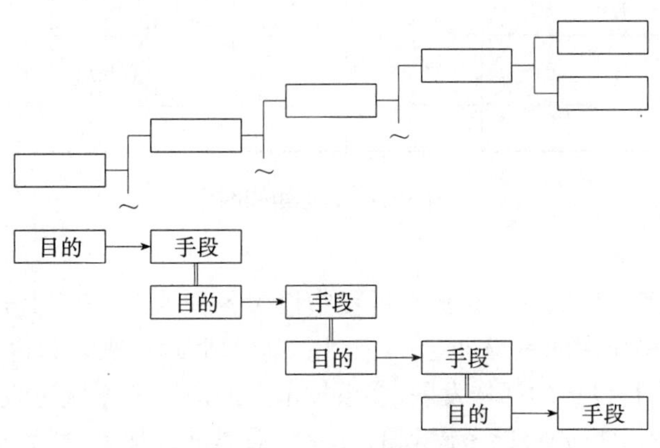

图 5.13 系统图

系统图需掌握问题的全貌，明确问题的重点，寻求实现目的（目标）的最佳手段、措施和方法。

系统图有两种类型，一种是把构成对象的要素按目的—手段关系展开的“构成要素展开型”，另一种是把解决问题（即达到目的、目标）所需的手段、方法按系统展开的“方法展开型”。

系统图主要用于：新产品研制中的设计质量展开；为落实质量保证的保证质量展开；解决企业内诸问题所需的想法展开；目标、方针、实施项目的展开；明确部门职能和管理职能，寻求效能化方法。

④矩阵图

矩阵图是从作为问题的事件中，找到成对的因素进行行与列的排列（图 5.14），然后根据交点所处表示的各因素间的关系和程度来探索二元排列中的问题或所在和问题形态或从二元关系中获得解决问题的着眼点。

矩阵图有多种，图 5.14 为最基本的 L 形矩阵图。

矩阵图主要用于：确定系统产品的研究或改革的着眼点；原材料的质量展开；建立和加强质量保证体系；加强质量评价体制使之效能化；追查生产过程的不良原因；拟订产品生产战略方案；明确程序计划同实现它的技术间的关系；探讨现有技术、材料、元器件的新应用领域。

⑤矩阵数据分析法

矩阵数据分析法是当矩阵图上的各要素间的关系能定量表示时，通过计算来整理分析数据的方法，它是多变量分析法的一种。

矩阵数据分析法主要用于：对复杂因素组成的工序进行分析；对包括多变量数据的不良因素进行分析；通过市场调查掌握质量要求；复杂质量的评价；对应曲线的数据分析。

L	R						
	R_1	R_2	R_3	…	R_j	…	R_n
L_1							
L_2							
L_3							
⋮							
L_i					○		
⋮						着眼点	
L_m							

图 5.14 L 形矩阵图

⑥过程决策图

过程决策图(PDPC 图)是一种在事态进程中设想各种结果,确定其达到最佳结果的途径的方法。它把运筹学中所用的过程决定程序运用到质量管理中来。为达到目标而制订的实施计划,有时不一定按当初设想的那样发展,多系技术上的原因或系统上发生了问题,使原计划贯彻不下去。PDPC 图对事先可能考虑到的各种结果都进行预测,然后提出相应的处置方案和无遗漏地采取预防措施,进而在事态发展中随时进行预测和修正,以引导事态向所希望的结果发展。每当问题发展过程中出现了未曾预测的事态时,必须尽快重画 PDPC 图。

PDPC 图主要用于:制订目标管理中的实施计划;制订研制项目的实施计划;对系统的重大事故进行预测和制订相应措施;制订预防生产过程中出现不良因素的措施。

⑦网络图

网络图是拟订最佳日程计划,并管理它使之高效发展的方法,在计划评审和关键路线中用作进程计划的网络组织,即在推行某项计划时,将与作业有关的几个重要因素用矢线联系起来而构成的网络图。网络图的要素如图 5.15 所示。

网络图主要用于:拟订新产品研制计划及进行进度管理;拟订产品改进计划及进行进度管理;拟订试制日程计划及进行进度管理;拟订施工日程计划及进行进度管理;拟订定期维修保养计划及进行进度管理;拟订工序分析和提高效率的计划方案;拟订 QC 监察计划、QC 诊断计划及进行进度管理;拟订 QC 会议计划及进行进度管理。

编制网络图的步骤是:

a. 确定计划总体方案。

b. 列出全部工作项目。

c. 划分作业组,确定各工作项目间的顺序,并计算所需劳动力。

d. 绘制原始网络图。网络图由工作、事件和线路组成。每项工作用箭号表示,工作名称写在箭线上,箭头和箭尾画上圆圈并编上号码,编号代表这项工作的名称。

把所有的工作项目根据先后顺序和相互关系,用规定的符号从左向右绘制成工作计划的图解模型,即为网络图,如图 5.16 所示。图中的双线线路,称为关键线路。

工作指一项工作、任务、活动或一道工序,在网络图中用箭号表示。不占用作业时间的工作叫作“虚工作”,在图中用虚线表示,其作用只是连接前后工序,表明它们之间的逻辑关系,指明工作前进的方向。工作箭线的画法是按工作项目完成的先后顺序排列的，其长度和方向与作业时间无关。

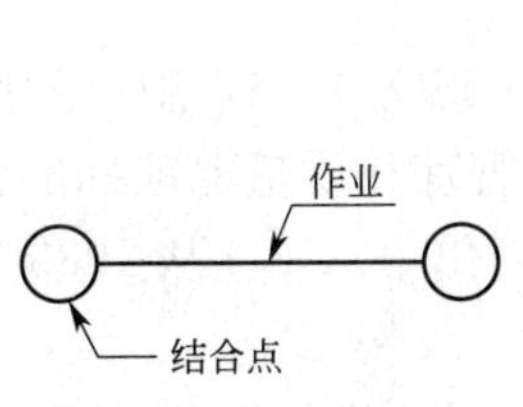

图 5.15 网络图的要素

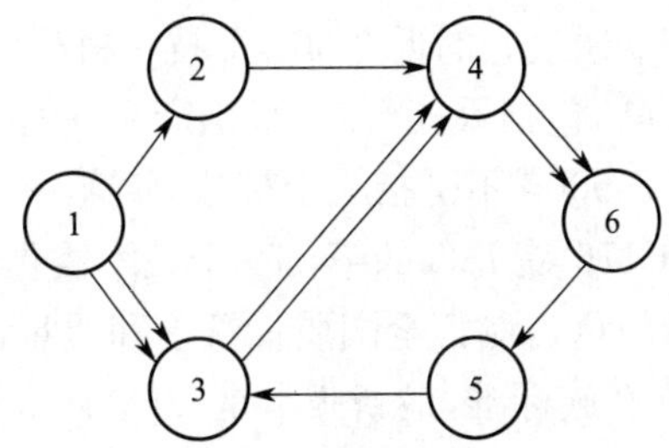

图 5.16 网络图

事件指一项工作的开始和完成，在网络图中一般以"○"表示，它是两条或两条以上的箭线的交接点，也叫节点。节点不占用时间，只是表示某项工作或工序的开始和结束的符号。

线路指从网络始点事件开始，顺着箭线的方向，到网络终点事件为止，中间由一系列首尾相连的节点和箭线所组成的通道。一条线路上各工序的作业时间之和就是该线路所需的周期。一个网络图中各线路的周期不一样，其中周期最长的一条叫作关键线路，它直接影响和决定整个生产周期。

e. 计算网络时间。网络时间包括各项工作或工序的作业时间和关键线路的延续时间。作业时间是在一定的生产技术条件下完成某项工作所需的时间。作业时间包括直接工时和间接工时两部分。作业时间采取凭经验估计的方法。正确确定作业时间直接关系到生产周期的长短，是计算网络时间的基础。关键线路的延续时间就是整个任务预计完成的日期。

f. 确定关键线路。

g. 与要求的工期进行比较，如果关键线路的延续时间长于工期，就要从第③步开始，对网络进行优化。优化就是按既定目标，在一定条件的约束下寻求最佳方案。

h. 进行综合平衡，选择最佳方案。

i. 绘制执行网络图。

典型工作任务3 质量管理体系认知

5.3.1 工作任务

了解质量管理体系的基本知识，包括 ISO 9000 族标准、推行 ISO 9000 的作用、ISO 9000 有关质量的术语、推行 ISO 9000 的一般步骤、质量管理体系文件的编写、ISO 9000 认证、ISO 9000对职工的要求。

5.3.2 知识链接

1. ISO 9000 族标准

ISO 是国际标准化组织的英文简称，是世界上最大的国际标准化组织，它负责除 IEC 负责的电工、电子领域以外一切领域的标准化工作。

ISO 的宗旨是在世界上促进标准化及其相关活动的发展,以便于商品和服务的国际交换,在智力、科学、技术和经济领域开展合作。

ISO 通过它的近 3 000 个技术机构开展技术活动,成果(产品)是国际标准,涉及各行各业各种产品(包括服务产品、知识产品)的技术规范。

ISO 9000 不是指一个标准,而是一族标准的统称,是由 ISO/TC176 制订的所有国际标准。TC176 是 ISO 的第 176 个技术委员会,全称“全国质量管理和质量保证标准化技术委员会”,专门负责制订全国质量管理和质量保证等专业领域标准化。TC176 从 1986 年开始制订 ISO 9000 族标准,最新版本是 2000 版。

2000 版 ISO 9000 的核心标准是《质量管理体系:基础和术语》(ISO 9000:2015)(表述质量管理体系基础知识,并规定质量管理体系术语);《质量管理体系:要求》(ISO 9001:2015)(规定质量管理体系要求,用于证实组织具有提供满足顾客要求和适用的法规要求的产品的能力,目的在于增进顾客满意);《质量管理体系:业绩改进指南》(ISO 9004:2000)(提供考虑质量管理体系的有效性和效率两方面的指南,目的是组织业绩改进和顾客及其他相关方满意)。

ISO 9000 集中了各国质量管理专家和众多成功的企业的经验,蕴涵了质量管理的精华。这套标准一出台,就在发达国家的企业中引起很大的反响,争相采用这套标准来规范企业的质量管理。

我国相应的发布 GB/T 19000—2016、GB/T 19001—2016、GB/T 19004—2000 族标准,等同于采用 ISO 9000:2015、ISO 9001:2015、ISO 9004:2000。

2. 推行 ISO 9000 的作用

ISO 9000 之所以在企业界得到如此广泛的应用,与它本身的优越性及获得 ISO 9000 认证所带来的效益是分不开的。

一般地,推行 ISO 9000 的作用主要有:

(1)强化质量管理,提高企业效益,增强顾客信心,扩大市场份额。

(2)能够有国际贸易的“通行证”。

(3)节省了第二方审核的精力和费用。

(4)在产品质量竞争中立于不败之地。

(5)有效地避免产品责任。

(6)有利于国际经济合作和技术交流。

ISO 9000 特别强调满足顾客要求,提供一个“以顾客为中心”的经营理念,使企业更加贴近市场。ISO 9000 提倡法制化管理,使企业管理合理化、制度化、透明化。

贯彻 ISO 9000 族标准可以使企业的质量管理更具科学性和系统性,并且能够做到:

(1)凡事有章可循:管理标准、技术标准、规章制度健全。

(2)凡事有人负责:各部门、各类人员质量职责明确,井然有序。

(3)凡事有人监督:实施方针目标管理,各项工作有人监督、检查、验证。

(4)凡事有据可查:产品质量和体系运行都有完整规范的记录。

3. ISO 9000 有关质量的名词

(1)质量

质量是一组固有特性满足要求的程度。

固有特性指固有的可区分的特征,要求指明示的、通常隐含的或必须履行的需求或期望。

(2)组织

职责、权限和相互关系得到安排的一组人员及设施,如公司、企业、事业单位、研究机构等都是组织,可以是公有的或私有的。

(3)最高管理者

最高管理者是指挥和控制组织的一个人或一组人。

(4)管理者代表

最高管理者应指定一名管理者,无论该成员在其他方面职责如何,应具有以下方面的职责和权限:确保质量管理体系所需的过程得到建立、实施和保持;向最高管理者报告质量管理体系的业绩和任何改进的需求;确保在整个组织内提高满足顾客要求的意识。此外,还包括质量管理体系有关事宜的外部联络。

(5)供方

供方就是提供产品的组织或个人。

产品指过程(一组将输入转化为输出的相互关联或互相作用的活动)的结果,产品通常分为服务(通常是无形的,如运输)、软件(由信息组成,通常是无形的,并可以方法、论文、程序的形式存在,如计算机程序)、硬件(通常是有形的,如机器零件)、流程性材料(如润滑油)。

(6)顾客

接受产品的组织或个人,如消费者、委托人、最终使用者等。对于电务段来说,是铁路局集团公司、车务段(站)、机务段、工务段。

(7)相关方

与组织的业绩或成就有利益关系的个人或团体,如顾客、供方、员工、银行、社会等。

(8)审核员

审核员就是有能力实施审核的人员。

能力指经证实的应用知识和技能的本领。审核是为获得审核证据并对其进行客观评价,以确定满足审核准则的程序所进行的系统的、独立的并形成文件的过程。

内部质量审核员称为内审员,通常由既精通 ISO 9000 国际标准又熟悉本企业管理状况的人员担任,可由各部门人员兼任。按照 ISO 9000 标准的要求,凡是推行该标准的组织每年要进行一定频次的内部质量审核,由内审员来执行审核任务。所以,凡是推行 ISO 9000 标准的组织,都需要培养一批内审员。

4. 推行 ISO 9000 的一般步骤

(1)五个不可少的过程

简单地说,推行 ISO 9000 有五个必不可少的过程:知识准备;立法;宣传贯彻;执行;监督改进。

可根据本企业的具体情况,对这五个过程进行规划,按照一定的推行步骤,推行 ISO 9000。

(2)推行 ISO 9000 的典型步骤

①企业原有质量体系识别、诊断。

②任命管理者代表,组建 ISO 9000 推行组织。

③制订目标及激励措施。

④各级人员接受必要的管理意识和质量意识培训。

⑤ISO 9001 标准知识培训。

⑥质量体系文件编写。

⑦质量体系文件大面积宣传、培训、发布、试运行。

⑧内审员接受训练。

⑨若干次内部质量体系审核。

⑩在内审基础上的管理者评审。

⑪质量管理体系完善和改进。

⑫申请认证。

可看出,这些步骤中完整地包含了上述五个过程。

5. 质量管理体系文件

质量管理体系是在质量方面指挥和控制组织的管理体系,质量管理体系文件主要包括质量方针和目标、质量手册、程序文件和作业指导书,它们从上而下层层展开,既是质量管理体系运行的规范性依据,也是开展质量管理体系评价、审核和质量管理体系认证的主要依据。

(1)质量管理体系文件的作用

质量管理体系文件对质量管理体系做出了具体描述,针对各项质量管理活动规定了相应的措施和方法,因此它统一了与质量有关人员的行动,可以确保质量管理体系运行的效果和效率。

(2)质量管理体系文件的编写

①质量管理体系文件的编写原则

质量管理工作的效果和效率与所编制的质量管理体系文件的质量密切相关。因此,应将编制质量管理体系文件作为一项重要工作来落实。在编制质量管理体系文件时,应遵循系统性、法规性、协调性、继承性、可操作性、唯一性、适宜性的原则。

②质量管理体系文件的编写步骤

质量管理体系文件的编写是一项艰巨而复杂的工作,为保证此项工作顺利进行,达到预期的效果和目的,编写文件时在遵循上述原则的前提下,通常应按以下步骤进行编写:进行系统的培训;成立编写小组;制订编写计划;规定文件编写格式;现状调研;按计划进行编写;编写小组成员集体讨论;征求咨询机构意见;文件发布。

(3)质量管理体系文件的内涵

①质量方针和质量目标

质量方针是由组织的最高管理者正式发布的组织的总质量宗旨和质量方向。质量方针体现了组织在质量管理方面的远景规划和发展蓝图,是组织的追求和努力方向。质量方针通常不需要量化,它为制订质量目标提供了基本框架。

质量目标指组织在质量方面所追求的目的,是组织所规定的与质量有关的预期应达到的具体要求、标准或结果。质量目标通常建立在组织的质量方针的基础上,并应尽可能量化和可测量。通常应将总质量目标进行分解,针对相关的职能、部门及岗位规定具体的质量目标。

质量方针和质量目标可单独成文,也可在质量手册中做出规定。

②质量手册

质量手册是规定组织质量管理体系的文件,它向组织内部或外部提供关于质量管理体系的基本信息,用以对组织的质量管理体系做出纲领性和概括性的措施。质量手册通常引出程序文件和相关文件。

ISO 9000 族标准并未对质量手册的章节结构提出规范性要求,各组织在编写质量手册时,可结合本组织的具体情况确定质量手册的章节,但为了与 ISO 9001:2015 标准的章节顺序相呼应,质量手册的章节最好与之保持一致。

③程序文件

程序是指为进行某项活动或过程所规定的途径。通常程序要形成文件,含有程序的文件称之为程序文件。形成文件的程序通常应规定开展某项活动或实施某一过程的目的和范围,做什么和谁来做,何时、何地及如何做,应使用什么材料和文件,以及如何对活动进行控制和记录等。形成文件的程序是质量手册原则性要求的进一步展开和细化,它必须以质量手册为依据,符合质量手册的有关规定和要求。它通常引出具体的支持性文件,如规范、表格、作业指导书等。

按照 ISO 9001:2015 标准建立质量管理体系时,必须编制涉及文件控制、记录控制、不合格控制、内部审核、纠正措施和预防措施等六项活动的程序文件。此外,组织为确保其过程有效策划、运作和控制,还须编制其他形成文件的程序,如电务段可编制管理评审程序、人力资源控制程序、信号设备检修实现策划程序、顾客沟通程序、信号器材采购控制程序、信号设备维修控制程序、信号设备中修控制程序、信号设备轮修控制程序、安全控制程序、信号设备标识及可追溯性控制程序、信号设备防护控制程序、监视和测量装置控制程序、信号设备监视和测量控制程序、信号设备天窗修控制程序等。

为了便于编制和协调,同时也便于实施和管理,程序文件应尽量按统一的表达形式进行陈述。

④作业指导书

作业指导书是针对某项具体的活动或过程,规定具体的要求或具体执行步骤和方法的文件,它提供了如何一致地完成活动和过程的信息。这类文件量大面广,主要针对具体操作者的具体活动而制订,如电务段可制订信号设备中修和维修的各项作业的指导书。

6. ISO 9000 认证

ISO 9000 族标准不仅仅是制订、执行,它必须经过专门认证机构经过严格认证才有效。

(1)ISO 9000 认证

"认证"一词的英文原意是一种出具证明文件的行动,ISO /IEC 对"认证"的定义是"由可以充分信任的第三方证实某一经鉴定的产品或服务符合特定标准或规范性文件的活动"。

例如,对第一方(供方或卖方)的产品,第二方(需方或买方)无法判定其品质是否合格,而由第三方来判定。第三方既不是企业的上级单位,也不是用户。第三方既要对第一方负责,又要对第二方负责,不偏不倚,出具的证明要能获得双方的信任,这样的活动就叫作"认证"。第三方的认证活动必须公开、公正、公平,才能有效。这就要求第三方必须有绝对权威,必须独立于第一方和第二方之外,与双方没有经济上的利害关系,并有维护双方权益的义务和责任,才能获得双方的充分信任。

这个第三方显然应由国家或政府的机关直接来担当,或者由国家或政府认可的组织去担当,这样的机关或组织就叫作"认证机构"。

现在认证机构主要开展产品质量认证和质量管理体系认证。

产品质量认证中依据标准中的性能要求进行的认证叫作合格认证,是自愿的;依据标准中的安全要求进行的认证叫作安全认证,是强制性的。

质量管理体系统认证,使质量保证活动由第二方审核发展到第三方认证,受到各方面的欢迎,推动了质量保证活动的迅速发展。

(2)认证注册的一般程序

企业在推行 ISO 9000 之前,应结合本企业实际情况,对上述各步骤进行周密的策划,并给出时间上和活动内容上的具体安排,以确保得到更有效的实施效果。

企业经过若干次内审并逐步纠正后,若认为所建立的质量管理体系已符合所选标准的要求(具体体现为内审所发现的不符合项较少时),便可申请外部认证。

在企业提交申请并签署认证协议后,就要进行认证注册。

①手册审核

认证机构对申请企业的质量手册是否符合标准要求进行审核。

②注册审核

审核组进及驻企业,对质量体系运行情况进行审核,确认质量体系的实际运行是否符合标准及企业自身质量体系文件的要求。

③纠正措施

对注册审核发现的不符合项进行跟踪审核,确认其被有效地纠正。

④注册发证

上述过程完成并符合要求后,对申请企业质量体系予以注册,并授予认证证书。

⑤年度监督审核

通过年度监督审核来保证证书及注册的持续有效。

(3)ISO 9000 认证的作用

虽然质量认证可以帮助企业取得进入国际市场的通行证,但更重要的是促进企业加强技术基础工作,建立和健全企业的质量管理体系。

由于产品的质量不是通过售后的保修、保换和保退达到的,因此 ISO 标准不仅对产品本身的质量进行控制,而且更重要的是对产品开发及生产的过程进行控制。

ISO 标准要求对过程制订出文件化程序,包括该过程的目的和范围,做什么和谁来做,何时、何地、如何做,应使用什么材料、设备和文件,以及如何对过程进行控制和记录。

例如,为了控制采购过程的质量,采取的控制措施是制订采购文件,规定采购的产品及其质量要求,通过评定选择合适的供货单位,规定进货质量的验证方法,做好相关质量记录并定期进行业绩分析。

再如,为了控制生产过程,可以通过作业指导书来规定各生产工序应使用的设备、工艺装备、加工方法和检验方法等。

因此,程序化文件为确保产品的质量提供了有效的途径和方法,只有认真执行文件化程序的规定,才能确保过程的质量,从而使最终产品的质量得到有效、可靠的控制。

ISO 标准可以帮助企业建立一个良好的质量保证体系,这样的体系对所有影响质量的因素,包括技术、管理和人员,都采取了有效的方法进行控制,因而具有减少、消除,特别是预防质量缺陷的机制。而且质量保证需要被检验,即建立审核制度。审核分为内部审核和外部审核,内部审核由企业内部建立自己的审核机制;外部审核为第三方认证机构认证。

7. ISO 9000 对职工的要求

ISO 9000 族标准对职工的要求是:“写您应该做的,做您所写的,做要有依据,并要有记录”。每位铁路职工应做到以下各点:

(1)熟悉并理解本单位的质量方针。

(2)熟悉所在部门的质量职能。

(3)明确本人的质量职责和权限。

(4)清楚本人工作所依据的文件。

(5)熟练掌握本职工作技能。

(6)按规定做好有关记录和报告。

项目小结

质量管理是围绕信号设备质量而开展的组织、计划、实施、检查和监督等活动的总和。各级组织应运用系统的管理理念、先进的管理手段、科学的管理方法,通过持续的管理活动,求得设备质量、工作质量、运用质量的不断提高。

推行 ISO 9000 族标准,按国际标准建立质量管理体系,是当前世界各国质量管理的普遍做法。为推动我国质量管理水平的不断提高和产品质量日益改善,必须推行并贯彻 ISO 9000 族标准。企业应根据具体情况,学习并理解 ISO 9000 族标准,组建 ISO 9000 推行组织,编写质量体系文件,通过认证,宣传并贯彻 ISO 9000 族标准,不断监督改进,以提高各项工作的质量。

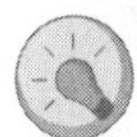

复习思考题

1. 简述设备质量和运用质量的关系。
2. 对质量检查和质量分析有哪些规定?
3. 对设备质量鉴定有哪些规定?
4. 如何实施召回制度和赔偿办法?
5. 如何确保工程质量?
6. 什么是质量? 什么是质量特性? 什么是质量管理?
7. 全面质量管理是哪“三全”的管理和对哪“三种质量”的管理?
8. 全面质量管理的基本方针是什么? 它的基本原则有哪些?
9. QC 小组有什么作用? 开展哪些活动? QC 小组如何组成?
10. PDCA 循环的内容是什么? 有哪些基本要求? 应用 PDCA 循环应注意哪些事项?
11. 全面质量管理常用的工具有哪些? 新七种工具指的是哪些?
12. 什么是排列图、分层图、因果分析图和对策表? 它们怎样配合使用?
13. 什么是直方图? 怎样画直方图? 如何计算特征值? 如何观察直方图?
14. 什么是控制图? 如何画控制图? 如何观察、分析控制图?
15. 什么是相关图? 相关情况有哪几种?
16. 什么是关联图? 有何作用?

17. 什么是 KJ 法? 有何作用?

18. 什么是系统图? 有何作用?

19. 什么是矩阵图? 什么是矩阵数据分析法? 它们如何配合使用?

20. 什么是 PDPC 图? 有何作用?

21. 什么是网络图? 怎样绘制网络图?

22. 何谓 ISO 9000 族标准? 推行 ISO 9000 有何作用?

23. 推行 ISO 9000 的步骤有哪些?

24. 质量管理体系文件主要包括哪些? 主要内容是什么? 有何文件? 编写原则有哪些? 编写步骤怎样?

25. 什么是 ISO 9000 认证? 有何作用? 认证的程序怎样?

项目6 安全管理

项目描述

本项目介绍安全管理的基本要求，包括安全生产责任制度、安全生产体系、杜绝违章作业、安全检查、安全生产教育和培训、加强落实考核机制；介绍基本安全制度和作业纪律；介绍对于联系、要点、登记的规定和联系、要点、登（销）记的有关要求；介绍故障及事故应急处理的有关规定；介绍故障及事故管理与调查处理的有关规定；介绍人身伤亡事故管理与调查处理的有关规定；介绍技术作业安全的要求，包括作业安全、设备的加锁加封、防火、防洪、防汛、防寒、防暑的各项要求。

学习目标

通过学习，了解安全管理的基本要求，深刻了解基本安全制度和作业纪律，牢记“三不动”“三不离”“三不放过”“三级施工安全措施”和“七严禁”；了解对于检修设备的规定，联系、要点、登记的规定，掌握联系、要点、登（销）记的方法；了解故障及事故应急处理的有关规定，熟悉应急预案的制订和实施、应急抢修及其注意事项、应急处理能力的提高，发现危及行车安全情况的处理；了解故障及事故管理与调查处理的有关规定，掌握信号故障报告、事故报告及故障的调查处理方法和信号故障、事故的管理及统计分析方法；了解人身伤亡事故管理与调查处理的有关规定，掌握包括人身伤亡事故调查处理的方法；了解技术作业安全的一般要求，牢记作业安全、设备的加锁加封、防火、防洪、防汛、防寒、防暑的各项要求。

典型工作任务1 安全管理的基市要求认知

6.1.1 工作任务

了解安全管理的基本要求，包括安全生产责任制度、安全生产体系、杜绝违章作业、安全检查、安全生产教育和培训、加强落实考核机制。

6.1.2 知识链接

1. 安全生产责任制度

电务部门应认真贯彻执行《中华人民共和国安全生产法》《铁路安全管理条例》《技规》《铁路交通事故调查处理规则》和其他有关安全生产的法律法规，建立健全以领导负责、逐级负责、专业负责、岗位负责为主要内容的安全生产责任制度，加强安全生产管理，确保安全生产。

电务部应定期向铁路局集团公司安全生产委员会报告电务系统安全工作,及时解决安全生产中存在的问题。电务段应制订本单位安全生产委员会工作制度。

2. 安全生产体系

电务段应健全段、车间、工区三级安全生产体系,建立安全生产信息管理制度和作业过程监控、联控、互控机制,强化现场作业控制,定期分析安全生产状况,采取有效措施,及时消除安全隐患,增强安全自控能力。

3. 杜绝违章作业

违章作业如使用封连线封连电气接点、借用电源动作设备和构成道岔假表示等是造成电务重大、大事故及险性事故的主要原因。必须提高电务职工的法律意识和安全意识,加强信号维护工作的过程控制,特别是在维修、施工、故障处理等关键环节的控制,落实安全卡控措施,使每个电务职工都养成良好的作业习惯,遵章守纪,杜绝违章作业。

遏制违章作业的有效措施:一是要加强电务职工的安全意识和安全生产教育培训;二是重点对新职工、转岗、复工、改制人员进行岗前安全知识培训;三是牢固树立"安全第一"的思想,在维护作业过程中,坚决杜绝惯性违章作业;四是要提高职工的法律意识,依法约束其行为。

树立"违章就是违法,违章就是犯罪,违章就是杀人"的法制观念,提高防御事故的能力,愚者以流血换取教训,智者以教训制止流血。警钟长鸣,各级电务部门对于反违章作业要持之以恒,常抓不懈,永为重点。

4. 安全检查

电务系统各级干部必须定期登乘机车进行安全检查,参加天窗修和电务施工,掌握安全生产动态。

5. 安全生产教育和培训

(1)电务部门各单位应对全体职工进行安全生产教育和培训,使其具备必要的安全生产知识,熟悉有关安全生产规章制度和安全操作规程,掌握本岗位安全操作技能。培训考试不合格的职工,不得上岗作业。

(2)新职工及转岗、复工、改职人员必须经过行车安全和人身安全教育和专业培训,考试合格,才可上岗。

(3)新设备开通使用前,电务段应配合设计、施工部门和产品供应商,对维修人员进行技术培训,考试合格,才准上岗作业。

6. 加强落实考核机制

加强落实考核机制是电务系统建设安全管理机制的一个重点,通过系统例会、段安全会和车间安全生产会等形式,加强落实检查与量化考核,实行问题库闭环管理。

典型工作任务 2　基本安全制度和作业纪律认知

6.2.1　工作任务

了解基本安全制度和作业纪律,牢记"三不动""三不离""三不放过"和"三级施工安全措施"四项基本安全制度和"七严禁"作业纪律。

6.2.2 知识链接

1. 基本安全制度

电务工作人员严格认真执行“三不动”“三不离”“三不放过”和“三级施工安全措施”四项基本安全制度。

(1)三不动

①未登记联系好不动。

②对设备性能、状态不清楚不动。

③正在使用中的设备(指已办理好进路或闭塞的设备)不动。

(2)三不离

①工作完了,不彻底试验良好不离。

②影响正常使用的设备缺点未修好前不离。

③发现设备有异状时,未查清原因不离。

(3)三不放过

①事故原因分析不清不放过。

②没有防范措施不放过。

③事故责任者和职工没有受到教育不放过。

(4)三级施工安全措施

三级施工安全措施中的“三级”,是指电务段、车间、工区,而不是习惯上说的按规模、对运输影响和难易程度确定的Ⅰ、Ⅱ、Ⅲ级电务施工,虽然它们之间存在着联系。

电务段、车间、工区三级组织的施工均应制订施工安全措施。安全措施的基本内容包括:施工前的准备措施,施工中的单项作业措施、安全卡控措施及安全防护措施,施工后的检查试验措施,以及发生故障时的应急措施等。

2. 作业纪律

电务工作人员必须严格执行以下作业纪律(七严禁):

(1)严禁甩开联锁条件,借用电源动作设备。

(2)严禁采用封连线或其他手段封连各种信号设备电气接点。

(3)严禁在轨道电路上拉临时线沟通电路造成死区间或盲目用提高轨道电路送电端电压的方法处理故障。

(4)严禁色灯信号机灯光灭灯时,用其他光源代替。

(5)严禁甩开联锁条件,人为沟通道岔假表示。

(6)严禁未登记要点使用手摇把转换道岔。

(7)严禁代替行车人员按压按钮、转换道岔、检查进路、办理闭塞和开放信号。

典型工作任务3 联系要点和登(销)记

6.3.1 工作任务

了解《技规》对于检修设备的规定,《铁路信号维护规则》对于联系、要点、登记的规定,联系、要点、登(销)记的有关要求。

6.3.2 知识链接

1. 联系、要点、登记的规定

联系、要点、登记按下列规定执行:

(1)凡在天窗内无法完成的拆卸、安装、移设、更换、测试等工作,需中断设备使用时,应填写信号施工要点申请计划表,申请列入铁路局集团公司月度施工计划实施。

凡列入铁路局集团公司月度运输计划的电务施工作业,登记要点以《国铁集团铁路营业线施工管理办法》规定为依据,即在施工开始前40 min由施工负责人或指定人员在车站"行车设备施工登记簿"上登记,车站值班员及时报告列车调度员,由列车调度员向有关车站发布实际施工命令。电务部门接到施工调度命令,经车站值班员签认后,才可开始作业。

经批准列入铁路局集团公司月度施工计划的区间作业,须取得登记站值班员请求列车调度员同意的通知后,才可作业。

(2)利用天窗对信号设备进行集中检修、故障处理、克服设备隐患时,作业前由检修负责人指定专人或故障处理人员先在"行车设备检查登记簿"内登记,经车站值班人员签认后,才可作业。

在高速铁路,设备检修、施工必须在天窗内进行,电务人员必须在"行车设备检查登记簿""行车设备施工登记簿"内登记。现场检修、施工人员接到给点命令后,才可进行作业。作业完毕,电务人员配合现场作业人员试验良好后,履行销记手续。

(3)信号设备发生故障时,应首先在"行车设备检查登记簿"内登记停用设备,经车站值班员签认后,才可进行处理。故障处理完毕试验良好后,履行销记手续。

(4)发现危及行车安全的设备隐患时,应立即通知车站值班人员及电务段调度,并在"行车设备检查登记簿"内登记停用设备。经车站值班人员签认后,才准进行处理。

2. 联系、要点、登(销)记有关要求

(1)检修作业时由检修负责人指定专人负责办理(非集中联锁车站由检修人员在运转室办理,并与扳道员取得联系);施工作业时由施工负责人或指定人员负责办理;故障处理时,由故障处理人员负责办理。无人站、中继站由铁路局集团公司制订具体办法。

(2)进行施工或检修作业前,必须核对作业时间、作业内容和影响范围,处理设备故障或隐患时,要点前,必须确认设备停用影响范围等;登记内容为停用设备名称、停用时间、影响范围等。

(3)检修作业或故障处理完毕,应会同使用人员检查试验,其结果应记入"行车设备检查登记簿",履行销记手续;施工作业完毕,经检查达到开通条件,由施工负责人或指定人员办理开通登记,车站值班员签认并报告列车调度员取得开通调度命令后,正式开通使用。凡利用天窗时间对信号设备进行集中检修、故障处理、克服设备隐患的,由检修负责人指定专人或故障处理人员先登记,经车站值班员签认后,才可进行处理;检修作业或故障处理完毕,应会同使用人员检查试验,其结果应记入"行车设备施工登记簿",履行销记手续。

(4)登(销)记的内容一经车站值班员签认,任何人不得任意涂改。

(5)联系应使用标准用语,语义应简明、确切,做到相互复诵。

(6)联系应使用标准用语。联系、登(销)记办法及标准用语,由铁路局集团公司制订。

典型工作任务4 故障及事故应急处理

6.4.1 工作任务

了解故障及事故应急处理的有关规定，包括应急预案的制订和实施、应急抢修及其注意事项、应急处理能力的提高、发现危及行车安全情况的处理。

6.4.2 知识链接

信号设备维护工作的一项基本任务，就是最大限度地保证设备处于良好运用状态。对设备突发故障，要及时采取应急抢修预案，将故障对运输的干扰降到最低程度。

1. 应急预案

为降低故障及事故损失，压缩故障延时，电务部门必须制订应急预案，以保证准确、迅速地处理信号事故和故障，尽快恢复设备正常使用，减少对铁路运输生产的影响。铁路局集团公司和电务段、厂家要完善应急抢险预案，配备必要的备品、备件，保证紧急问题快速出动。

针对险情和设备故障的影响程度，铁路局集团公司、电务段、车间应分别制订应急预案，明确指挥机构与职责，人员分工与协调，应急预案的启动与实施，事故及故障处理程序，不同设备类型及防洪防火抢修方案。应逐步做到按照设备类型，车间、工区布局，沿线交通情况等制订符合实际、切实可行的应急预案。

(1)应急预案的分类

应急预案包括应急抢险预案和故障处理预案，按险情等级和影响程度分为A、B、C三类。铁路局集团公司负责制订A类应急预案，电务段负责制订B、C类应急预案。B类应急预案应报电务部审查备案。A类应急预案由电务部负责启动，B类应急预案由电务段负责启动，C类应急预案由车间负责启动。三类预案的适用范围，各铁路局集团公司可根据管内设备的实际情况进行划分，不同设备类型应分类进行制订。

对计算机联锁、CTC、TDCS、CTCS、驼峰自动化等重要系统及设备，因软件生产厂家终身负责维护，系统软件和集成发生问题，设备维护单位无力解决，因此，有关厂家也应制订相应的应急保障措施，明确负责人员、联系方式，并按国铁集团规定实行24 h值班制度，及时提供技术支持，解决现场系统发生的问题。

(2)应急预案的内容

应急预案应包括：指挥机构与职责；人员分工与协调；应急预案的启动与实施；故障及事故处理程序；不同设备类型及防洪防火抢修方案；重要系统及设备有关厂家技术支持方案；应急设备及器材(器具)的备用；技术图纸图表的配备；管界示意图和公路里程图；交通工具、照明设备及通信手段和联络方式；应急抢险队伍的组成与演练；应急处理过程中的预防与卡控措施；后勤保障措施等内容。

(3)不同设备类型的抢修预案

电务段应制订各单项设备应急抢修预案，并纳入铁路局集团公司抢修预案。不同设备类型抢修方案应按下列设备分类制订：

①计算机联锁。

②TDCS。

③CTC。

④列控中心。

⑤联锁室内设备。

⑥自动闭塞。

⑦道岔转换设备。

⑧轨道电路。

⑨地面应答器及 LEU。

⑩无线闭塞中心、临时限速服务器。

⑪列控车载设备。

⑫信号安全数据网。

⑬信号机。

⑭区间闭塞设备。

⑮驼峰设备。

⑯电缆线路。

⑰电源设备。

2. 对于应急抢修的规定

(1)电务段应根据有关规定和需要,配齐应急抢修器材和装备,并加强管理,确保始终处于完好状态。

(2)电务部、电务段应加强对应急抢险队伍的培训,定期组织应急抢险模拟演练,保证一旦发生故障或事故,能够做到正确指挥、准确处理,尽快排除险情和故障。

(3)电务部、电务段应建立应急抢险检查制度,结合安全生产,定期检查应急预案落实情况,发现问题及时解决。

(4)当发生信号故障或事故时,按险情等级和影响程度及时启动应急预案。故障处理人员应严格按故障处理程序处理,查明原因,排除故障,尽快恢复使用。

(5)当发生与信号设备有关联的铁路交通事故时,信号维修人员应会同车站值班员记录设备状态,派人监视、保护事故现场,不得擅自触动设备,并立即报告电务段调度。

(6)对影响行车的设备故障,信号维修人员应将确认的故障现象及故障原因、处理情况登记在“行车设备检查登记簿”内,作为原始记录备查。

(7)在高速铁路,地面信号设备故障处理须采取临时封锁要点或在天窗点内进行。当设备发生故障,需在双线区间的一条线上处理故障时,维护单位向列车调度员按规定申请邻线限速(最高不得超过 160 km/h)。

3. 应急抢险的注意事项

(1)严格执行电务安全规章制度。

(2)满足信号设备基本联锁条件。

(3)建立完整的台账,集中存放,统一管理,定期进行检查,入所修器材按检修周期进行维护,保证其性能良好。应急抢险器材发生险情动用后,应尽快给予补齐。

4. 应急处理能力的提高

(1)完善应急预案制度与办法

建立电务“110”快速反应机制;要根据设备变化,不断完善预案;要和设备供应商和系统研发单位，建立有效的技术支持机制；设备供应商和系统研发单位都要同步建立技术支持机制。

(2)提高应急处理硬件配备水平

把提高应急处理硬件装备能力作为完善应急抢修预案的重要任务。车间一级要配备必要的交通工具，要有抢修仪器、工具、通信手段，配齐备品备件。

(3)强化各级调度的协调指挥作用

各级电务调度应具备安全生产调度指挥和应急抢险指挥、协调的能力。铁路局集团公司、电务段都要对调度人员进行优化，并形成与之相匹配的工作机制，切实提高各级电务调度的技术业务水平和故障应急指挥处理能力。

(4)要建立完整的问题数据库和技术档案

应形成问题分析、监督落实、检查反馈的闭环处理机制。

(5)提高职工技术水平

要将职工故障处理能力作为收入增长、技师评定、职称晋升的重要条件，特别是200 km/h以上及配合CTCS-2级施工调试的工区，工长必须是技师以上，车间技术人员是助理工程师以上。凡不具备独立值班、故障处理能力的应当调离关键岗位。

5. 发现危及行车安全情况的处理

设备维修人员发现信号设备故障危及行车安全时，应立即通知车站，并积极设法修复；如不能立即修复时，应停止使用，同时，报告工长、车间主任或电务段调度，并在"行车设备检查登记簿"内登记。

铁路职工或其他人员发现设备故障危及行车和人身安全时，应立即向开来列车发出停车信号，并迅速通知就近车站、工务、供电或电务人员。

典型工作任务5　故障及事故管理与调查处理

6.5.1 工作任务

了解故障及事故管理与调查处理的有关规定，包括设备故障的分类、责任判定、产生的损失费用承担、铁路交通事故的分类，掌握信号故障报告、事故报告及故障的调查处理方法，信号故障、事故的管理及统计分析方法。

6.5.2 知识链接

1. 设备故障

因违反作业标准、操作规程，养护维修不当，设计制造质量缺陷，自然灾害等原因，造成电务设备损坏，耽误列车、影响正常行车，危及行车安全的情况，均构成设备故障。设备故障升级为铁路交通事故时，按《铁路交通事故调查处理规则》有关规定办理。

(1)信号设备障碍分类

信号设备障碍分为信号责任障碍和信号非责任障碍。

信号责任障碍是指信号设备维修不良、违章作业所造成的影响设备正常使用的障碍。

信号非责任障碍是指无法检查、发现的电务器材材质不良及外界影响所造成的影响设备正常使用的障碍。

把雷害排除在信号非责任障碍外,要求铁路局集团公司对信号设备进行综合防雷整治,提高信号设备雷电及电磁脉冲的防护能力。雷害导致的信号设备故障,责任按设计、施工、维修、产品质量等进行分析统计。

(2)设备故障的责任判定

①因违反作业标准、操作规程或养护维修质量不良造成的设备故障,列电务部门责任。

②未按国铁集团规定制订或自行发布的文(电),违反规章制度、技术标准、作业标准,导致设备故障,列发文(电)部门(单位)主要责任,同时追究会签部门(单位)因专业把关不严导致错误签发文的责任。

③设备质量不良造成设备故障,属设计、制造、采购、检修、验收等单位责任的,定相关单位责任。未按规定采用行政许可、认证生产产品或采购不合格、不达标的产品,造成设备故障时,定采购、采用单位责任。

④营业线施工中因建设、设计、监理、施工、设备管理等原因造成的设备故障,定相关单位责任。

⑤涉及两个及以上单位或在结合部发生的设备故障,不能判定原因时,定相关单位同等责任。

⑥凡经国铁集团批准或铁路运输企业批准,并报国铁集团核备后的技术革新项目、科研项目在运营线上试验时,在限定的试验期限内确因试验项目本身发生设备故障,不定责任故障;但由于违反操作规程及其他人为因素造成的设备故障,定责任故障。

⑦设备故障发生单位隐瞒或查不清原因的,定该单位责任;协同隐瞒的单位追究同等责任。

⑧租(借)用其他单位的设备发生故障,定租(借)用单位责任;有合同约定的,按合同办理。

⑨因自然灾害等不可抗力原因导致的信号设备故障,列非责任;经公安部门查明,确系人为破坏原因造成的设备故障,列非责任;应采取防范措施而未采取,致使人为破坏造成的设备故障,定设备维护单位责任。

⑩供电、电气化、通信及结合部影响,列车车载物体刮、砸设备,道岔尖轨卡物、外界施工妨碍等造成的设备故障,列相关单位责任。

(3)设备故障产生的损失费用承担

信号设备故障产生的设备损失费用,由设备受损单位列出明细表,经铁路局集团公司电务部审核后,由责任单位承担。有异议时,由铁路局集团公司安全监察部门做出裁决。其他经济损失按铁路局集团公司相关规定执行。

信号设备、器材在质量保证期内因产品质量发生事故,由供应商(生产厂家)承担安全责任,并赔偿经济损失。

将保修期改为质量保证期,是因为:保修期内由生产厂家承担责任,缺乏合理性。产品在保修期内是允许出现问题的,若不是产品质量存在缺陷(指产品在设计上的失误或生产线某环节上出现的错误),厂家只负责更换或维修,而质量保证期属于产品质量瑕疵担保责任的范畴,在这期间不允许出现质量缺陷,若发生问题,生产厂家不仅要更换或维修,还应承担安全责任和赔偿造成的经济损失,所以将保修期改为质量保证期比较合理。对于铁路信号产品的质量保证期,应根据产品的具体情况确定,安全设备及配件在使用周期或寿命期限内决不能发生由于质量缺陷,造成违背“故障—安全”的信号联锁、机械强度、电气性能失效等严重后果。

不论是产品的保修期，还是质量保证期，开始时间的计算应从产品到达消费者手中开始，也就是说新购置的信号设备、器材若没有上道安装使用，也应在产品保修期或质量保证期的时间范围之内。

实行质量保证期制度，明确了产品质量的最终责任者。电务维护单位应掌握铁路信号产品的质量保证期，没有明确质量保证期的铁路信号产品，不能采购使用。

2. 铁路交通事故

铁路机车车辆在运行过程中发生冲突、脱轨、火灾、爆炸等影响铁路正常行车的事故，包括影响铁路正常行车的相关作业过程中发生的事故；或者铁路机车车辆在运行过程中与行人、机动车、非机动车、牲畜及其他障碍物相撞的事故，均为铁路交通事故(以下简称"事故")。

事故分为特别重大事故、重大事故、较大事故和一般事故四个等级。

(1)特别重大事故

有下列情形之一的，为特别重大事故：

①造成30人以上死亡。

②造成100人以上重伤(包括急性工业中毒，下同)。

③造成1亿元以上直接经济损失。

④繁忙干线客运列车脱轨18辆以上并中断铁路行车48小时以上。

⑤繁忙干线货运列车脱轨60辆以上并中断铁路行车48小时以上。

(2)重大事故

有下列情形之一的，为重大事故：

①造成10人以上30人以下死亡。

②造成50人以上100人以下重伤。

③造成5 000万元以上1亿元以下直接经济损失。

④客运列车脱轨18辆以上。

⑤货运列车脱轨60辆以上。

⑥客运列车脱轨2辆以上18辆以下，并中断繁忙干线铁路行车24小时以上或者中断其他线路铁路行车48小时以上。

⑦货运列车脱轨6辆以上60辆以下，并中断繁忙干线铁路行车24小时以上或者中断其他线路铁路行车48小时以上。

(3)较大事故

有下列情形之一的，为较大事故：

①造成3人以上10人以下死亡。

②造成10人以上50人以下重伤。

③造成1 000万元以上5 000万元以下直接经济损失。

④客运列车脱轨2辆以上18辆以下。

⑤货运列车脱轨6辆以上60辆以下。

⑥中断繁忙干线铁路行车6小时以上。

⑦中断其他线路铁路行车10小时以上。

(4)一般事故

一般事故分为：一般A类事故、一般B类事故、一般C类事故、一般D类事故。

①一般A类事故

有下列情形之一,未构成较大以上事故的,为一般A类事故:

a. 造成2人死亡。

b. 造成5人以上10人以下重伤。

c. 造成500万元以上1 000万元以下直接经济损失。

d. 列车及调车作业中发生冲突、脱轨、火灾、爆炸、相撞,造成下列后果之一的:

(a)繁忙干线双线之一线或单线行车中断3小时以上6小时以下,双线行车中断2小时以上6小时以下。

(b)其他线路双线之一线或单线行车中断6小时以上10小时以下,双线行车中断3小时以上10小时以下。

(c)客运列车耽误本列4小时以上。

(d)客运列车脱轨1辆。

(e)客运列车中途摘车2辆以上。

(f)客车报废1辆或大破2辆以上。

(g)机车大破1台以上。

(h)动车组中破1辆以上。

(i)货运列车脱轨4辆以上6辆以下。

② 一般B类事故

有下列情形之一,未构成一般A类以上事故的,为一般B类事故:

a. 造成1人死亡。

b. 造成5人以下重伤。

c. 造成100万元以上500万元以下直接经济损失。

d. 列车及调车作业中发生冲突、脱轨、火灾、爆炸、相撞,造成下列后果之一的:

(a)繁忙干线行车中断1小时以上。

(b)其他线路行车中断2小时以上。

(c)客运列车耽误本列1小时以上。

(d)客运列车中途摘车1辆。

(e)客车大破1辆。

(f)机车中破1台。

(g)货运列车脱轨2辆以上4辆以下。

③ 一般C类事故

有下列情形之一,未构成一般B类以上事故的,为一般C类事故:

a. 列车冲突。

b. 货运列车脱轨。

c. 列车火灾。

d. 列车爆炸。

e. 列车相撞。

f. 向占用区间发出列车。

g. 向占用线接入列车。

h. 未准备好进路接、发列车。

i. 未办或错办闭塞发出列车。

j. 列车冒进信号或越过警冲标。

k. 机车车辆溜入区间或站内。

l. 列车中机车车辆断轴,车轮崩裂,制动梁、下拉杆、交叉杆等部件脱落。

m. 列车运行中碰撞轻型车辆、小车、施工机械、机具、防护栅栏等设备设施或路料、坍体、落石。

n. 接触网接触线断线、倒杆或塌网。

o. 关闭折角塞门发出列车或运行中关闭折角塞门。

p. 列车运行中刮坏行车设备设施。

q. 列车运行中设备设施、装载货物(包括行包、邮件)、装载加固材料(或装置)超限(含按超限货物办理超过电报批准尺寸的)或坠落。

r. 装载超限货物的车辆按装载普通货物的车辆编入列车。

s. 电力机车、动车组带电进入停电区。

t. 错误向停电区段的接触网供电。

u. 电气化区段攀爬车顶耽误列车。

v. 客运列车分离。

w. 发生冲突、脱轨的机车车辆未按规定检查鉴定编入列车。

x. 无调度命令施工,超范围施工,超范围维修作业。

y. 漏发、错发、漏传、错传调度命令导致列车超速运行。

④一般D类事故

有下列情形之一,未构成一般C类以上事故的,为一般D类事故:

a. 调车冲突。

b. 调车脱轨。

c. 挤道岔。

d. 调车相撞。

e. 错办或未及时办理信号致使列车停车。

f. 错办行车凭证发车或耽误列车。

g. 调车作业碰轧脱轨器、防护信号,或未撤防护信号动车。

h. 货运列车分离。

i. 施工、检修、清扫设备耽误列车。

j. 作业人员违反劳动纪律、作业纪律耽误列车。

k. 滥用紧急制动阀耽误列车。

l. 擅自发车、开车、停车、错办通过或在区间乘降所错误通过。

m. 列车拉铁鞋开车。

n. 漏发、错发、漏传、错传调度命令耽误列车。

o. 错误操纵、使用行车设备耽误列车。

p. 使用轻型车辆、小车及施工机械耽误列车。

q. 应安装列尾装置而未安装发出列车。

r. 行包、邮件装卸作业耽误列车。

s. 电力机车、动车组错误进入无接触网线路。

t. 列车上工作人员往外抛掷物体造成人员伤害或设备损坏。

u. 行车设备故障耽误本列客运列车 1 小时以上，或耽误本列货运列车 2 小时以上；固定设备故障延时影响正常行车 2 小时以上(仅指正线)。

国铁集团可对影响行车安全的其他情形，列入一般事故。

因事故死亡、重伤人数 7 日内发生变化，导致事故等级变化的，相应改变事故等级。

3. 信号故障报告、事故报告及故障的调查处理

(1)设备故障发生后，各级电务人员应逐级上报。信号工区立即向车间和电务段调度报告，电务段调度应及时向铁路局集团公司电务调度报告。

(2)对可能与电务有关的一般 C 类以上事故、动车组车载设备故障、影响专特运和重点列车的故障，铁路局集团公司电务调度应在 1 小时内报告国铁集团电务调度；影响繁忙干线正线超过 1 小时的故障，铁路局集团公司电务调度应在故障发生 2 小时内报告国铁集团电务调度。铁路局集团公司电务部和电务段接到设备故障报告后，应及时组织设备抢修和调查处理工作。

(3)延时超过 1 小时、影响专特运和重点列车及影响较大的设备故障，由电务部负责组织调查处理，其他设备故障可授权电务段负责调查处理。必要时，国铁集团可以直接组织对故障进行调查。

设备故障涉及外局集团公司或两个及以上电务段时，由电务部组织调查。

(4)设备故障的调查处理，应通过检查测试故障设备，查阅有关作业记录、台账资料、管理制度等，查明故障原因，组织认真分析，确定责任，制订防范措施，提出对责任单位的考核处理意见。

(5)属于人为破坏造成的设备故障，由公安部门查处。

(6)对可能与电务有关的一般 C 类以上事故，须及时将事故详细情况逐级上报至国铁集团工电部。

4. 信号故障、事故的管理及统计分析

(1)发生信号故障后，信号工区应及时填写“电务行车设备故障登记簿”“电务行车设备分析记录簿”，并长期保存。

(2)故障及事故(故障升级为铁路交通事故)按责任、非责任分别进行统计。电务段、电务部应建立健全统计、分析、总结、报告制度，规范设备故障管理，并由专人负责行车设备故障统计分析报告的日常管理工作。每日设备故障件数的统计时间，由上一日 18:00 始至当日 18:00 止。填报故障发生时间时，以实际时间为准，从 0:00 改变日期。

(3)电务设备责任、非责任故障，以及反映在电务设备上的其他部门责任故障，电务段、电务部应件件进行统计。

(4)故障升级为信号行车一般 D 类事故，电务段应及时填写“信号行车一般 D 类事故统计分析表”“信号一般 D 类事故外转与转入统计表”，连同事故分析报告一并报电务部。

(5)电务段、电务部应对信号设备故障、设备器材发生的质量故障或事故、施工影响造成的故障或事故进行认真分析总结，并填写“信号故障统计表”“信号故障原因分析表”“信号设备雷害统计表”“信号设备器材质量故障及事故统计表”“施工影响统计表”，电务段每月 25 日前报电务部，电务部每月 30 日前报国铁集团工电部；每季度末电务段将每季信号故障汇总统计后

报电务部；每年电务段将全年信号设备故障情况统计分析、总结，次年1月5日前上报电务部，电务部于次年1月10日前报国铁集团工电部。

(6)各电务段在故障发生后7日内，向铁路局集团公司电务部、安全监察部门报送"行车设备故障处理报告表"。

(7)设备故障涉及其他铁路局集团公司时，铁路局集团公司电务部应及时向相关铁路局集团公司的专业部门通报故障信息，并于5日内将《铁路交通事故调查处理规则》"安监报1"传送相关铁路局集团公司的专业部门。

涉及外单位(系指非铁路局集团公司直接管理或受委托管理的合资铁路、地方铁路，以及工厂、工程等单位)的设备故障，由电务部或有关电务段及时通知相关单位。

(8)定他局集团公司、外单位责任的设备故障，发生局集团公司电务部应填写"外转行车设备故障通知书"，经本局集团公司安全监察部门会签后，在故障发生后20日内向责任单位发出。未按时转出定发生单位责任。

责任单位在接到"外转行车设备故障通知书"后，应在5日内向发出"外转行车设备故障通知书"的电务部给予回执。

(9)铁路局集团公司电务部、电务段建立故障分析制度，每月对管内信号设备的各类故障认真进行综合分析，查明原因，制订整改措施。将设备故障分析情况纳入安全生产分析会或安全生产委员会会议，分析倾向性、关键性、前瞻性问题，研究解决措施，做出考核决定，并进行通报。

典型工作任务6 人身伤亡事故管理与调查处理

6.6.1 工作任务

了解人身伤亡事故管理与调查处理的有关规定，包括人身伤亡事故类别、造成事故的原因、伤害程度、伤亡事故等级，掌握事故报告的编写，伤亡事故原因、责任及性质判定，事故调查处理的方法。

6.6.2 知识链接

人身伤亡事故是指职工在生产过程中，由于存在危险因素或违章违纪，突然受到意外伤害而造成的事故。

1. 人身伤亡事故类别

(1)物体打击

物体打击是由失控物体的重力或惯性力引起伤害的事故(如砖石、工具等从高处落下，打桩、锤击造成碎物飞溅等)。

(2)机械、车辆伤害

机械、车辆伤害是由运动中的机车车辆和运输、提升机械引起伤害的事故(如车辆发生碰撞、倾覆、溜车、配件脱落、装载物体坠落，以及因此导致起火爆炸；行驶中上、下车等)。

(3)机械伤害

机械伤害是由运转中的机械设备引起伤害的事故(如机床绞割，切屑伤人，刀具切割，压力机械施压，传送带及履带碾压，工程机械倾覆、砸、压，刀具、砂轮片等旋转物体甩出等)。

(4)起重伤害

起重伤害是由起重作业引起的伤害事故(如起重机倾覆、吊物坠落、吊物碰撞、钢丝绳断裂抽打、制动机失灵坠落、起升物倾覆倒塌、起重机移动过程中碾压等)。

(5)触电

触电是因电流流进人体或电弧烧灼而造成生理伤害的事故。

(6)淹溺

淹溺是因人落入水中,水浸入呼吸系统而造成伤害的事故。

(7)灼烫

灼烫是因接触酸、碱、蒸汽、热水或因火焰、高温引起皮肤及其他器官、组织损伤的事故。

(8)火灾

火灾是因失火造成伤害的事故。

(9)高处坠落

高处坠落是人由站立工作面失去平衡,在重力作用下坠落(坠落高度超过 2 m)造成伤害的事故。

(10)坍塌

坍塌是由建筑物、构造物、堆置物、土石方等因设计、堆置、摆放或施工不合理而发生倒塌造成伤害的事故(如施工中危石塌落,枕木垛、轨排倒塌,房屋、桥梁、水塔、灯桥等建筑倒塌等)。

(11)爆破

爆破是因施工中爆破作业造成伤害的事故。

(12)中毒和窒息

中毒和窒息是因接触有毒物质,引起人体急性中毒或窒息,以及缺氧造成窒息的事故。

2. 造成事故的原因

(1)违反操作规程或劳动纪律。

(2)对现场工作缺乏检查或指挥错误。

(3)安全设备缺少或有缺陷。

3. 伤害程度

(1)轻伤

轻伤是指造成人员肢体、某个器官功能性或器质性轻度损伤,致使劳动能力轻度或暂时丧失的伤害,其事故伤害损失工作日等于或超过 1 个工作日且等于或小于 299 个工作日。

(2)重伤

重伤是指造成人员肢体残缺或某些器官受到严重损伤,致使人体长期存在功能障碍或劳动能力有重大损失的伤害,其事故伤害损失工作日等于或超过 300 个工作日。

(3)死亡

死亡的事故伤害损失工作日按 6 000 个工作日计算。

4. 伤亡事故等级

(1)轻伤事故

一次事故中只发生人员轻伤的事故。

(2)重伤事故

一次事故中发生重伤(包括伴有轻伤)但无死亡的事故。

(3)死亡事故

一次事故中死亡1或2人(包括伴有重伤、轻伤)的事故。

(4)特大死亡事故

一次事故中死亡3人及以上,但构不成特大事故。

(5)特大事故

按国家有关规定界定。

(6)急性中毒事故

急性中毒事故是指生产性毒物一次或短期内,通过人的呼吸道、消化道或皮肤大量进入体内,使人体在短时间发生病变,导致中断工作,须进行急救处理,甚至死亡的事故。

5. 事故报告

(1)事故报告的内容

按照“铁路企业伤亡事故概况表”所列项目,包括事故单位,事故发生时间、地点,事故经过,伤亡人数,伤亡人员情况,采取的应急措施,调查、善后组织工作及初步分析的原因等。

(2)事故报告程序

①轻伤事故。事故发生后24小时内报至本单位及同级工会;3日内报至铁路局集团公司安全监察室、工会等。

②重伤事故。事故发生后24小时内逐级报至铁路局集团公司安全监察室、生产业务部门、工会等。

③死亡、重大死亡、特大事故。事故发生后24小时内逐级报至国铁集团安全监督管理局、中华全国铁路总工会。重大死亡事故、特大事故应同时报告国铁集团安全监督管理特派员办事处及地方政府安全生产主管部门。

④在国家铁路、合资铁路建设项目中发生的死亡事故、重大死亡事故、特大事故,不论伤亡人员归属及责任归属,施工单位、项目建设管理单位、产权代表单位均应在规定时间内直接或通过属地的铁路局集团公司安全监察室报告国铁集团安全监督管理局。

⑤国铁集团安全监督管理局接到重大死亡事故、特大死亡报告后,应及时向国铁集团总经理办公室、主管副总经理、总经理书面报告,同时向国家铁路局安全监察司,同时向国家安全生产主管部门报告。

凡在生产经营过程中,在企业区域内发生的人员伤亡,不论原因、责任及伤亡人员归属,都必须执行24小时事故报告制度,不得以任何理由拖延报告、谎报或隐瞒不报。

6. 伤亡事故原因、责任及性质判定

(1)事故原因判定

①事故直接原因

事故直接原因是由人的不安全行为(或失误)和物的不安全状态(或故障),以及环境因素等相互作用,直接导致事故发生的原因。

例如:机车车辆驾驶中间断瞭望;不佩戴或不正确使用个人防护用品用具;作业中侵入机车车辆限界;酒后作业导致行为失控;不设安全防护;个人防护用品用具失效;设备、设施等自身具有安全隐患或缺陷;安全防护设施缺乏或失效。

②事故间接原因

事故间接原因是使直接原因得以产生和存在的原因。

例如:安全操作规程不健全;设计有缺陷;检查有疏漏缺项;培训不达标,缺少安全操作知识和技能;劳动组织不合理;隐患整改不力或不及时;管理不善;责任制不落实等。

③事故主要原因

事故主要原因是对事故的发生起主导作用的原因。

例如:违章指挥;违章作业;违反劳动纪律;不配备必要的安全防护设施;不及时修理设备,削减必要的资金投入使设备“带病”运转;不按规定组织培训教育;不重视安全管理,不监督检查,放任自流等。

④事故次要原因

事故次要原因是对事故的发生起次要、辅助、推动作用的原因,也可再细分为重要原因和次要原因。

例如:明知属于违章违纪行为而不制止;对违章指挥不抵制;监督检查不及时、不仔细;工作不负责任,错过防止事故的时机;防止事故的措施不当,安全教育不到位等。

(2)事故原因判定程序

①根据事故发生过程、后果,从直接原因入手,列出各项可能导致事故的全部原因。

②根据现场勘察、痕迹分析鉴定、尸体解剖结果,计算、实验、试验结果,逐一排除不可能的原因。

③将可能的原因排队分析,区分直接原因和间接原因。

④将直接原因和间接原因按顺序排列找出主要原因和次要原因。

(3)事故原因判定原则

①直接原因、间接原因、主要原因、次要原因可能相互交叉,也可能分列。在安全管理水平较低的单位,管理上的问题往往是酿成事故的主要或重要原因。

②一起事故系由多种原因综合作用所致,应将本源的、起决定性作用的原因列为主要原因。

(4)事故责任者判定

①事故主要责任者

应对造成事故的主要原因承担责任者。

②事故次要责任者

应对造成事故的次要、辅助、起推动作用的原因承担责任者。

事故次要责任者可以细分为事故重要责任者、次要责任者,也可以细分为事故领导责任者、事故管理责任者,还可以细分为事故重要领导责任者、事故次要领导责任者,或者事故重要管理责任者、事故次要管理责任者。

(5)事故责任者判定程序

①根据生产流程确定有关岗位及有关人员。

②根据事故原因分析,确定有关人员中的有责任者。

③根据所负责任程度确定直接责任者、主要责任者、重要责任者、次要责任者。

(6)事故责任者判定原则

事故直接责任者和主要责任者可能分属不同人员,也可能是同一人,应根据原因和责任分析准确认定。

(7)事故性质判定

事故性质的判定是指在对事故发生的原因和责任属性进行科学分析的基础上,对事故严重程度及是否属于责任事故、非责任事故、自然灾害事故等做出的认定。

①责任事故

如责任死亡事故、责任重大死亡事故、责任特大事故、责任急性职业中毒事故等。

②非责任事故

如非责任死亡事故、非责任重大死亡事故等。

③自然灾害事故

如一般自然灾害事故、重大自然灾害事故等。

(8)事故性质判定原则

①凡属《铁路交通事故调查处理规则》所列责任事故范围内的事故，以及事故单位有违反国铁集团规章制度行为的，都属于责任事故。

②由不可抗力，如自然灾害，包括突发地震、山洪、海啸、泥石流、风暴、沙尘暴、火山喷发等造成的死亡事故，属于自然灾害事故。

③在自然灾害发生时，组织或参加抢救人民生命，保护国家财产、文献资料等造成伤亡，属于非责任事故，但不包括在接到灾害预报后，不采取措施，贻误防范时机或采取明知属于不安全的措施却一意孤行而造成的事故。

7. 事故调查处理

事故发生后，企业和有关人员应保护事故现场，采取措施抢救人员和保护财产，防止事故扩大。

为抢救人员或恢复生产必须移动现场物件时，应做好标志，采取摄像、摄影、绘画等方法记录事故现场原貌，妥善保存重要痕迹、物证等。

(1)轻伤事故，由发生事故单位(站、段等)的主管负责人任组长，组织有关人员调查处理。

(2)重伤事故，由发生事故单位的主要负责人任组长，组织有关人员组成事故调查组，铁路局集团公司有关部门派员参加。

(3)死亡事故，由铁路局集团公司主要负责人任组长，组织有关人员组成事故调查组。

(4)重大死亡事故，由铁路局集团公司主要负责人任组长，组织有关人员组成事故调查组，国家铁路局安全监察司、国铁集团安全监督管理局及安全监督管理特派员办事处、中华全国铁路总工会等派员参加。

(5)特大事故，按国家有关规定调查处理。

(6)急性中毒事故的调查可参照有关规定。

事故调查工作中，需要进行技术鉴定的，应组织专家或委托有关单位进行。

从业人员在生产经营过程中死亡，但死因不明或疑其因病致死的，应由法医或县级以上医院提尸表检验报告，确定死因；若尸表检验不能查明死因的，则由法医做尸体解剖鉴定，确定死因。

人身伤亡事故发生后，工长要按照《铁路交通事故调查处理规则》的要求提出处理意见，不得隐瞒或以后补报。发生事故后，工长要做好以下工作：

①发现或得知发生人身伤亡事故时，要立即赶到现场，对重伤者采取紧急抢救措施。

②组织人员保护好事故现场，未经上级安全部门同意，不得破坏现场。

③立即将发生事故的时间、地点、伤亡者的姓名、年龄、性别、工种、职称、伤害程度和事故原因向上级报告。

④组织开好事故分析会,像分析行车事故一样,坚持“四不放过”的原则。

⑤及时做好班组成员的思想工作,稳定思想情绪,尽快恢复生产。

在铁路运输生产中发生的一些安全事故,给国家、企业的财产及职工个人的人身财产造成了很大的损害,应该从中吸取深刻的教训。作为工长,应该掌握安全事故案例分析方法,从中了解安全事故的发生与班组管理息息相关,班组职工应该从安全事故中吸取教训,采取相应措施。

典型工作任务7 技术作业安全

6.7.1 工作任务

了解技术作业安全的一般要求,牢记作业安全、设备的加锁加封、防火、防洪、防汛、防寒、防暑的各项要求。

6.7.2 知识链接

1. 一般要求

(1)检修工具及安全防护用品,必须经常保持完好,发现不良的,应及时更换。检修人员使用前,必须进行检查;工长每月检查一次;电务段每年3月前组织车间检查试验(包括绝缘工具)1次。

(2)铁路局集团公司每年对风压、液压设备及相关部件组织一次检查,发现不良的,应及时处理;问题未解决的,禁止使用。

(3)工区应备有急救药箱,所有工作人员应掌握预防作业伤害、触电和外伤处理知识。

(4)禁止扒乘机车或列车;禁止从行驶中的机车或列车跳上、跳下。

(5)铁路局集团公司应制订信号设备的拆除、安装、移设、搬运等施工作业的技术安全规范。

2. 作业安全

(1)在站内、区间作业的安全事项

①上道进行施工、检修作业及设备检查时,应实行双人作业,按规定穿着防护服(饰),并应设安全防护员,实行专人防护。

②防护员应与室内值班人员保持联络,随时预报列车运行情况。防护员应佩戴标志,携带规定的防护用具。防护员不准兼做其他工作。

③电务值班人员应随时与车站值班员联系,掌握列车运行情况,并及时通知现场信号作业人员。现场作业人员接到电务值班人员通知后,应立即停止作业,下道躲避。

④在站内作业时要时刻注意瞭望列车运行情况,根据站场线路布置,建立作业安全岛。有条件的车站应安装列车接近自动音响或语音报警装置。

⑤在区间行走时应走路肩;在道床上行走或工作时,应不断前、后瞭望;在复线区间,应逆列车运行方向行走,并不断前、后瞭望,禁止在邻线和两线中间躲避列车。

⑥横越线路时,须执行“一站、二看、三通过”的制度。禁止从车辆下部或车钩处通过。在停留列车、车辆前部或尾部通过时,应与其保持5 m以上距离。

⑦禁止在机车行驶中检修机车外部的电务设备,机车入库或在车站停车检修机车外部的

电务设备时,应挂红色信号旗或红灯防护,并在操纵手柄上悬挂红色“禁止操纵牌”。

⑧禁止在钢轨、轨枕上和车辆下部休息。

⑨雷雨或暴风时,禁止在信号机上作业;打雷时,禁止修理避雷器、地线。

⑩冬季室外作业时,所戴防寒帽应有耳孔。

⑪检修电动(电空、电液)转辙机时,应打开遮断器。

⑫挖坑、沟时,应了解地下设备情况,土质松软处所应有防护和加固措施,以防坍塌。坑、沟一般不应过夜,不得已时,须采取防护措施。

⑬扛抬笨重物品时,每人负重一般不得超过 50 kg。

(2)在高柱信号机上作业的安全事项

①离开梯子或站在梯子架外侧工作,须使用安全带。

②禁止上、下同时作业;不得将工具、材料放在信号机上;不准上、下抛递工具、材料。

③列车通过时,禁止在该股道两侧信号机上停留。

④不准人扛、手提笨重物品攀登信号机。

(3)在桥梁上、隧道内检修信号设备的安全事项

在桥梁上、隧道内检修信号设备时,应设专人防护。严禁工具、材料侵入限界。

(4)对带电的信号设备进行作业的安全事项

对带有 220 V 及以上电压的信号设备进行作业时,一般应切断电源或双人作业。需停电进行检修作业时,应指派专人负责断电,并在电源开关处悬挂警示牌。恢复供电时,应确认全体工作人员作业完毕,脱离带电部件后,才可合闸,摘除警示牌。

对高于 36 V 电压的信号设备进行带电作业时,应遵守以下规定:

①使用带绝缘的工具,穿绝缘胶鞋(室内应站在绝缘板上)。

②不得同时接触导电和接地部分。

③未脱离导电部分时,不得与站在地面的人员接触或相互传递工具、材料。

(5)检修整流、变流等电源设备时的安全事项

①电压高于 220 V 的设备应关闭电源,并通过人工放电,释放电容器电能后,才可开始工作。

②不准将电流互感器二次线圈开路,以免产生高电压击穿设备和危及人身安全。

(6)在电气化区段作业的安全事项

①人身和携带物件(如长杆、导线、工具等)与接触网设备带电部分,必须保持 2 m 以上的距离,与回流线有 1 m 以上的距离。

②在距离接触网带电部分不足 2 m 的处所作业时,接触网必须停电,由接触网工区人员安设可靠的临时接地线后,才可开始工作。作业时应有接触网工区人员在场监护。拆除临时接地线后,严禁再进行作业。

③禁止攀登接触网支柱,不得在支柱上搭挂物品。

④严禁向接触网上搭挂绳索等物,发现接触网上挂有线头等物,不准接触。当发现接触网导线断落时,要远离该处 10 m 以外,将该处加以防护,并立即通知有关部门处理。

⑤电务设备的地线必须连接牢固、接触良好,接地电阻应符合要求。信号人员作业时应确认地线接触良好。

⑥信号人员作业时,应按规定使用耐高压的绝缘防护用品,如高压绝缘手套、绝缘靴、绝缘垫等。

⑦更换扼流变压器、中心连接板、轨道电路送(受)电的扼流变压器引接线、站内横向连接线等器件时,应按规定采取相应的防护措施,保证牵引电流畅通后,才可进行作业。

⑧更换轨道电路绝缘时,应在确认扼流变压器连接线各部连接良好后,才准开始作业。

⑨整修电缆时,应先确认电缆外皮(全塑电缆除外)与电缆屏蔽地线连接牢固、接触良好,同沟内数条电缆外皮焊接良好后,才准开始作业。

3. 设备的加锁加封

对设有加锁加封的信号设备,应加锁加封,必要时可装设计数器,使用人员应负责其完整。对加封设备启封使用或对设有计数器的设备每计数一次时,使用人员均须在"行车设备检查登记簿"内登记,写明启封或计数原因。加封设备启封使用后,应及时通知信号部门加封。

采用计算机联锁设备实现加锁加封功能时,应使用密码操作。

4. 防火

有关单位应建立健全消防组织,定期进行检查。

信号机械室、计算机机房是行车重地,室内必须保持清洁,禁止烟火,并应做好以下防火工作:

(1)必须备有符合要求的报警和灭火设施,并保持其良好。

(2)电缆进、出口应采用防火材料封堵,电力电缆不得与信号电缆同沟敷设["电力电缆不得与信号电缆同沟敷设"的要求不是绝对的,《普速铁路信号维护规则　技术标准》16.1.5 中规定"进站信号机械室的信号传输线路不得与电力线路靠近和并排敷设。不得已时电力线路和信号传输线路的间距:电力电缆与信号缆线平行敷设时不小于 600 mm;采用接地的金属线槽或钢管防护的,不小于300 mm。条件受限时应采用屏蔽电缆布放,电缆金属护套和电缆屏蔽层应作接地处理"]。

(3)必须按日常养护周期巡视信号设备,发现温升异常须及时处理(具体操作时最有效的办法是借助信号集中监测系统。根据信号集中监测系统最新技术条件"对关键设备表面温度进行实时监测"的规定,铁路局集团公司应对既有信号集中监测系统进行完善,实现对关键设备表面温度进行监测,预防火灾的发生。若不借助信号集中监测系统,仅凭巡视人员定期的检查,火灾隐患无法及时消除,更何况现在有很多的无人值守站,一个月仅规定巡视两次。)

(4)室内不得存放易燃、易爆物品。

(5)严禁用汽油、酒精等擦拭设备的电气接点,并不得用易燃油擦洗地面和设备。

5. 防洪、防汛

铁路局集团公司应根据历年降雨、洪水规律和当年的气候趋势预测,发布防洪命令,制订防洪、防汛预案,及早做好一切准备。有关单位应按时完成防洪工程和预抢工程,储备足够的料具及车辆,组织抢修队伍并进行训练,依靠当地政府建立群众性的防洪组织。加强雨中和雨后的巡视检查,严格执行降雨量和洪水警戒位制度,发现异常及时处理。一旦发生灾害,积极组织抢修,尽快修复,争取不中断行车或减少中断行车时间。设备修复后,须达到规定标准。

6. 防寒

对防寒工作,应提前做好准备,要做好以下工作:

(1)对有关人员进行防寒过冬培训,并按规定做好防寒劳动防护用品的配备和发放工作。

(2)对设备进行防寒过冬检查、整修,并做好包扎管路等工作。

(3)做好易冻的设备、物资的防冻解冻工作。

(4)储备足够的防寒过冬材料、燃料和工具,检修好防雪设备,组织好除冰雪队伍。

7. 防暑

在需要进行防暑工作的重要生产房屋,应设有降温设备。露天作业特别要做好防暑工作。炎热季节应有足够的防暑用品和药物,并有供职工饮用的清凉饮料。暑季前,应对防暑降温设备进行检查、整修。

项目小结

安全是铁路建设的重要标志,是铁路永恒的主题。安全是电务部门专业管理水平和工作质量的综合反映。各级领导必须将安全生产放在首位,加强政治思想工作,教育职工牢固树立安全第一的思想,严格遵守作业纪律和劳动纪律,认真执行规章制度,保证行车、设备和人身安全。

要严格执行安全生产责任制度,健全安全生产体系,切实杜绝违章作业,认真地进行安全检查,切实做好安全生产教育和培训工作,落实安全考核机制。

电务工作人员必须认真执行基本安全制度和作业纪律,按规定联系、要点、登记。

信号设备维护工作的一项基本任务,就是最大限度地保证设备处于良好运用状态。对设备突发故障,要及时采取应急抢修预案,将故障对运输的干扰降低到最小程度。要严格遵守对于应急抢修和发现危及行车安全情况的处理的规定,重视应急抢险的注意事项,提高应急处理能力。

要认真做好故障及事故管理与调查处理、人身伤亡事故管理与调查处理工作,正确进行故障及事故分类、责任判定、损失费用承担,完善信号故障事故报告、调查处理及统计分析制度。

为确保设备和人身安全,必须严格遵守作业安全的各项要求。要按规定对设有加锁加封的信号设备的加锁加封。努力做好防火、防洪、防汛、防寒、防暑工作。

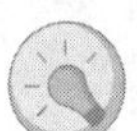

复习思考题

1. 安全生产责任制度的主要内容是什么?
2. 安全生产体系有何作用?
3. 为什么要杜绝违章作业?
4. 如何做好安全生产教育和培训工作?
5. 如何加强落实考核机制?
6. 铁路电务部门有哪些基本安全制度?
7. 何谓作业纪律?必须遵守哪些作业纪律?
8.《技规》对于检修设备有哪些规定?
9. 简述联系、要点、登记的步骤和要求。
10. 应急预案如何分类?应急预案包括哪些内容?应急抢险要注意哪些事项 ?如何提

高应急处理能力?

11. 发现危及行车安全的情况应如何处理?

12. 何谓信号责任障碍?何谓信号非责任障碍?举例说明。

13. 设备故障的责任如何判定?

14. 铁路交通事故如何分类?

15. 如何进行信号故障报告、事故报告及故障的调查处理、管理及统计分析?

16. 人身伤亡事故如何分类?造成事故的原因有哪些?伤亡事故如何分级?

17. 遇到人身伤亡事故如何报告?如何判定伤亡事故的原因、责任及性质?如何进行人身伤亡事故的调查处理?

18. 在站内、区间作业时要注意哪些事项?在电气化区段作业时要注意哪些事项?在提速区段作业时要注意哪些事项?

19. 简述防火、防洪、防汛、防寒的措施。

20. 对信号设备的加锁加封有哪些规定?

项目7 施工管理

项目描述

本项目介绍施工管理的基本要求、施工管理制度、电务施工的组织与实施、电务施工的监督与配合。作为施工企业的工作人员，必须有所了解，以便正确地组织与实施施工，并接受监督。作为运营部门的工作人员，也必须有所了解，以便正确监督与配合。

学习目标

通过学习，了解施工管理的基本要求和施工管理制度，掌握电务施工组织与实施的方法，能正确地组织与施工，掌握电务施工监督与配合的方法，能正确地监督与配合施工。

典型工作任务1　施工管理的基本要求认知

7.1.1　工作任务

了解施工管理的基本要求，包括坚持“安全第一，预防为主”的方针；科学地制订施工方案；建立健全施工安全防护制度和监督体系；加强对施工的考核；切实履行监管责任，明白施工“高压线”是不能跨越的。

7.1.2　知识链接

1. 坚持“安全第一，预防为主”的方针

电务施工必须坚持“安全第一，预防为主”的方针，严格执行营业线施工安全有关规定，强化对影响行车、设备、人身安全各环节的管理，确保安全生产。凡影响行车的施工，不得利用列车间隔进行(特别规定的慢行施工除外)，都必须纳入天窗。

严禁在天窗点外进行涉及既有设备安全的施工和试验工作，这是一条施工作业纪律，是针对电务施工(包括电务段内部施工和其他电务工程部门在营业线施工)制订的。

天窗点外，施工单位严禁进行影响既有信号设备联锁关系、电气、机械性能的工作内容和试验项目，如在既有设备上做停点前的施工准备、轨道电路区段加装绝缘、移设信号机、更换连接杆件等。对于其他非电务专业施工单位进行天窗点内外的施工作业，若对信号设备安全构成潜在威胁，电务部门要加强监管和配合，如线路两侧取土和架桥修涵、道岔转辙部位作业、供电线路整修、牵引供电施工等，这些施工项目虽都未直接涉及电务设备，但对信号设备的安全构成了影响。

2. 科学制订施工方案

信号设备施工,应科学制订详细的施工方案、安全措施,并严格按照程序落实,做到分工明确、措施具体、管理到位。

3. 建立健全施工安全防护制度和监督体系

电务段应严格按批准的计划和方案组织施工,加强对施工全过程的控制。施工前应做好各项准备工作;施工中要严格执行技术标准、作业标准,落实安全措施,严禁超范围施工,杜绝违章作业,确保施工质量;设备开通前要进行彻底的联锁试验和测试验证,确保联锁关系和列控数据的正确。

各级电务部门应建立健全施工安全防护制度和监督体系,尤其是电务段。加强对施工的监督检查,预防和纠正影响行车安全和设备安全的各类问题。

施工防护制度的内容应根据设备特点、施工性质、安全关键控制,以及防护人员所采取的防护措施进行制订。

施工安全监督体系的建立目的是让施工安全监督工作走向规范化、系统化、程序化。电务部门施工安全监督体系应从组织机构、监督程序、安全监督检查人员履行的安全检查职责、安全监督检查人员的培训、安全监督责任制的落实、安全监管遵循的法规及技术作业标准等方面,统筹考虑制订。施工安全监督体系的关键是逐级安全监督责任制的落实,要自上而下层层分解,把安全卡控的重点纳入施工的每个作业环节,分解到每一个岗位,在检查和监督过程中形成发现问题—整改—督办+复查的"闭环"管理。安全监督检查人员按照国铁集团的规定,应根据工程规模和专业性质进行培训,并对合格人员颁发培训合格证。施工安全防护制度和监督体系,适用于对其他施工单位进行施工安全监督检查的同时,也同样适用于电务部门内部组织的各类施工。

4. 加强对电务施工的考核

应加强对电务施工的考核,建立安全奖惩制度,对工作突出的单位和个人给予奖励,对不遵守制度,发生影响行车安全和设备安全的给予处罚。

5. 切实履行监管责任

电务部门作为信号设备管理部门,对其他施工单位在营业线上进行的涉及信号设备安全的施工,应加强监督与配合,切实履行监管责任,预防危及行车安全的问题发生。

设备管理单位对因自身未履行施工安全协议造成行车事故的,负主要责任;因监督不力发生行车事故的,除追究施工、建设、设计、监理等单位责任外,同时要追究设备管理单位及部门的责任,影响安全成绩。

施工监管的关键是要发挥施工现场安全监督检查人员的作用。按照国铁集团规定,电务段还应加强对派出的安全监督检查人员的管理,持证上岗。对各种施工涉及行车安全的各个方面,从安全措施的制订、施工前的准备、施工中的卡控、施工后的开通及验交前的整修等实行全程监督检查。

6. 施工"高压线"

施工时:

(1)严禁使用封连线。

(2)严禁非法上道作业。

(3)严禁联锁试验不彻底。

典型工作任务2 施工管理制度认知

7.2.1 工作任务

了解施工管理制度，包括电务施工管理办法和实施细则；专人负责施工管理；施工安全监督检查人员的权限；安全责任；停用信号设备的施工应纳入天窗；对于拆旧的要求。

7.2.2 知识链接

1. 电务施工管理办法和实施细则

铁路局集团公司、电务段的电务施工管理办法和实施细则应包括：组织领导、质量控制、安全卡控、配合与监督、验收交接、检查考核等内容。

2. 专人负责施工管理

电务部、电务段应有专人负责施工管理。施工管理人员负责对施工计划、安全措施和安全协议进行审核，并按规定程序上报审批，对施工进行监督检查。

电务部、电务段每月应对施工安全和管理中存在的问题进行分析，制订并落实整改措施。

3. 施工安全监督检查人员的权限

电务部门各级施工安全监督检查人员应对施工安全和质量实行全过程监督检查，发现质量不合格及安全隐患，及时发出“施工安全质量整改通知书”，责令施工单位立即纠正。危及行车安全时，有权责令其停止施工。“施工安全质量整改通知书”由铁路局集团公司统一制订。施工单位应无条件地接受，不得阻挠。

4. 安全责任

电务段进行影响行车安全的作业必须严格执行有关规定，在做好内部施工监督检查和落实“三级施工安全措施”的同时，逐级落实安全生产责任制，确保施工作业安全。

涉及影响其他部门设备安全的施工，应积极协调有关单位进行配合，共同进行整治，必要时签订安全互保协议，对双方履行的安全责任和行为准则进行约束。

5. 停用信号设备的施工应纳入天窗

凡停用信号设备的施工均应纳入天窗。临时应急施工或变更施工计划，应按程序审批。

封锁线路、慢行施工和停用信号、联锁、闭塞设备及其他影响行车设备的施工，必须纳入月度施工方案。施工单位应在前一个月向铁路局集团公司提出施工计划。运输部门在编排施工方案中，应把各单位在同一地段的施工，安排在同一时间内进行平行作业，并明确施工主体单位。施工方案应以铁路局集团公司命令下达有关站、段及施工单位。

封锁区间施工时，施工负责人应确认已做好一切施工准备，按批准的施工方案(临时封锁区间抢修施工时除外)，在车站“行车设备施工登记簿”内登记，通过车站值班员向列车调度员申请施工。车站值班员应尽快与列车调度员联系，并根据封锁或开通命令，在信号控制台或规定位置上挂或摘下封锁区间表示牌。列车调度员应保证施工时间，并向施工区间的两端站、有关单位及施工负责人及时发出实际施工命令。施工负责人接到调度命令，确认施工起止时刻，设好停车防护后，才可开工，并保证在规定时间内完成。因封锁区间，跨局集团公司列车的停运由两局集团公司商定，须经由外局集团公司线路迂回运输时，由国铁集团批准。

施工单位及设备管理单位应严格掌握开通条件，经检查满足放行列车的条件且设备达到规定的开通速度要求,办理开通登记后,通过车站值班员通知列车调度员开通区间。如因特殊情况不能按时开通区间或不能按规定的开通速度运行时,应提前通知车站值班员,要求列车调度员延长时间或限速运行。

6. 对于拆旧的要求

近几年在基建、大修、更新改造工程施工中,新设备开通使用后,在拆除原有信号设备时,多次发生由于拆旧人员不了解情况,将新开通使用设备拆除,造成信号设备故障,危及行车安全的情况。为防止类似情况的重复发生,规定设备开通后,应认真组织开展设备拆旧工作。施工单位应对拆除设备做出明确标识,并经设备管理单位确认后,才可拆除。

典型工作任务3 组织与实施

7.3.1 工作任务

了解电务施工的组织与实施方法,包括电务施工等级及其施工组织实施、施工负责人的职责、组织施工。

7.3.2 知识链接

1. 电务施工等级

电务施工等级按规模、对运输影响和难易程度分为Ⅰ、Ⅱ、Ⅲ级。

Ⅰ级施工:列入铁路局集团公司月度施工计划,对运输影响大、联锁关系变更较大的施工。

Ⅱ级施工:列入铁路局集团公司月度施工计划,对运输影响较大的一般施工及更换单项主要设备和器材的施工。

Ⅲ级施工:Ⅰ级、Ⅱ级以外的各类施工。

Ⅰ级、Ⅱ级、Ⅲ级施工具体作业项目由铁路局集团公司电务部结合实际确定。

电务施工在具体执行时,按照施工级别,要认真落实“三级施工安全措施”、电务基本安全规章制度和作业纪律,明确施工负责人,做好施工全过程的控制,及时纠正和解决施工中存在的问题。

2. 施工组织实施

Ⅰ级施工由电务段组织实施,段长或副段长参加,电务部负责人或主管工程师有重点地参加。

Ⅱ级施工由车间组织实施,车间主任或副主任参加,电务段副段长或工程师有重点地参加。

Ⅲ级施工由工区组织实施,车间主任、副主任或工程师有重点地参加。

3. 施工负责人

电务段应按施工等级明确施工负责人,施工负责人的职责是:

(1)组织编制施工计划,提报施工申请。

(2)组织制订施工方案、施工组织措施、施工安全措施。

(3)组织召开施工前准备会、施工总结会。

(4)按批准的施工计划组织施工,并对施工全面负责。

(5)对施工全过程进行指挥、控制、检查和监督,及时解决施工中存在的问题。

(6)提出考核奖惩意见。

4. 组织施工

电务段应严格按批准的计划和方案组织施工,加强对施工全过程的控制。施工前应做好各项准备工作;施工中要严格执行技术标准、作业标准,落实安全措施,严禁超范围施工,杜绝违章作业,确保施工质量;设备开通前要进行彻底的联锁试验和测试验证,确保联锁关系和列控数据的正确。

典型工作任务4 监督与配合

7.4.1 工作任务

了解电务施工的监督和配合的要求;电务部监督、电务段监督和配合的具体要求,施工安全协议书的基本内容,施工安全管理。

7.4.2 知识链接

1. 电务部监督

铁路局集团公司电务部应严格审查施工安全措施、施工方案,包括施工过渡方案。凡不符合有关规定,不得通过审查。

电务部应加强对施工安全和质量的监督检查,及时协调解决存在的问题,提出改进要求。

电务部应组织对施工安全监督检查人员进行培训,颁发培训合格证。施工安全监督检查人员应持证上岗。

电务部要认真组织做好高速铁路建设工程施工配合工作,按照有关信号工程标准、施工质量验收标准和相关专业验收标准规定,严把工程施工质量。

电务部应加强对基建、更新改造和结合部其他部门施工作业的监督和配合。

2. 电务段监督和配合

电务段应加强对其他施工单位施工的监督和配合,制订防护措施,加强施工全过程监督。

电务段应积极协助设计和施工单位核查既有设备情况,提供地下电缆等隐蔽设施的准确位置,标定防护范围,加强监管力度。

电务段应对施工计划、施工方案及影响范围进行认真核对,并派员进行施工监督。重点对施工单位安全措施落实情况、安全协议履行情况、施工过渡方案执行情况,以及施工质量进行监督检查。

电务段应根据设计文件、《铁路信号工程施工质量验收标准》的要求,认真进行验收,并提前做好人员培训等接管准备工作。

3. 施工安全协议书

基建、更新改造工程和结合部其他部门施工,施工单位必须与电务段签订施工安全协议书,明确施工安全、配合注意事项等卡控重点。

施工安全协议书由施工单位与电务段签订。未签订施工安全协议书及施工安全协议书未经审查的严禁施工。施工安全协议由电务段安全科负责,签订时电务段具体负责工程管理的业务科要对内容进行把关,并对施工关键技术环节提出要求。施工安全协议书的审查由铁路局集团公司安全监察室、主管业务处负责。

施工安全协议书应包括以下基本内容:

(1)工程概况(施工项目、作业内容、地点和时间、影响范围)。

(2)施工责任地段和期限。

(3)双方所遵循的技术标准、规程和规范。

(4)安全防护内容、措施及专业结合部安全分工(根据工点、专业实际情况,由双方制订具体条款)。

(5)双方安全责任、权利和义务(包括共同安全责任和双方各自安全职责)。

(6)违约责任和经济赔偿办法(包括发生行车责任事故时双方承担的法律责任)。

(7)安全监督和配合费用。

(8)法律法规规定的其他内容。

4. 施工安全管理

(1)提高对施工安全的思想认识

电务施工管理和施工配合,安全监管的责任主体是设备管理单位,即电务段。对新形势下电务施工管理,要真正做到有序可控。在普速铁路施工大量存在的情况下,只有通过认真负责、扎实工作、措施到位,才能全面提高设备的避灾能力。

(2)全面加强各种施工中的监管力度

认真执行《铁路营业线施工安全管理办法》的规定,全面加强站场改造等大型施工的监管力度。电务部必须做好配合施工的监管,在配合方案没有到位前,对施工方案不能予以批准。

(3)重点做好电缆径路的安全防护工作。

不论什么部门的施工,只要涉及电缆径路,都要将插旗、拉线、撒白灰措施落实到位。

项目小结

为确保营业线电务施工安全,必须规范电务施工管理,加强对施工安全和施工质量的监督检查。结合现行《铁路营业线施工安全管理办法》的要求,对电务内部施工和其他施工单位在营业线进行的涉及信号设备安全的施工,从施工管理、施工安全、施工组织与实施、施工监督与配合等方面进行规范。

其他施工单位在营业线上进行涉及信号设备的施工,按《铁路营业线施工安全管理办法》及铁路局集团公司制订的实施细则执行。工程施工设计技术交底时,电务部、电务段要按照铁路信号有关技术政策、技术规范和标准,严格把关。铁路局集团公司电务部、电务段必须按照有关施工安全的规章和作业标准,施工前对施工组织设计及某些重要工序、施工方案、施工安全措施进行严格审查,凡不符合规定的,不允许进行施工;施工中,应对施工计划、施工方案及影响范围进行认真核对,重点对施工单位安全措施落实情况、安全协议履行情况、施工过渡方案执行情况及施工质量进行全过程监督检查,严格"执法监察、依规监督",切实履行安全监督职责,发现有违章、违规现象、危及行车安全的作业,必须责令施工单位立即纠正,并有权责令其停工。

复习思考题

1. 如何坚持"安全第一,预防为主"的方针?

2. 如何建立健全施工安全防护制度和监督体系?

3. 如何加强对电务施工的考核？
4. 如何切实履行监管责任？
5. 什么是施工“高压线”？
6. 电务施工管理办法和实施细则包括哪些内容？
7. 对施工安全监督检查人员的权限有哪些规定？
8. 对安全责任有哪些规定？
9. 为什么停用信号设备的施工应纳入天窗？
10. 对拆旧有哪些规定？
11. 如何组织与实施电务施工？
12. 电务部如何监督电务施工？
13. 电务段如何监督和配合施工？
14. 施工安全协议书包括哪些基本内容？
15. 对施工安全管理有哪些规定？

项目 8　职工培训管理

项目描述

本项目介绍职工培训管理的方方面面，使读者对于职工培训管理有比较清楚地了解。介绍职工培训基地建设的各项要求，包括培训基地基本条件、培训教员和教学设备等方面的要求。

学习目标

通过学习，了解电务职工培训体系的组成和职工培训管理的各项规定，为今后参与培训和接受培训做好准备，提高学习积极性；了解职工培训基地建设的各项要求。

典型工作任务 1　职工培训管理

8.1.1　工作任务

了解电务职工培训体系的组成、电务教育基地的设置、电务职工培训的主要内容、培训规划和大纲、培训工作重点、培训责任制、日常培训工作的管理、培训方式、职教队伍、竞争上岗机制等。

8.1.2　知识链接

职工培训工作应以适应铁路现代化发展需要为目标，以新技术和职工岗位达标培训为重点，以强化基本功训练为手段，努力提高职工队伍整体素质，培养能熟练掌握铁路先进技术装备，具有实际操作技能的人才，为铁路现代化建设提供可靠的人才保证。

1. 电务职工培训体系

为加强职工培训的专业管理，电务部应设专(兼)职管理人员。

建立国铁集团负责组织指导，铁路局集团公司为责任主体，专业院校为依托，研发单位和设备供应商为支持，电务段为基础的内外结合、相互补充、分级培训、各负其责的电务职工培训体系。“内”指的是铁路电务部门自主组织培训。“外”指的是委托专业院校、研发单位和设备供应商进行培训。

委外培训以专业学校为依托，研发单位和设备供应商为支持，电务段为基础。

为加强职工培训的专业管理，有国铁集团劳动和卫生部职教处、铁路局集团公司职工培训部、电务段职工教育科三级管理机构，铁路局集团公司电务部也设专(兼)职管理人员。

2. 电务职工培训网络教育基地

要建立内外结合、分工明确的电务职工培训基地网络。培训基地内部网络由武汉高速铁路职业技能训练段、铁路局集团公司职业技能培训基地、电务段职工教育培训基地构成。培训

基地委外网络为委外培训单位(高等学校、研发单位和设备供应商)

铁路局集团公司电务职工技能培训基地要充分结合生产力布局调整后的实际情况,建立与现场设备相适应、条件较为完善、布局合理、管理队伍精干、培训能力强的系统培训基地,承担电务系统主要工种人员任职资格培训任务。

电务段职工教育培训基地主要承担电务段职工适应性培训和基本操作技能、应急处理等技能训练,强化职工的基本功。

委外专业技术培训要引入市场机制、开展校企合作,选择部分积极性高、培训能力强的高等院校、中等职业学校和设备研发单位、设备供应商,作为电务主要工种人员的专业技术理论培训、职工专业学历教育、后备人才培养和高技能人才和师资队伍培训主体。

3. 培训内容

专业理论、学历教育、师资培训等以委外培训为主,依靠专业学校。新技术培训主要依托研发单位和设备供应商。不论是专业理论培训,还是专业技术技能培训,主要围绕电务新技术、新设备、新规章、新工艺进行。

国铁集团负责组织重点新技术业务骨干的培训;铁路局集团公司负责组织重点新技术的再培训和一般新技术培训;电务段负责岗位达标、实作技能等日常培训。

各级还应重视对专业管理人员的在职培训,培训内容包括:应知应会内容、各项管理制度、有关技术标准、新技术、新设备知识、基本管理知识等,以保证管理人员对本岗位工作的持续胜任能力。

电务部、电务段应根据工作岗位要求确定培训内容,包括:

(1)岗位专业知识。

(2)实作基本技能。

(3)应急处理技能。

(4)有关工作程序(各项管理程序、标准化作业程序、故障处理程序等)。

(5)铁路信号新技术、新设备知识。

(6)计算机和网络知识。

(7)规章制度、技术标准和安全知识。

(8)典型事故案例。

(9)相关专业的基本知识。

4. 培训规划和大纲

电务部、电务段应结合本系统专业技术特点,制订本系统、本单位职工培训规划及职工教育培训计划,提出并组织实施本系统、本单位学历教育、专业知识培训和技能鉴定培训具体要求,审定本系统、本单位的教学计划、教学大纲,建立本系统培训题库,参与本系统专业培训教材的选编和审定,制订电务系统专业技术培训计划并组织实施。

电务部、电务段应根据各类人员的不同培训要求,制订年度培训计划及相应的培训大纲,确定培训教材和教员。

5. 培训工作重点

(1)本岗位日常维护技能:检修测试怎么做、如何判断系统是否正常、故障后应该采取什么措施。

(2)加强应急处理能力的培训与演练,提高应急处理能力,确保运输安全与秩序。

(3)把高速铁路技术培训作为重中之重,提前计划,提前安排。

6. 培训责任制

电务段应建立和落实段、车间、工区三级培训责任制。

(1)电务段负责实施岗位适应性培训及部分资格性培训。

(2)车间负责落实段下达的培训计划,并定期组织开展岗位练兵活动。

(3)工区负责组织职工日常业务学习和岗位练兵。

7. 日常培训工作的管理

电务段应加强对职工日常培训工作的管理,建立并妥善保存职工技术业务培训档案。培训档案应包括参加过的培训课程、培训形式、培训学时及考试成绩等。

8. 培训方式

(1)岗前培训

要落实国铁集团“先培训,后上岗”的制度,全面落实铁路职业技能培训规范。新职、转岗、晋升人员须由铁路局集团公司或电务段依据培训规范,进行岗前资格性培训,考核合格并取得“铁路岗位培训合格证书”“高速铁路岗位培训合格证书(CRH)”,才可上岗作业。

①新员工岗前培训

新录用的院校毕业生,在规定的见习期内应严格按要求进行培训,合格后才可参加竞争上岗。

②转岗、晋升人员任职资格培训

组织转岗、晋升人员参加拟任岗位任职资格培训,并经职业技能鉴定或考试合格,取得职业资格证书或岗位培训合格证后方可任职。

③信号工任职基本条件

信号工是铁路主要行车工种,其任职基本条件为:

a. 文化程度不低于高职(中专)水平。

b. 职业资格。符合《国家职业标准》有关要求,经职业技能机构鉴定合格,取得相应职业资格证书。

c. 技术水平。了解所管设备构造,掌握工作原理及相应的基础理论知识;熟悉作业程序、技术标准和质量控制要求,具有实际操作能力,能够分析、处理故障。

d. 工作经历。本岗位实习满1年。

(2)班组长培训

要落实国铁集团班组长“先培训、后使用”的制度,铁路局集团公司或电务段应集中组织对班组长每两年进行一次班组管理知识的培训,培训时间每次不少于30学时。

工长任职条件:

a. 从事信号工作满2年。

b. 熟悉管内设备技术性能。

c. 具有一定的组织管理能力。

d. 经过班组长管理知识脱产培训。

(3)适应性培训

电务段应认真做好在岗职工进行定期的适应性培训和评价,使其岗位技能水平能适应本岗位要求。

在大面积技术提升的情况下，短时间内在各级培养一批熟练的专业人员显然是有困难的，可行的方案是培养技术骨干。从具有一定技术基础的现有专业技术人员中，分不同目标，加强技术培训，在短时间内提升其技术水平。在不同层次不断扩大，培养和造就一批满足不同系统维护要求的技术队伍。

9. 职教队伍

采用路内外结合方式，聘请、选拔一批理论基础扎实、技术功底深厚、实践经验丰富的工程技术人员构建培训师资库，建立一支高素质的专(兼)职教师队伍，逐步培养一批具有国家职业资格的企业培训师，满足在职继续教育、定期培训和短期轮训的培训需求。同时注重培训教材更新、考试题库完善等。

10. 竞争上岗机制

为促进职工队伍素质提高，充分调动职工工作积极性，电务段应建立、完善竞争上岗、激励机制，进一步做活内部分配改革。

把培训考试与提高基本实作能力紧密结合，业绩考核与岗位技能、应急故障处理能力紧密关联，技师评聘、职称晋升与职业素质密切挂钩，努力形成培训、考核、使用、待遇一体化机制，促进干部职工学技术、增本领的积极性。

典型工作任务2 培训基地建设

8.2.1 工作任务

了解职工培训基地建设的各项要求。

8.2.2 知识链接

1. 职工培训基地建设

职工培训基地是进行职工教育培训的重要基础。铁路局集团公司、电务段应重视职工教育培训基地建设，保证资金投入，建好职工培训基地。

(1)铁路局集团公司应以电务段培训基地为基础，建设铁路局集团公司电务培训基地

基地应能满足全局集团公司新技术培训、技术管理干部和技术骨干培训等需要。充分利用铁路局集团公司培训基地，开展计算机联锁、列车运行控制系统、ZPW-2000、提速道岔等新技术、新设备的培训。

(2)电务段应优化整合培训资源，集中建好职工培训基地

基地应能满足职工脱产培训、实作技能培训及段技术比武的需要。以基本功实作训练、岗位技能提高为主，特别要具备故障应急处理的培训能力。

(3)车间应配备必要的设施

车间的设施应能满足应急处理技能培训和岗位练兵的需要。

要围绕上述目标加大投入与建设力度，同时运用网上授课、计算机仿真模拟等现代化手段，创新培训方法。

2. 培训基地基本条件

培训基地应具备以下基本条件：

(1)多媒体教室、教具模型室、图书室、室内外设备演练场地，满足培训的需要。

(2)满足培训需要的计算机联锁、继电联锁、轨道电路、外锁闭道岔、普通电动道岔、色灯信号机、自动闭塞等信号设备。

(3)必要的教学模型、多媒体设备及教学课件。

(4)必需的生活设施和活动场地。

3. 培训师资

培训基地应设置精干的专职培训教员,并根据需要聘请部分兼职教师。

4. 教学设备

职工培训基地所配备的教学设备应根据现场设备变化及时更新,以适应新技术培训的需要。

5. 培训基地管理

培训基地应做好教学设备日常维护和管理工作,保证教学设备处于良好状态。

项目小结

铁路信号设备技术密集、科技含量高、发展迅速,计算机联锁、ZPW-2000、TDCS、CTC、CTCS、智能电源屏、信号集中监测系统等一系列高新技术装备的陆续上道使用,使铁路信号从以机电技术为依托的电气集中等,向以计算机技术、通信技术和网络技术为依托的微电子时代迈进,而且点多线长、设置分散、布局成网、不间断运用、结合部多、易受外界影响,其维护工作技术要求高,既相对独立,又相互联系。只有建设一支高素质的职工队伍,才能适应新形势下电务设备不断发展的需要。因此,职工培训在电务维护管理工作中具有举足轻重的作用,各级电务部门必须加强对职工的政治思想教育和文化、技术、业务知识培训,不断提高电务职工队伍素质。

职工培训工作应以适应铁路现代化发展需要,建设一支高素质的职工队伍为目标,以新技术和职工岗位达标培训为重点,以强化基本功训练为手段,努力提高职工队伍整体素质,培养能够熟练掌握铁路先进技术装备,具有实际操作技能的人才,为铁路现代化建设提供可靠的人才保证。

培训基地是进行职工教育培训的重要基础。铁路局集团公司、电务段应重视职工培训基地建设,保证资金投入,建好职工培训基地。

复习思考题

1. 为什么要加强职教管理?
2. 电务职工培训体系如何组成?
3. 电务教育基地如何组成?
4. 电务职工培训主要包括哪些内容?培训工作重点是什么?
5. 对培训规划和大纲有哪些规定?
6. 如何落实培训责任制?
7. 培训方式有哪几种?
8. 如何建设职教队伍?
9. 如何实施竞争上岗机制?
10. 如何建设职工培训基地?培训基地应具备哪些基本条件?

项目9　检查与考核

项目描述

本项目介绍检查与考核的基本要求、考核的内容及具体指标、检查考核方式，因为检查与考核是促进管理责任落实的有效手段，必须为所有职工所理解，积极参与和配合。

学习目标

通过学习了解检查与考核的基本要求，了解各种考核指标，掌握日常检查和综合考核的方法。

典型工作任务1　检查与考核的基本要求认知

9.1.1　工作任务

了解检查与考核的重点、安全质量检查考核体系、故障考核的原则、严格考核违章等造成的故障。

9.1.2　知识链接

1. 检查与考核的作用

检查与考核是促进管理责任落实的有效手段，应贯穿于管理的全过程。不仅要重视对结果的考核，更要注意对过程的监督和控制，将日常监督检查和综合考核有机地结合起来，建立动态与静态相结合，过程与目标相结合，工作绩效与经济利益挂钩的考核机制。

2. 检查与考核的重点

检查与考核应以安全管理和设备质量为重点，充分体现有利于落实各项安全和专业管理制度，有利于促进管理水平和设备质量的提高，有利于调动干部职工积极性的原则。

3. 安全质量检查考核体系

电务部门应建立安全质量检查考核体系，制订安全质量检查考核办法，明确检查考核期限、内容、程序和标准，加强日常监督检查，定期进行综合考核。

4. 故障考核的原则

信号设备故障考核要根据故障性质，体现“重在分析，贵在防范，宽严适度，抓小防大”的原则，结合实际情况，适度、适量进行考核，防止因考核过重给职工心理造成压力，诱发职工违章作业。

5. 严格考核违章等造成的故障

违章指挥、违章作业、原因不明重复发生及处理延时的设备故障，铁路局集团公司、电务段对责任单位和责任者必须严格考核。

严格考核是针对近几年来电务设备发生的一些典型故障，造成的后果比较严重而制订的一条安全责任考核制度,要求在设备维护过程中,必须严格考核违章指挥、违章作业、原因不明重复发生及处理超过 24 小时的设备故障。

典型工作任务 2　考核内容及指标认知

9.2.1　工作任务

了解各种考核指标,包括安全指标、主要生产指标、质量指标和管理内容考核。

9.2.2　知识链接

1. 信号设备故障考核

信号设备故障按故障率考核;行车责任一般 D 类事故按事故率考虑;行车一般 C 类及以上事故按件数考核。具体考核办法由铁路局集团公司制定。

2. 主要生产及质量指标

(1)信号设备联锁关系正确率:100%。

(2)联锁道岔转换设备合格率:大于或等于 98%;良好率:大于或等于 70%。

(3)轨道电路合格率:100%;良好率:大于或等于 70%。

(4)信号机合格率:大于或等于 98%;良好率:大于或等于 70%。

(5)地面信号显示合格率:大于或等于 98%。

(6)机车信号显示正确率:大于或等于 99%。

(7)信号设备综合合格率:大于或等于 90%。

(8)天窗利用率:大于或等于 95%。

(9)出所设备返修率:道岔转换设备返修率小于或等于 1%;器材返修率小于或等于 0.2%。

(10)中修完成率:100%。

(11)信号设备大修兑现率:大于或等于 95%。

(12)国铁集团重点任务完成率:100%。

3. 管理内容考核

(1)安全责任制落实情况。

(2)干部检查安全、质量的量化工作标准执行情况。

(3)干部添乘检查情况。

(4)天窗修管理及执行情况。

(5)安全专项整治落实情况。

(6)安全信息管理情况。

(7)安全例会制度落实情况。

(8)劳动安全管理情况。

(9)基本规章制度及作业纪律执行情况。

(10)设备台账、技术资料和图纸管理情况。

(11)施工管理及监督检查情况。

(12)职工培训达标情况。

(13)车间、班组建设情况。

典型工作任务3 检查考核方式认知

9.3.1 工作任务

掌握日常检查和综合考核的方法,了解检查考核有关规定、安全工作检查计划和安全检查整改通知书的内容。

9.3.2 知识链接

1. 考核方式

考核采取日常检查和综合考核相结合的方式。

日常检查包括设备质量检查、检测车动态检测、安全专项检查等。

综合考核按考核办法规定的内容和指标定期进行,日常检查的情况纳入综合考核。

2. 检查考核有关规定

(1)国铁集团工电部每年对各铁路局集团公司电务安全生产情况进行通报,进行电务系统专业考核评价,考核评价采取定量考核和定性考核相结合的方式。定量考核主要包括安全和质量指标;定性考核主要包括日常管理和生产任务完成情况。

(2)铁路局集团公司电务部每半年对电务段安全生产、设备质量和管理进行一次综合考核并通报,考核结果纳入铁路局集团公司统一考核。

(3)电务段每月将安全生产、设备质量和管理纳入经济责任制进行考核。

(4)电务部、电务段制定检查考核管理办法,明确各级干部现场检查指导工作量化标准,规范添乘工作制度,强化日常检查和综合考核工作落实。

(5)各级检查中发现的主要问题应以书面形式通知有关责任单位,限期整改,形成问题闭环管理。

项目小结

检查与考核是促进管理责任落实的有效手段,是提高设备质量的有效途径,是安全有序可控的有效手段,应贯穿于维护管理的全过程。检查考核评价,不仅要重视对结果的考核,更要注重对过程的监督和控制,将日常监督检查和综合考核有机地结合起来,建立动态与静态相结合、过程与目标相统一、工作绩效与经济利益相挂钩的考核机制。

为了便于考核,确定了解各种考核指标,包括安全指标、主要生产指标、质量指标和管理内容考核。

考核采取日常检查和综合考核相结合的方式。电务部门各级领导必须按规定进行日常检查安全工作,各级电务部门要按规定进行综合考核,确保各项目工作落到实处。

复习思考题

1. 检查与考核的基本要求有哪些?
2. 简述安全指标和考核要求。
3. 简述主要生产指标和考核要求。

4. 简述质量指标和考核要求。
5. 管理内容考核包括哪些?
6. 电务检查考核方式有哪几种?
7. 对电务部门各级领导日常检查安全工作量化有哪些规定?
8. 对电务干部添乘检查有哪些规定?
9. 对各级综合考核有哪些规定?

参 考 文 献

[1] 中国铁路总公司. 铁路技术管理规程(普速铁路部分)[S]. 北京:中国铁道出版社,2014.

[2] 中国铁路总公司. 铁路技术管理规程(高速铁路部分)[S]. 北京:中国铁道出版社,2014.

[3] 中国铁路总公司. 普速铁路信号维护规则 业务管理[S]. 北京:中国铁道出版社,2015.

[4] 中国铁路总公司. 高速铁路信号维护规则 业务管理部分[S]. 北京:中国铁道出版社,2016.

[5] 中华人民共和国铁道部. 铁路交通事故调查处理规则[S]. 北京:中国铁道出版社,2007.

[6] 铁道部运输局基础部. 全路电务事故和典型故障汇编(1989 年至 2006 年 6 月)[M]. 北京:中国铁道出版社,2006.

[7] 铁道部运输局基础部. 全路电务事故和典型故障汇编(2006 年至 2010 年)[M]. 北京:中国铁道出版社,2011.

[8] 中国质量协会. QC 小组基础教材[M]. 北京:中国社会出版社,2005.

附表　铁路信号专业英(缩略语)汉对照表

英文缩略语	汉文全称
ATPMIS	列控车载设备管理信息系统
BTM	轨道电路信息接收模块
CBI	计算机联锁
CPU	中央处理单元
CRCC	中铁检验验证中心
CRH	中国高速铁路
CSMIS	电务管理信息系统
CTC	调度集中
CTCS	中国列车运行控制系统
DMI	人机界面
DMS	列控设备动态监测装置
GSM	全球移动通信系统
IEC	国际电工委员会
I/O	输入/输出
IP	网络互联协议
ISO	国际标准化组织
LEU	地面电子单元
ODF	光纤配线架
QC	质量管理
PC	个人计算机
PDCA	计划—执行—检查—处理
PDPC	过程决策
RBC	无线闭塞中心
SIL	安全完整等级
STM	应答器信息接收模块
TCC	列控中心
TDCS	调度指挥管理系统
TQC	全面质量管理
TSRS	临时限速服务器
UPS	不间断电源
USB	通用串行总线